ここが変わった!

改正
介護保険

サービス・しくみ・利用料

がわかる本

2018〜2020
年度版

[監修]
川村匡由
武蔵野大学名誉教授

自由国民社

はじめに

2017年6月2日、介護保険法や社会福祉法、障害者総合支援法など多数の改正法案を一括した「地域包括ケアシステムの強化のための介護保険法等の一部を改正する法律」（地域包括ケアシステム強化法）が公布され、2018年4月から順次施行されることとなりました。

また、2018年1月、2018～2020年度の第7期介護保険事業（支援）計画に関わる2018年度当初予算案で、0.54％プラス改定とする政府案がまとまり、本年4月から実施される運びとなりました。

介護保険制度はこの介護保険法の一部改正に伴い、市町村の第7期介護保険事業計画の策定と併せ、再スタートすることになります。これは制度全体を3年ごとに見直すことに由来するものです。そこで、今回の介護保険制度改正の概要を説明した本書を再度上梓することになりました。

今回の制度改正は少子高齢化が進行し、介護保険制度の利用者が当初の予想以上に急増し、介護ばかりか、年金や医療、子育てなどに関わる社会保障費の全体が増えるなか、2025年には団塊の世代がすべて75歳以上の後期高齢者となり、社会保障そのものの持続可能性が危ぶまれるとして診療報酬と介護報酬が同時改定されるとともに、医療・介護の連携による日常的な医学管理や看取り・ターミナルケアなどの機能、および生活施設としての機能を兼ね備えた新たな介護保険施設として、介護医療院が創設されることになりました。

また、被保険者1人当たりの給付費における地域格差を是正するため、当該の市町村に調整交付金を支給、その活用によって財政的なインセンティブが強化されることになったほか、高齢者の自立と要介護状態の重度化の防止、あるいは高齢者と障害児者が同一の事業所で介護サービスを受けられる共生型サービスなどを通じ、地域共生社会の実現をめざすこととされています。

一方、健康保険など公的な被用者医療保険に加入する40～64歳の第2号被保険者の介護保険料に収入に応じ、算出する総報酬割が2020年度までに全面的に導入され、従来、給与や通勤手当、残業手当などをもとに算出した標準報酬月額、および賞与に介護保険料率を乗じた算出方法が見直されるほか、中小企業に適用されている協会けんぽ（全国健康保険協会：前政府管掌健康保険）への国庫補助が撤廃されることになりました。このため、負担は雇用先との労使折半のままとはいえ、4割強の第２号被保険者の介護保険料は引き上げられることになりました。このほか、第１号被保険者の介護保険料も全国平均で月額約6,700円程度の見込みと増額するなか、2019年10月、現在８％の消費税率が10％に引き上げられる予定です（生鮮食品や加工食品、新聞の定期購読代は８％の軽減税率）。また、2018年８月以降、年金収入など年間の合計所得が340万円以上の高額所得者の介護保険の利用の際の自己負担は２割負担から３割負担（上限：月額4万4,400円）に見直されることとなりました。

いずれにしても、本格的な少子高齢社会の到来や人口減少に伴う租税（税金）・社会保険料の減収を見据え、国民の負担は増える半面、介護保険の給付やサービスはますます縮減される情勢です。さらに、民活導入に伴い、在宅介護事業者や有料老人ホーム、サービス付き高齢者向け住宅（サ高住）など民間事業者による居宅および施設サービスが乱立しています。

したがって、利用者は制度の趣旨や利用要件、種類、費用負担などを十分に理解したうえで契約し、賢い消費者となるよう、本書を活用していただければ監修者としてこれにまさる喜びはありません。

2018年　早春

武蔵野大学名誉教授
川村　匡由

ここが変わった！

改正介護保険 サービス・しくみ・利用料がわかる本 2018～2020年度版

CONTENTS

はじめに……2

第1部 ここが変わった！ 介護保険改正のポイント……9

地域包括ケアシステム強化のための介護保険法等の一部改正法と介護報酬改定の全体像……10

●改正の概要

地域包括ケアシステム強化法のあらまし……14

・地域包括ケアシステムの強化のための介護保険法等の一部を改正する法律のポイント　15

医療と介護の一体的な改革……16

・地域医療構想を踏まえた2025年における介護施設・在宅医療等のイメージ　16

・2018年度診療報酬改定の基本方針（概要）　17

●自立支援・重度化防止

保険者機能の強化等による自立支援・重度化防止に向けた取り組みの推進……18

・和光市と大分県の例　18

・保険者の自立支援・重度化防止の取り組みに向けた評価　19

居宅サービス事業者の指定等に対する保険者の関与強化……20

・市区町村の関与強化　20

認知症施策の推進……21

地域包括支援センターの機能強化……21

●医療・介護の連携の推進

医療・介護の連携に関し、都道府県による情報提供などの支援……22

・介護保険法の一部改正　22

介護医療院の創設……23

・介護医療院の概要　23

・介護医療院の基準　24

●地域共生社会の実現

「我が事・丸ごと」の地域づくり・包括的な支援体制の整備……25

・社会福祉法の改正による「我が事・丸ごと」の地域づくりへの包括的な支援体制の整備　25
介護保険法に新たに「共生型サービス」を位置づけ……26
・介護保険の共生型居宅サービス事業者の指定について　26
・共生型サービスのイメージ　27
有料老人ホームの入居者保護のための施策の強化……28
介護保険適用除外施設の住所地特例の見直し……29
・介護保険適用除外施設の住所地特例の見直し　29
●持続性の確保
利用者負担のあり方の見直し……30
・高額所得者の利用者負担割合　30
・高額介護サービス費の見直し　31
介護納付金の総報酬割を第2号被保険者に導入……32
・総報酬割導入のイメージ　32
調整交付金の交付基準の見直し……33
・現行の調整交付金のイメージ　33
●その他
ケアマネジメントの質の向上と公正中立性の確保……34
・ケアマネジメントに係る取り組み　35
要介護認定に係る保険者の業務簡素化……36
・更新申請の有効期間の見直し　36
身体的拘束の適正化……37
福祉用具貸与価格の上限の設定……38
・現行の福祉用具貸与のしくみ　38
住宅改修の見直し……39
・現行の住宅改修のしくみ　39
生活援助中心型の担い手の拡大……40
・訪問介護員の人員基準の見直し　40
ICTや介護ロボットの活用促進……41
・テレビ電話等を用いた医師のリハビリテーション会議への参加　41
●介護報酬の改定
介護保険法改正に伴う介護報酬改定の概要……42
・2018年度介護報酬改定に関する審議報告の概要　43
・新しい地域支援事業の全体像（2014年法改正）　44
・介護保険制度関連の主な改正項目の施行日　45
介護報酬の主な加算・減算……46
・介護職員処遇改善加算の見直し　46
・サービスよって違う地域加算の単位　47

・同一建物等居住者にサービスを提供する場合の減算　48
・中山間地域等に居住する者へのサービス提供加算　49
・中山間地域等における小規模事業所加算　49
・特別地域加算　49
・サービス提供体制強化加算　50

第2部　介護保険で利用できるサービスと利用料 ……51

●サービスの種類

介護保険で使えるサービスのいろいろ……52
・要支援・要介護状態区分のめやすと支給限度額（月額）　53

●居宅介護支援

介護予防支援・居宅介護支援……56
・居宅介護支援費　57
・介護予防支援費　57

●訪問系サービス

訪問介護……58
・訪問介護費　59
・訪問介護で頼めること　60

（介護予防）訪問看護……61
・訪問看護費　62
・介護予防訪問看護費　63
・訪問看護の内容の例　63

（介護予防）訪問入浴介護……64
・訪問入浴介護費　65
・介護予防訪問入浴介護費　65

（介護予防）訪問リハビリテーション……66
・訪問リハビリテーションを行う専門職　67
・訪問リハビリテーション費　67
・介護予防訪問リハビリテーション費　67

（介護予防）居宅療養管理指導……68
・（介護予防）居宅療養管理指導費　69
・居宅療養管理指導のサービス内容の例　69

●通所系サービス

（地域密着型）通所介護……70
・通所介護の一日（例）　71
・通所介護費　72
・地域密着型通所介護費　73

・療養通所介護費　73
（介護予防）通所リハビリテーション …… **74**
・通所リハビリテーション費　75
・介護予防通所リハビリテーション費　76
●短期入所系サービス
（介護予防）短期入所生活・療養介護 …… **77**
・（介護予防）短期入所生活介護費　78
・介護老人保健施設における（介護予防）短期入所療養介護費　79
・療養病床を有する病院における（介護予防）短期入所療養介護費　80
・診療所における（介護予防）短期入所療養介護費　82
・老人性認知症疾患療養病棟を有する病院における（介護予防）短期入所療養介護費　83
・介護医療院における（介護予防）短期入所療養介護費　84
●特定施設
（介護予防・地域密着型）特定施設入居者生活介護 …… **86**
・（介護予防）特定施設入居者生活介護費／地域密着型特定施設入居者生活介護費　87
●福祉用具・住宅改修
（介護予防）福祉用具貸与 …… **88**
・貸与に介護保険が適用される福祉用具　89
（介護予防）福祉用具購入 …… **90**
・（介護予防）特定福祉用具購入費の利用法　91
（介護予防）住宅改修 …… **92**
・（介護予防）住宅改修費の利用法　93
●地域密着型サービス
定期巡回・随時対応型訪問介護看護 …… **94**
・定期巡回・随時対応型訪問介護看護費　95
夜間対応型訪問介護 …… **96**
・夜間対応型訪問介護費　97
（介護予防）認知症対応型通所介護 …… **98**
・（介護予防）認知症対応型通所介護費　99
（介護予防）小規模多機能型居宅介護 …… **100**
・（介護予防）小規模多機能型居宅介護費　101
（介護予防）認知症対応型共同生活介護 …… **102**
・（介護予防）認知症対応型共同生活介護費　103
看護小規模多機能型居宅介護（複合型サービス） …… **104**
・看護小規模多機能型居宅介護のメリット　104
・看護小規模多機能型居宅介護費　105

●施設サービス
（地域密着型）介護老人福祉施設 …… 106
・介護福祉施設サービス費　107
・地域密着型介護老人福祉施設入所者生活介護費　108
介護老人保健施設 …… 110
・介護保健施設サービス費　111
介護療養型医療施設 …… 113
・療養病床を有する病院における療養型介護療養施設サービス費　113
・療養病床を有する診療所における介護療養施設サービス費　115
・老人性認知症疾患療養病棟を有する病院における介護療養施設サービス費　115
介護医療院 …… 117
・介護医療院サービス費　118
コラム　介護報酬改定の改定率について …… 120

第3部　介護保険のしくみとケアプラン …… 121

●介護保険のしくみ
介護保険制度の概要 …… 122
・介護保険のしくみ　123
・第1号保険料の全国平均の推移　123
・特定疾病　123
申請からサービス開始まで …… 124
・介護保険利用の流れ　125
●ケアプラン
ケアプランとはどういうもの? …… 126
・一般的ケアマネジメントの流れ　127
◆ケアプランの事例
事例1　通所介護・訪問介護を利用して遠距離介護 …… 129
事例2　多忙な年末は短期入所生活介護を利用 …… 130
事例3　一定以上の所得のある人の3割負担の例 …… 131
コラム　介護保険施設などの食費・部屋代と負担限度額 …… 132

巻末資料①　平成30年度介護報酬改定の主な事項について …… 133
巻末資料②　平成30年度介護報酬改定における
各サービス毎の改定事項について（抜粋） …… 166

第1部

ここが変わった！
介護保険
改正のポイント

地域包括ケアシステム強化のための介護保険法等の一部改正法と介護報酬改定の全体像

2018年度からの介護保険制度は、地域包括ケアシステム強化法の施行および介護報酬の改定を受け、実施されることになりました。

●地域包括ケアシステムの深化と推進

具体的には、まずこれまでの地域包括ケアシステムをさらに深化、推進するとともに、制度の持続可能性を図るため、保険者であるすべての市町村がその機能を発揮し、要介護高齢者の自立支援や重度化の防止に取り組むべく、各種データにもとづく課題を分析、その取り組みの内容や目標の計画を設定し、理学療法士や作業療法士などと連携し、より効果的な介護予防が実施されます。

一方、ケアマネジャーなど多職種が参加する地域ケア会議を活用し、ケアマネジメントが支援されます。そして、その適切な指標による実績を評価し、要介護状態の維持や改善の度合いを見計りながら、結果の公表や財政的なインセンティブを付与する規定が整備されることになりました。

また、この市町村による評価の義務づけを通じ、地域包括支援センターの機能が強化されたり、小規模多機能型などを普及させたりするため、指定拒否の仕組みなどが導入されるとともに、居宅サービス事業者の指定などに対する保険者権限を強化し、「新オレンジプラン」の普及・啓発など関連施策の総合的な推進を明確化すべく、認知症施策が推進されることになりました。

●介護医療院の創設と介護療養病床の経過措置期間

このほか、医療・介護の連携の推進のため、日常的な医学管理や看取り・ターミナルケアなどの機能と生活施設としての機能を兼ね備えた新たな介護保険施設として療養機能強化型、老人保健施設型の２種類の介護医療院が創設されます。そして、要介護高齢者に対し、長期療養のための医療と日常生活上の世話、すなわち、介護が一体的に提供されることになりました。開設の主体は地方自治体や医療法人、社会福祉法人等の非営利法人などに限られますが、医療・介護の連携に関し、都道府県は市町村に対する情報の提供、その他の支援を図ることになりました。

なお、現行の介護療養病床の経過措置期間は６年間延長されます。また、病院、または診療所からこの新介護保険施設に転換した場合、転換前の病院、あるいは診療所の名称は引き続き使用することができます。

●包括支援体制と共生型サービスによる地域共生社会の実現

また、市町村に対し、行政と住民などとの協働によって包括的な支援体制をつくり、福祉分野における共通事項を盛り込んだ地域福祉計画の策定への努力義務を課し、高齢者と障害児者が同一の事業所、たとえば介護保険事業所や障害福祉サービス事業所などでホームヘルプサービスやデイサービス、ショートステイなどを受けられるよう、介護保険制度と障害福祉制度に新たに共生型サービスが盛り込まれました。

具体的には、市町村は住民の地域福祉活動への参加を促進するための環境を整備し、身近な生活圏域で分野を超え、地域生活を送っていくうえでの課題について総合的に相談に応じ、地区社協や地区担当者、地域包括支援センター、相談支援事業所、地域子育て支援拠点、利用者支援事業者、その他社会福祉法人など関係機関と連絡・調整などを図り、「我が事・丸ごと」の地域福祉推進のため、地域共生社会の実現をめざすことになりました。

併せて、有料老人ホームの入居者の保護のため、悪質な場合、事業停止命令や入居金などの前払金の保全措置の義務の対象の拡大、および障害者支援施設などを退所し、介護保険施設などに入所した場合の保険者の見直し（住所地特例の見直し）などが行われることになりました。

●高額所得層の自己負担３割および総報酬割の導入

一方、介護保険制度の利用者の自己負担については世代間や同一の世代内における公平性を確保しつつ、制度そのものの持続可能性を追求すべく、2016年４月現在、約496万人の受給者のうち、年金収入などの年間所得が280万円未満で利用者負担が１割負担の同451万人、280万円以上で同２割負担の約45万人のうち、340万円以上と比較的所得が高い層の利用者の利用者負担が2018年８月以降、３割に引き上げられることになりました。この結果、2018年度から利用者負担（上限は月額４万4,400円）が３割になるのは、約12万人と推計されています。

また、介護保険の被保険者のうち、健康保険などに加入する40～64歳の第２号被保険者の介護保険料はこれまで給与や通勤手当、残業手当などをもとに算出した標準報酬月額、および賞与に介護保険料率を乗じて算出していましたが、2017年８月から一部導入済みの総報酬割が2020年度から全面的に実施されることになりました。この結果、第２号被保険者が毎月負担する介護保険料は健康保険など公的な被用者医療保険の保険料と同様、雇用先との労使折半のままで変わらないとはいえ、全面的な導入に伴い、全体で約3,000万人の第２号被保険者のうち、約1,300万人が負担増、残りの同1,700万人は負担減となる見込みです。

ちなみに、第１号被保険者の介護保険料は2017年度、全国平均で5,514円でしたが、2018年度は同月額約6,700円程度の見込みで増額されることになりました。

●診療報酬と介護報酬の同時改定など

最後に、今回の改正では診療報酬と介護報酬が同時改定され、診療報酬は0.55％プラスに対し、薬価は1.65％マイナス、調剤料価格は0.09％マイナス、介護報酬は0.54％プラスとなりました。これはすべての団塊世代が75歳以上の後期高齢者となる2025年度、国民医療費が年間約42兆～58兆円に急増するとの見込みのためです。また、急性期の患者向けベッドの入院の際の基本料を診療実績に加味し、７段階に細分化されるほか、複数の診療所が連携し、24時間体制で訪問診療できる体制を整備、実施した場合、診療報酬が加算されます。

さらに、夜間や休日にも対応するかかりつけ医には従来の初診料に800円加算、および認知症高齢者の治療に当たった場合、診療報酬がその分、加算されることになりました。いずれも入院治療を在宅医療に転換し、国民医療費の増大を抑制するためです。

これに対し、遠隔診療の保険の対象を拡大し、対面診療を組み合わせた診察・生活指導の報酬が新設されたほか、パソコンやスマートフォン（スマホ）などＩＣＴ（情報通信技術）を活用した遠隔診療が拡大されます。また、性同一性障害の者が体を心の性に合わせる性別適合手術が保険の対象にされることになりました。

一方、病院内にある門内薬局に対し、病院内で調剤する場合と同程度の１回当たり100円に手数料が引き下げられたり、薬剤師が６種類以上の薬を処方された患者に対し、２種類以上減らした場合、服用薬剤調整支援料として1,250円支払われたりするなど医薬分業、および薬漬けによる国民医療費の増大に抑制をかけることになりました。

いずれにしても、国民にとって必ずしもすべていいことづくめの改正・改定とは言い難いため、2000年度、「介護の社会化」をスローガンに掲げ、導入された介護保険制度本来の理念や利用要件などについて、第２部以降の各サービスの項の「介護報酬・基準改定の主なポイント」および巻末の資料も参考にされ、今回の制度改正が本来のあるべき姿なのか、また、無医地区や介護職員の待遇、要介護認定、介護難民、地域格差、民間ビジネスなどの問題が解決されるのかどうか、国をあげて考えたいものです。

武蔵野大学名誉教授　川村　匡由

地域包括ケアシステム強化法のあらまし

今回の改正では、「地域包括ケアシステムの深化・推進」と「介護保険制度の持続可能性の確保」が大きな柱になっている

●「地域包括ケアシステム強化法」の目的

2017（平成29）年5月に「地域包括ケアシステムの強化のための介護保険法等の一部を改正する法律（地域包括ケアシステム強化法）」が成立し、同年6月2日に公布されました。2018年4月より施行され、改正介護保険制度がスタートしました。

今回の改正の大きな柱は「**地域包括ケアシステムの深化・推進**」と「**介護保険制度の持続可能性の確保**」の2本です。前者は2015年度の介護保険制度の改正で確立した「地域包括ケア」のシステムをより進化させるために、高齢者の自立支援と要介護状態の重度化防止などを主眼にした取り組みが制度化されました。後者は高齢社会のなかで、介護に要する費用が介護保険スタート時より大きく増加していることを踏まえ、制度の安定性・持続可能性を高める取り組みが行われます。

●医療・介護の連携や共生社会の実現に向けた取り組みが推進される

「地域包括ケアシステム強化法」と略して命名されているとおり、今回の改正の主眼は、住み慣れた地域において、介護・医療・予防・住まい・生活支援といった要素が互いに連携し、ケアを行うシステムを進化させようというもので、その1つが医療との連携です。どこに住んでいても適切な医療・介護が安心して受けられる社会の実現が求められています。そのため在宅医療と介護の連携がスムーズに行えるように、今回の改正では医療計画と介護保険事業（支援）計画の策定が連携した形で行われました。さらに、地域包括ケアの重要な要素となるのは、地域における共生社会の実現です。障害児・者へのサービスと高齢者へのサービスがスムーズに連携し、共生できる地域社会のしくみづくりが進められます。

地域包括ケアシステムの強化のための介護保険法等の一部を改正する法律のポイント

Ⅰ　地域包括ケアシステムの深化・推進

1　自立支援・重度化防止に向けた保険者機能の強化等の取組の推進（介護保険法）

全市区町村が保険者機能を発揮し、自立支援・重度化防止に向けて取り組むしくみの制度化

・国から提供されたデータを分析の上、介護保険事業（支援）計画を策定。計画に介護予防・重度化防止等の取組内容と目標を記載
・都道府県による市区町村に対する支援事業の創設
・財政的インセンティブの付与の規定の整備

（その他）・地域包括支援センターの機能強化（市区町村による評価の義務づけ等）
・居宅サービス事業者の指定等に対する保険者の関与強化（小規模多機能等を普及させる観点からの指定拒否のしくみ等の導入）
・認知症施策の推進（新オレンジプランの基本的な考え方（普及・啓発等の関連施策の総合的な推進）を制度上明確化）

2　医療・介護の連携の推進等（介護保険法、医療法）

①「日常的な医学管理」や「看取り・ターミナル」等の機能と、「生活施設」としての機能とを兼ね備えた、新たな介護保険施設を創設

※現行の介護療養病床の経過措置期間については、６年間延長することとする。病院または診療所から新施設に転換した場合には、転換前の病院または診療所の名称を引き続き使用できることとする。

②医療・介護の連携等に関し、都道府県による市区町村に対する必要な情報の提供その他の支援の規定を整備

3　地域共生社会の実現に向けた取組の推進等（社会福祉法、介護保険法、障害者総合支援法、児童福祉法）

・市区町村による地域住民と行政等との協働による包括的支援体制作り、福祉分野の共通事項を記載した地域福祉計画の策定の努力義務化
・高齢者と障害児者が同一事業所でサービスを受けやすくするため、介護保険と障害福祉制度に新たに共生型サービスを位置付ける

（その他）・有料老人ホームの入居者保護のための施策の強化（事業停止命令の創設、前払金の保全措置の義務の対象拡大等）
・障害者支援施設等を退所して介護保険施設等に入所した場合の保険者の見直し（障害者支援施設等に入所する前の市区町村を保険者とする）

Ⅱ 介護保険制度の持続可能性の確保

4　２割負担者のうち特に所得の高い層の負担割合を３割とする。（介護保険法）

5　介護納付金への総報酬割の導入（介護保険法）

・各医療保険者が納付する介護納付金（40～64歳の保険料）について、被用者保険間では『総報酬割』（報酬額に比例した負担）とする。

※2018年4月1日施行。（Ⅱ5は2017年8月分の介護納付金から適用、Ⅱ4は2018年8月1日より施行）

医療と介護の一体的な改革

2025年に向けて「医療介護総合確保促進法」の方針は継続され、今回の改正でも医療と介護の連携が推進される

●「医療介護総合確保促進法」の実現に向けた介護保険の改正

2014年6月に公布され、主に2015年4月以降に順次施行された「医療介護総合確保促進法」は、高度急性期医療から在宅医療・介護、さらに生活支援まで一連のサービスを地域において切れ目なく総合的に行うための、「医療提供体制の見直し」と「地域包括ケアシステムの構築に向けた見直し」が一体的に行われるための法律ですが、今回の介護保険の改正でも、引き続きその実現に向けての取り組みが行われます。とくに、今回の介護報酬の改定は6年に一度、診療報酬の改定と同じタイミングで行われる年に当たることから、医療・介護の報酬の整合性が図られながら、通常の報酬改定以上に医療と介護の連携が強化されています。

地域医療構想を踏まえた2025年における介護施設・在宅医療等のイメージ

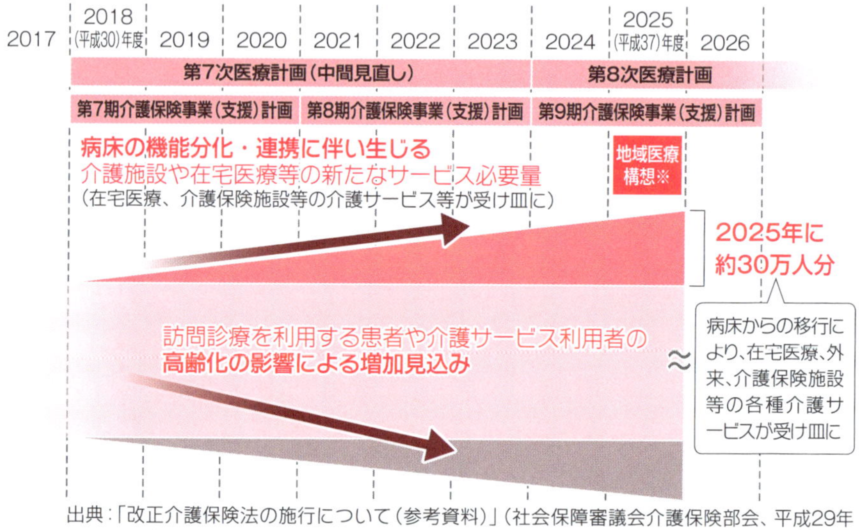

出典：「改正介護保険法の施行について（参考資料）」（社会保障審議会介護保険部会、平成29年11月10日）をもとに作成

※地域医療構想　2025年に向け、病床の機能分化・連携を進めるために、医療機能ごとに2025年の医療需要と病床の必要量を推計し定めるもの。

●2025年に向けた在宅医療・介護の連携による取り組み

2025年に向け、在宅医療や介護サービスの需要は、「高齢化の進展」や「地域医療構想による病床の機能分化・連携」により増加する見込みです。こうした需要の増大に対応していくために、医療や介護の連携による地域包括ケアシステムの深化が重要なポイントとなります。

2018年度診療報酬改定の基本方針（概要）

改定に当たっての基本認識

▶人生100年時代を見据えた社会の実現

▶どこに住んでいても適切な医療・介護を安心して受けられる社会の実現（地域包括ケアシステムの構築）

▶制度の安定性・持続可能性の確保と医療・介護現場の新たな働き方の推進

1 地域包括ケアシステムの構築と医療機能の分化・強化、連携の推進 【具体的方向性の例】 ・地域包括ケアシステム構築のための取組の強化 ・かかりつけ医の機能の評価 ・かかりつけ歯科医の機能の評価 ・かかりつけ薬剤師・薬局の機能の評価 ・医療機能や患者の状態に応じた入院医療の評価 ・外来医療の機能分化、重症化予防の取組の推進 ・質の高い在宅医療・訪問看護の確保 ・国民の希望に応じた看取りの推進	**2 新しいニーズにも対応でき、安心・安全で納得できる質の高い医療の実現・充実** 【具体的方向性の例】 ・緩和ケアを含む質の高いがん医療の評価 ・認知症の者に対する適切な医療の評価 ・地域移行・地域生活支援の充実を含む質の高い精神医療の評価 ・難病患者に対する適切な医療の評価 ・小児医療、周産期医療、救急医療の充実 ・口腔疾患の重症化予防、口腔機能低下への対応、生活の質に配慮した歯科医療の推進 ・イノベーションを含む先進的な医療技術の適切な評価 ・ICT等の将来の医療を担う新たな技術の導入、データの収集・利活用の推進 ・アウトカムに着目した評価の推進
3 医療従事者の負担軽減、働き方改革の推進 【具体的方向性の例】 ・チーム医療等の推進等（業務の共同化、移管等）の勤務環境の改善 ・業務の効率化・合理化 ・ICT等の将来の医療を担う新たな技術の導入（再掲） ・地域包括ケアシステム構築のための多職種連携による取組の強化（再掲） ・外来医療の機能分化（再掲）	**4 効率化・適正化を通じた制度の安定性・持続可能性の向上** 【具体的方向性の例】 ・薬価制度の抜本改革の推進 ・後発医薬品の使用促進 ・医薬品の適正使用の推進 ・費用対効果の評価 ・効率性等に応じた薬局の評価の推進 ・医薬品、医療機器、検査等の適正な評価 ・医療機能や患者の状態に応じた入院医療の評価（再掲） ・外来医療の機能分化、重症化予防の取組の推進（再掲）

出典：「平成30年度診療報酬改定の基本方針（概要）」（社会保障審議会医療保険部会、平成29年12月11日）をもとに作成

保険者機能の強化等による 自立支援・重度化防止に向けた取り組みの推進

自立支援・重度化防止を行い、一定の成果があった保険者に対し、財政的インセンティブが付与される

●保険者による自立支援・重度化防止の取り組みを国や都道府県が支援

今回の改正のテーマの1つが、「自立支援・重度化防止に向けた取り組みの推進」です。なかでも、期待されているのが保険者である市区町村の役割です。それぞれの地域に暮らす高齢者の自立を支援し、重度化を防止するためには、保険者が地域の課題を分析して、介護予防策などに取り組む必要があります。実際に、先進的な取り組みを行っている埼玉県和光市や大分県では、全国的には要介護認定率は上昇する傾向にあるなかで、要介護認定率が低下し、保険料の上昇を抑制しています。こうした行政の例を踏まえて、今回の改正介護保険法では、介護保険事業（支援）計画の作成に当たり、市区町村（保険者）による国からの提供されたデータに基づく地域課題の分析や、取り組み内容・目標の計画への記載、さらに都道府県による市区町村支援の整備などが法律で示されました。

また、自立支援や重度化防止を積極的に行い、一定の成果を上げた保険者に対して結果を公表したうえで、ご褒美（財政的インセンティブ）をあげようという改正が行われます。

●主な法律事項（右ページ参照）

・介護保険事業（支援）計画の策定に当たり、国から提供されたデータの分析の実施。

・介護保険事業（支援）計画に介護予防・重度化防止等の取り組み内容及び目標を記載。

・都道府県による市区町村支援の規定の整備。

・介護保険事業（支援）計画に位置付けられた目標の達成状況についての公表及び報告。

・財政的インセンティブ（保険者機能強化推進交付金）の付与の規定の整備。

和光市と大分県の例

先進的な取り組みを行っている和光市、大分県では
- ●認定率の低下
- ●保険料の上昇抑制

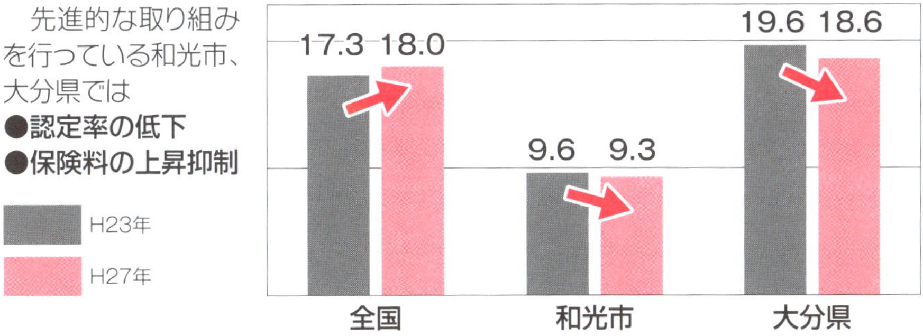

H23年
H27年
17.3
18.0
9.6
9.3
19.6
18.6
全国
和光市
大分県

保険者の自立支援・重度化防止の取り組みに向けた評価

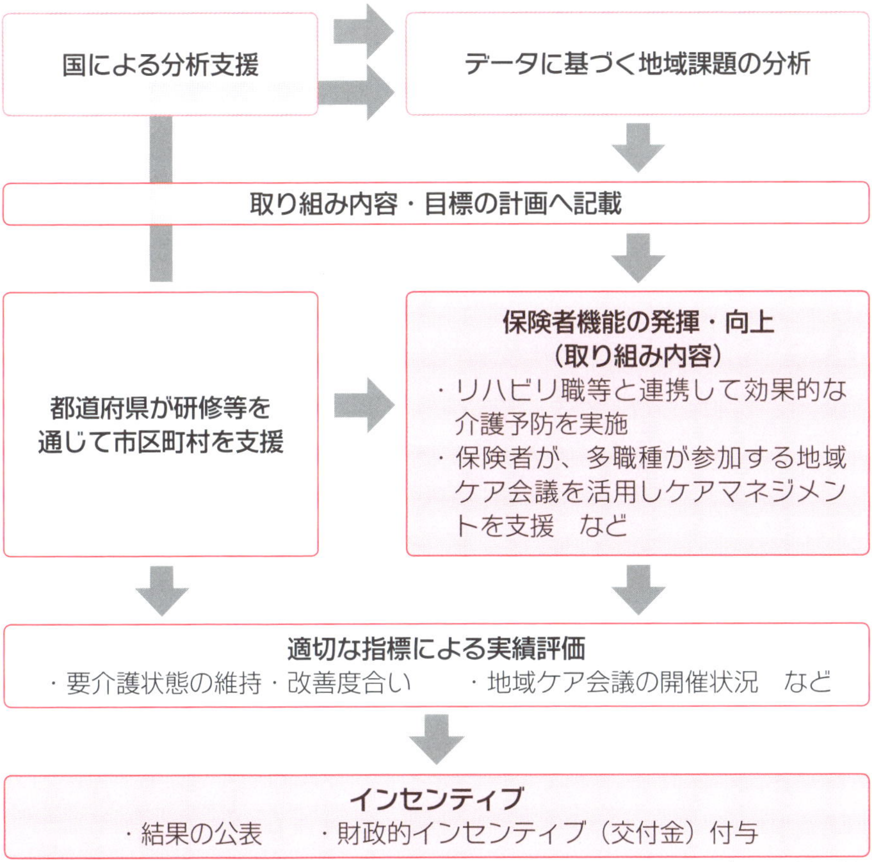

国による分析支援
データに基づく地域課題の分析
取り組み内容・目標の計画へ記載
都道府県が研修等を通じて市区町村を支援
保険者機能の発揮・向上
（取り組み内容）
・リハビリ職等と連携して効果的な介護予防を実施
・保険者が、多職種が参加する地域ケア会議を活用しケアマネジメントを支援　など
適切な指標による実績評価
・要介護状態の維持・改善度合い　・地域ケア会議の開催状況　など
インセンティブ
・結果の公表　・財政的インセンティブ（交付金）付与

出典：「地域包括ケアシステムの強化のための介護保険法等の一部を改正する法律案のポイント」（社会保障審議会介護保険部会、平成29年２月27日）をもとに作成

自立支援・重度化防止　（介護保険法）

居宅サービス事業者の　指定等に対する保険者の関与強化

地域マネジメント推進の観点から、保険者である市区町村が居宅サービスなどへの供給量を調整できるしくみが導入された

●条件付加と指定拒否の内容

①条件付加

都道府県による居宅サービス事業者の指定に関し、市区町村が都道府県に意見を提出できるとともに、都道府県はその意見を踏まえ、指定に当たって条件を付すことが可能となります（**介護保険法70条、115条の2関係**）。

市区町村の関与強化

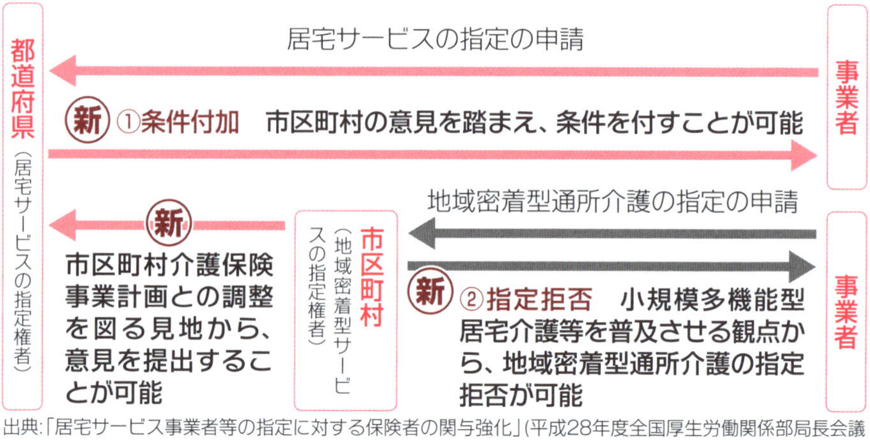

出典:「居宅サービス事業者等の指定に対する保険者の関与強化」(平成28年度全国厚生労働関係部局長会議資料、平成29年1月19日)をもとに作成

②指定拒否

これまで、認知症対応型共同生活介護や地域密着型特定施設入居者生活介護、地域密着型介護老人福祉施設入所者生活介護などの地域密着型のサービスは、市区町村によってサービス量を規制する「総量規制」が行われていました。今回の改正で、これらのサービスに加え、2016年度から小規模な通所介護の類型が再編されて生まれた「地域密着型通所介護」も、市区町村による指定拒否が可能になりました（**介護保険法78条の2第6項関係**）。

認知症施策の推進

●新オレンジプラン（認知症施策推進総合戦略）を機能させるために

2015年1月に策定された「新オレンジプラン」（2017年7月改定）により、2018年4月までに、全市区町村で「認知症初期集中支援チームの設置」「認知症地域支援推進員の設置」が進み、「認知症カフェ」も全市区町村設置が目標とされました。今回の改正では、それに即して国及び地方公共団体の責務と施策の総合的な推進を定めました（**介護保険法5条、5条の2関係**）。

①認知症に対する関心と理解を深め、認知症である者への支援が適切に行われるよう、認知症に関する知識の普及、及び啓発に努めなければならない。

②認知症である者の心身の特性に応じたリハビリテーション、及び認知症である者を現に介護する者の支援その他の認知症に関する施策を総合的に推進するよう努めなければならない。

③認知症に関する施策を総合的に推進するに当たっては、認知症である者及びその家族の意向の尊重に配慮するよう努めなければならない。

地域包括支援センターの機能強化

●市区町村による地域包括支援センターの評価が義務化

地域包括支援センターによる「事業の質の評価と向上」と市区町村による「センターに対する評価」は、これまで努力義務とされていましたが、今回の改正で義務条項に格上げになりました（**介護保険法115条の46関係**）。具体的には、次のような内容です。

・業務の要点明確化による質向上、地域全体のケアマネジメント支援。
・福祉に関する職務経験をもつ人材に絞る等、職員の配置の厳格化。
・センターによる自己評価だけでなく、市区町村による評価も行うこと。

医療・介護の連携に関し、都道府県による情報提供などの支援

医療と介護の連携について、都道府県の市区町村に対する支援規定が「協力できる」から「努めるものとする」へと努力義務になった

●都道府県による市区町村への支援がさらに強化された

2015年4月以降に順次施行された「**医療介護総合確保推進法**」において、効率的かつ質の高い医療提供体制を構築するとともに、地域包括ケアシステムの実現のために、医療と介護の連携が推進されています。こうした医療と介護の連携について、今回の改正では都道府県による市区町村への支援体制を強化するために、地域支援事業の規定が見直されました。

具体的には、これまでも「都道府県の支援」については、「都道府県は必要な協力をすることができる」という範囲で示されていましたが、地域リハビリテーション活動支援事業などの事業において、都道府県の協力に関する規定などが明記されていませんでした。そのため、在宅医療・介護連携推進事業が進んでいない自治体もあり、こうした取り組みの遅れを解消するために、都道府県による市区町村への支援についての規定が「支援に努めるものとする」と強化されました。

介護保険法の一部改正

第115条の45の10（市町村の連絡調整等）

市町村は、介護予防・日常生活支援総合事業及び第115条の45第２項各号に掲げる事業の円滑な実施のために必要な関係者相互間の連絡調整を行うことができる。

２　市町村が行う介護予防・日常生活支援総合事業及び第115条の45第２項各号に掲げる事業の関係者は、当該事業に協力するよう努めなければならない。

３　都道府県は、市町村が行う介護予防・日常生活支援総合事業及び第115条の45第２項各号に掲げる事業に関し、情報の提供その他市町村に対する必要な支援に努めるものとする。

医療・介護の連携の推進 （介護保険法、医療法）

介護医療院の創設

長期的な医療と介護のニーズを併せ持つ高齢者を対象とする、医療内包型のサービスとして創設された

●新たな介護保険施設の「介護医療院」が誕生

「介護療養型医療施設」は2017年度末に廃止されることに決まっていましたが、受け皿となる介護保険施設への転換がスムーズに進まないため、経過措置期間として、6年間廃止の期限が延長されました。さらに、慢性期の医療・介護ニーズへ対応するために、新たな施設サービスである「**介護医療院**」が創設されました。「日常的な医学管理が必要な重介護者の受け入れ」や「看取り・ターミナルケア」などの医療機能と「生活施設」としての機能を兼ね備えた介護保険施設です。現行の「療養機能強化型」と「転換老健」に相当するサービスの2つの類型が設けられました。また、現在の施設から転換しやすいように、床面積要件、併設の場合の人員基準の緩和、転換した場合の加算など、各種の転換支援・促進策が設けられました。さらに、病院または診療所から介護医療院に転換した場合には、転換前の病院、または診療所の名称を引き続き使用することができます。なお、介護医療院は介護老人福祉施設などと同じく介護保険の介護保険施設（施設サービス）となりますが、医療法上は医療提供施設として法的に位置づけられます（**医療法1条の2第2項**）。

介護医療院の概要

名称	**介護医療院** ※ただし、病院または診療所から新施設に転換した場合には、転換前の病院または診療所の名称を引き続き使用できることとする。
機能	要介護者に対し、「長期療養のための医療」と「日常生活上の世話（介護）」を一体的に提供する。（介護保険法上の介護保険施設だが、医療法上は医療提供施設として法的に位置づける。）
開設主体	地方公共団体、医療法人、社会福祉法人などの非営利法人等

出典：「地域包括ケアシステムの強化のための介護保険法等の一部を改正する法律案のポイント」（社会保障審議会介護保険部会、平成29年2月27日）をもとに作成

介護医療院の基準

介護医療院は、介護療養病床（療養機能強化型）相当のサービス（Ⅰ型）と、老人保健施設相当以上のサービス（Ⅱ型）の２つのサービスが提供されます。人員・設備・運営基準などは以下のとおりです。

①サービス提供単位	介護医療院のⅠ型とⅡ型のサービスについては、介護療養病床において病棟単位でサービスが提供されていることに鑑み、療養棟単位で提供できることとする。ただし、規模が小さい場合については、これまでの介護療養病床での取扱いと同様に、療養室単位でのサービス提供を可能とする。
②人員配置	開設に伴う人員基準については、日中・夜間を通じ長期療養を主目的としたサービスを提供する観点から、介護療養病床と介護療養型老人保健施設の基準を参考に、 1）医師、薬剤師、看護職員、介護職員は、Ⅰ型とⅡ型に求められる医療・介護ニーズを勘案して設定。 2）リハビリテーション専門職、栄養士、放射線技師、その他の従業者は施設全体として配置をすることを念頭に設定。
③設備	療養室については、定員4名以下、1人あたり床面積を8.0m²/人以上とし、療養環境をより充実する観点から、4名以下の多床室であってもプライバシーに配慮した環境になるよう努めることとする。また、療養室以外の設備基準については、介護療養型医療施設で提供される医療水準を提供する観点から、診察室、処置室、機能訓練室、臨床検査設備、エックス線装置等を求めることとする。その際、医療設備については、医療法等において求められている衛生面での基準との整合性を図ることとする。
④運営	運営基準については、介護療養型医療施設の基準と同様としつつ、他の介護保険施設との整合性や長期療養を支えるサービスという観点も鑑みて設定することとする。なお、これまで病院として求めていた医師の宿直については引き続き求めることとするが、一定の条件を満たす場合等に一定の配慮を行うこととする。
⑤医療機関との併設の場合の取扱い	医療機関と併設する場合については、医療資源の有効活用の観点から、宿直の医師を兼任できるようにする等の人員基準の緩和や設備の共用を可能とする。
⑥ユニットケア	ほかの介護保険施設でユニット型を設定していることから、介護医療院でもユニット型を設定することとする。

出典:「平成30年度介護報酬改定における各サービス毎の改定事項について」（社会保障審議会介護給付分科会、平成30年1月26日）をもとに作成

地域共生社会の実現（社会福祉法）

「我が事・丸ごと」の地域づくり・包括的な支援体制の整備

支え手と受け手に分かれた社会から、皆が役割を持ち、支え合いながら、自分らしく活躍できる地域共生社会の実現をめざす

●縦割りの公的福祉サービスを包括的・総合的に見直し

少子高齢社会へ対応するために取り組みが急がれているのが「地域共生社会の実現」です。それを象徴するのが「我が事・丸ごと」の理念です。「我が事」は「他人事」になりがちな福祉を含めた地域づくりを各住民が主体的に取り組んでいこうというもの。「丸ごと」は、地域住民が抱える課題に対応するために包括的な支援体制を整備しようというもので、子ども、高齢者、障害者ごとに縦割りになっている公的福祉サービスをより利用しやすく、支援につなげるために、分野を超えた課題に総合的に相談に応じる場づくりが求められています。社会福祉法においては、市区町村による地域住民と行政などとの協働による包括的支援体制づくり、福祉分野の共通事項を記載した「地域福祉計画」の策定が努力義務化されています。

社会福祉法の改正による「我が事・丸ごと」の地域づくりへの包括的な支援体制の整備

1.「我が事・丸ごと」の地域福祉推進の理念を規定（法4条2項）

地域福祉の推進の理念として、支援を必要とする住民（世帯）が抱える多様で複合的な地域生活課題について、住民や福祉関係者による①把握及び②関係機関との連携等による解決が図られることを目指す旨を明記。

2. この理念を実現するため、市町村が以下の包括的な支援体制づくりに努める旨を規定（法106条の3）

・地域住民の地域福祉活動への参加を促進するための環境整備
・住民に身近な圏域において、分野を超えて地域生活課題について総合的に相談に応じ、関係機関と連絡調整等を行う体制
・主に市町村圏域において、生活困窮者自立相談支援機関等の関係機関が協働して、複合化した地域生活課題を解決するための体制

3. 地域福祉計画の充実（法107条、108条）

・市町村が地域福祉計画を策定するよう努めるとともに、福祉の各分野における共通事項を定め、上位計画として位置づける（都道府県が策定する地域福祉支援計画についても同様）。

出典:「地域包括ケアシステムの強化のための介護保険等の一部を改正する法律案のポイント」（社会保障審議会介護保険部会、平成29年2月27日）をもとに作成

介護保険法に新たに「共生型サービス」を位置づけ

介護保険と障害福祉の両制度双方の指定を受けやすくし、障害者が65歳になっても使い慣れたサービスを受けられるようにする

●高齢者と障害児者が同じ事業所でサービスが受けられる

これまで、高齢者は介護保険事業所、障害児者は障害福祉サービス事業所などが提供するサービスを利用していましたが、障害者が高齢になったとき馴染みのある事業所を利用し続けることが難しいなどの課題がありました。こうした課題を解決し、高齢者と障害児者が切れ目なくサービスが利用できるように、高齢者と障害児者が同一の事業所でサービスを受けやすくするために、介護保険と障害福祉両方の制度に新たに「**共生型サービス**」が位置づけられました。

介護保険の共生型居宅サービス事業者の指定について

訪問系サービス	**共生型訪問介護** 共生型訪問介護については、障害福祉制度における居宅介護、重度訪問介護の指定を受けた事業所であれば、基本的に共生型訪問介護の指定を受けられるものとして、基準を設定する。（居宅基準第39条の２関係）
通所系サービス	**共生型通所介護・共生型地域密着型通所介護** 共生型通所介護については、障害福祉制度における生活介護、自立訓練、児童発達支援、放課後等デイサービスの指定を受けた事業所であれば、基本的に共生型通所介護の指定を受けられるものとして、基準を設定する。（居宅基準第105条の２及び地域密着型基準第37条の２関係）
短期入所系サービス	**（介護予防）共生型短期入所生活介護** 共生型短期入所生活介護については、障害福祉制度における短期入所（併設型及び空床利用型に限る）の指定を受けた事業所であれば、基本的に共生型短期入所生活介護の指定を受けられるものとして、基準を設定する。（居宅基準第140条の14及び予防基準第165条関係）

出典:「指定居宅サービス等の事業の人員、設備及び運営に関する基準等の改正等の主な内容について」（社会保障審議会介護給付分科会、平成30年1月17日）をもとに作成

共生型サービスのイメージ

現行

サービスを提供する場合、それぞれ指定基準を満たす必要がある

障害児者　→　
障害福祉サービス事業所等

高齢者　→　
介護保険事業所

【課題】○障害福祉サービスに相当するサービスが介護保険法にある場合は、介護保険サービスの利用が優先されるため、従来から障害福祉サービス事業所を利用していた障害者が高齢者となった場合に、馴染みの事業所を利用し続けられないことがある。
○高齢化が進み人口が減少する中で、サービスの提供に当たる人材の確保が難しくなる。

改正後

障害児者　→　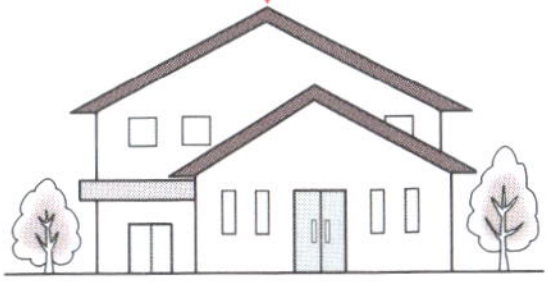
障害福祉サービス事業所等

高齢者　→　
介護保険事業所

＋

新たな共生型サービスを位置づけ

障害児者　**高齢者**
↓
新 **共生型サービス事業所**

障害福祉サービス事業所等であれば、介護保険事業所の指定も受けやすくする特例を設ける。
※逆も同じ

障害福祉サービス事業所等　＋　**介護**保険事業所

出典：「地域包括ケアシステムの強化のための介護保険法等の一部を改正する法律案のポイント」（社会保障審議会介護保険部会、平成29年2月27日）をもとに作成

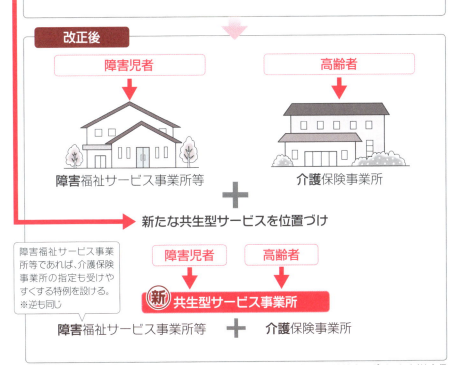

有料老人ホームの入居者保護のための施策の強化

介護保険法の改正に伴い、関連法である老人福祉法も改正され、有料老人ホームの入居者保護の施策がより強化された

●老人福祉法の改正による有料老人ホームの入居者を保護する施策の強化

老人福祉法に基づく有料老人ホーム制度の見直しが行われ、入居者のための施策の強化を主眼にしたもので、「**事業停止命令の創設**」や「**前払い金保全措置の対象義務の拡大**」などの項目が加わりました。

①事業停止命令の創設

再三の指導に従わずに悪質な事業を続ける有料老人ホームへの指導監督のしくみを強化するため、未届けの有料老人ホームも含め、老人福祉法などに違反した場合で必要があると認めるとき、都道府県知事の有料老人ホームに対する事業停止命令措置が新設されました（**老人福祉法29条14項**）。

②前払い金保全措置の義務の対象拡大

事業倒産などに備えた有料老人ホームの入居者保護の充実を図るため、前払金を受領する場合の保全措置の義務対象が拡大されました（現行では、2006年3月31日以前に設置された有料老人ホームは前払い金の保全措置の義務対象外となっているため、今回全施設を義務対象に追加。なお、経過措置として、適用は**法施行から３年後**）。

③その他の施策

・入居希望者のホーム選択に資するため、各有料老人ホームに、利用料金や施設概要、サービス内容等を都道府県等へ報告することを義務づけるとともに、当該情報の公表を都道府県等に義務づけました。

・事業停止命令や倒産等の際に、有料老人ホームの入居者の心身の健康の保持や生活の安定を図るため必要があるときは、都道府県等は入居者が介護等のサービスを引き続き受けるために、必要な援助を行うように努めることとされました（**老人福祉法29条17項**）。

未届けでも老人福祉法の規定が適用され、指導監督の対象となります。

地域共生社会の実現（介護保険法施行法）

介護保険 適用除外施設の住所地特例の見直し

地域共生型社会の実現に向けて、障害者支援施設など介護保険適用除外施設の住所地特例が見直された

●介護保険適用除外施設から移ったときの住所地特例の見直し

障害福祉制度や生活保護制度においては、障害者支援施設や救護施設に入所することにより居住地を変更した場合、変更前の市区町村がその入所に係る費用を負担するしくみがあります。

現行の介護保険制度では、他の市区町村から介護保険適用除外施設である障害者支援施設などに入所した者が退所して、介護保険施設などに移った場合、障害者支援施設がある市区町村が保険者となるため、ここが介護給付費を負担していました。今回の改正ではこの点が見直され、障害者支援施設などから退所して、介護保険施設等に入所した場合について、障害者支援施設などの所在市区町村の給付費が過度に重くならないよう、該当者の自宅のある市区町村が負担するなど、保険者の定め方が見直されました。

介護保険適用除外施設の住所地特例の見直し

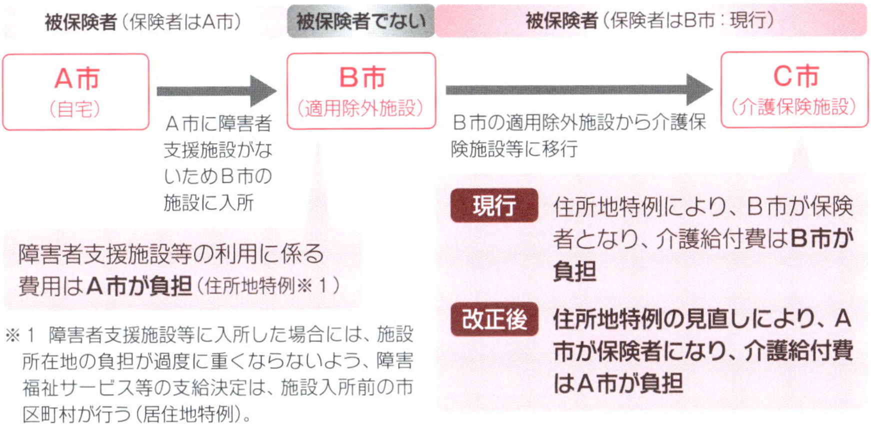
被保険者（保険者はA市）
被保険者でない
被保険者（保険者はB市：現行）
A市
（自宅）
A市に障害者支援施設がないためB市の施設に入所
B市
（適用除外施設）
B市の適用除外施設から介護保険施設等に移行
C市
（介護保険施設）
障害者支援施設等の利用に係る費用はA市が負担（住所地特例※1）
現行
住所地特例により、B市が保険者となり、介護給付費はB市が負担
改正後
住所地特例の見直しにより、A市が保険者になり、介護給付費はA市が負担

※1　障害者支援施設等に入所した場合には、施設所在地の負担が過度に重くならないよう、障害福祉サービス等の支給決定は、施設入所前の市区町村が行う（居住地特例）。
また、生活保護で救護施設に入所する場合に同様のしくみがあるが、生活保護においては、一部都道府県が保護費を支給する。

出典：「地域包括ケアシステムの強化のための介護保険等の一部を改正する法律」の公布について（全国介護保険担当者会議資料、平成29年7月3日）をもとに作成

持続性の確保（介護保険法）

利用者負担のあり方の見直し

世代間･世代内の公平性を確保しつつ制度の持続可能性を高める観点から、2割負担者のうち、特に所得の高い層の利用者負担が3割になる

●高額所得者の利用者負担が3割に

地域包括ケアシステムの推進とともに、今回の介護保険制度改正の大きなポイントとなっているのが、安定した介護保険制度を持続するためのさまざまな取り組みです。その1つが利用者負担のあり方の見直しです。2015年度

高額所得者の利用者負担割合

●利用者負担割合

	負担割合
年金収入等340万円以上（※1）	２割 ➡ ３割
年金収入等280万円以上（※2）	２割
年金収入等280万円未満	1割

●対象者数

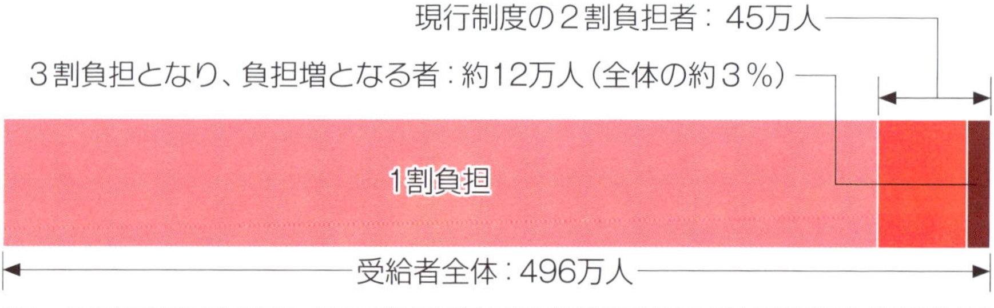

※1　具体的な基準は政令事項。「合計所得金額（給与収入や事業収入等から給与所得控除や必要経費を控除した額）220万円以上」かつ「年金収入＋その他合計所得金額340万円以上（単身世帯の場合。夫婦世帯の場合463万円以上）」とすることを想定。単身で年金収入のみの場合344万円以上に相当

※2　「合計所得金額160万円以上」かつ「年金収入＋その他合計所得金額280万円以上（単身世帯の場合。夫婦世帯の場合346万円以上）」単身で年金収入のみの場合280万円以上に相当

の改正では一定以上の所得者の利用者負担の見直しがされましたが、今回はさらに2割負担の利用者のなかでも年金収入などが340万円以上の所得者の負担割合が3割に引き上げられます（**2018年8月施行**）。ただし、高額介護サービス費の自己負担限度額（月）制度によって月額44,400円の負担の上限があります。

●高額介護サービスも引き上げられた

なお、前述の介護費用が高額になっても1カ月の限度額がある「高額介護サービス費」ですが、今回の法改正とは別に2017年8月より、「一般」所得者の自己負担上限額が37,200円から44,400円に引き上げられています。

なお、１割負担者（年金収入280万円未満）のみの世帯については、過大な負担とならないよう3年間の時限措置として、年間の負担総額が現行の負担上限額を超えないしくみです（**2018年8月施行**）。

高額介護サービス費の見直し

	自己負担限度額（月額）
現役並み所得相当（※３）	44,400円
一般	37,200円 ➡ **44,400円** ＋ **年間上限額の設定** **（1割負担者のみの世帯）**
市区町村民税世帯非課税等	24,600円
年金収入80万円以下等	15,000円

※３　世帯内に課税所得145万円以上の被保険者がいる場合であって、世帯年収520万円以上（単身世帯の場合は383万円以上）

1割負担者に対する年間上限額の設定	１割負担者（年金収入280万円未満）のみの世帯については、過大な負担とならないよう、年間の負担総額が現行の負担最大額を超えないしくみとする。（３年間の時限措置） **年間上限額：446,400円（37,200円×12）**

出典：「改正介護保険法の施行について」（社会保障審議会介護保険部会、平成29年11月10日）をもとに作成

介護納付金の総報酬割を第2号被保険者に導入

被用者保険間の不公平感を解消するために、第2号被保険者の保険料が「加入者割」から「総収入割」に移行された

●被用者保険は医療保険者ごとに報酬額に比例して負担

この第2号被保険者（40～64歳）の介護保険料は、それぞれが加入する医療保険が医療保険料と一緒に徴収し、介護納付金としています。この介護納付金が健康保険組合、共済組合、協会けんぽなど、被用者保険（会社員などが加入）において、どの医療保険も同額である加入者に応じて負担する「加入者割」から、段階的に報酬額（収入）に比例して負担する「総報酬割」に移行されました（**2017年8月分より段階的に実施**）。厚労省の試算では健康保険と共済組合は負担増となり、協会けんぽは負担減となります。

総報酬割導入のイメージ

●介護給付費の財源

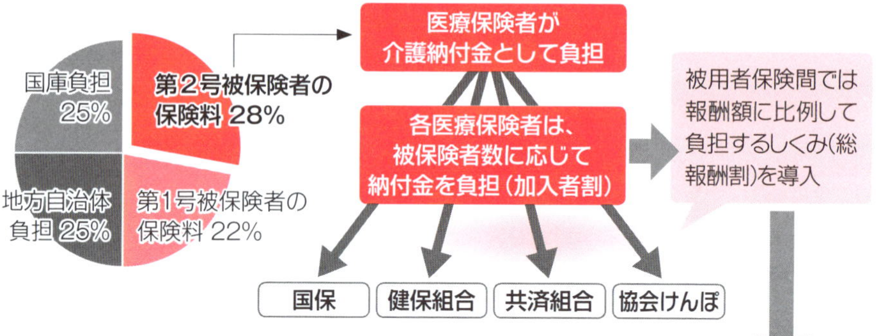

●総報酬割導入のスケジュール

	平成29年度		30年度	31年度	32年度
	～7月	8月～			
総報酬割分	なし	1／2	1／2	3／4	全面

●全面総報酬割導入の際に影響を受ける被保険者数

「負担増」となる被保険者	約1,300万人
「負担減」となる被保険者	約1,700万人

※ 平成26年度実績ベース

出典：「改正介護保険法の施行について」（社会保障審議会介護保険部会、平成29年11月10日）をもとに作成

持続性の確保　（調整交付金省令）

調整交付金の交付基準の見直し

年齢がとくに高い高齢者が多く、被保険者の所得水準が低い地域の保険料が上昇しないようにさらに調整交付金が見直された

●調整交付金の基準となる年齢区分が細分化される

現行では、介護給付負担金25%のうち5%を用いて、市区町村間の「後期高齢者比率が高いことによる給付増」と「被保険者の所得水準が低いことによる収入減」を財政調整しています。2018年度以降、とくに年齢が高い高齢者の分布をきめ細かく反映させるために、交付基準の年齢区分が細分化されます。従来は2区分であったものが3区分に見直されます。ただし、激変緩和措置として、第7期介護計画期間（2018～2020年度）では、2区分と3区分を1/2ずつ組み合わせた調整となります。

現行の調整交付金のイメージ

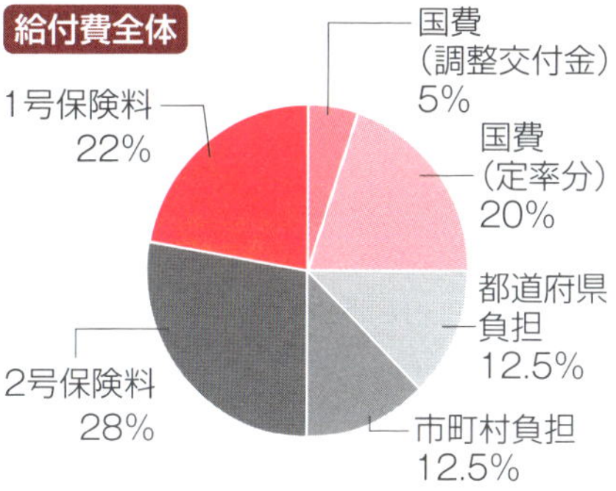

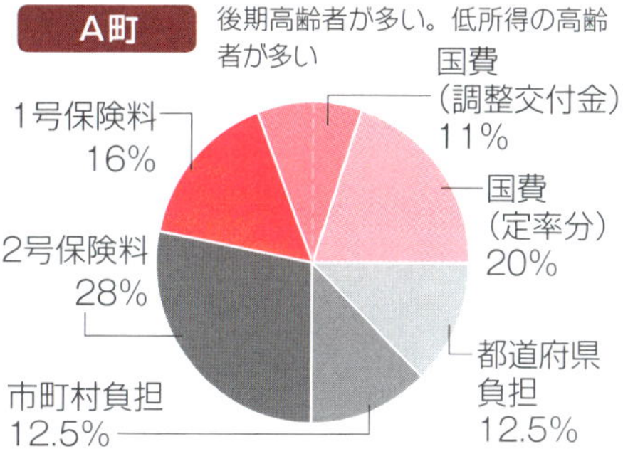

●見直される交付基準

従来：2区分
①65～74歳
②75歳以上

見直し案：3区分
①65～74歳
②75～84歳
③85歳以上

第7期計画期間は2区分と3区分を1/2ずつ組み合わせ

※所得水準は現行の調整方法を維持

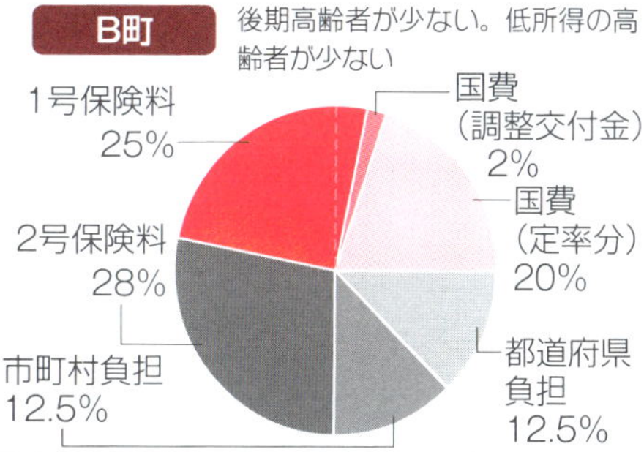

出典：「改正介護保険法の施行について」（社会保障審議会介護保険部会、平成29年11月10日）をもとに作成

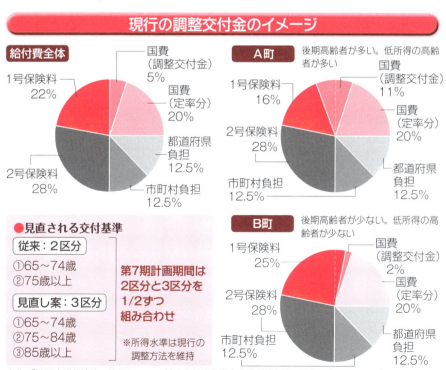

その他　（基準・介護報酬の改定）

ケアマネジメントの 質の向上と公正中立性の確保

居宅介護支援事業者は、サービス利用者に対し、複数の事業所を紹介するなど、より公正中立なケアマネジメントが求められる

●地域包括ケアに欠かせない公正中立で質の高いケアマネジメント

地域包括ケアシステムを進めるうえで重要な役割を果たすのが、医療分野や各種のサービス業者と連携し、利用者にふさわしいサービスを提案し、プランを組み立てる居宅介護支援事業者（ケアマネジャー）です。今回の居宅介護支援の基準の改正では、この居宅介護支援事業者への評価を見直し、質が高く公正中立なマネジメントが確保されるべくいくつかの改定がなされました。1つは居宅介護支援事業者における人材育成を図るために、**主任ケアマネジャーであることを管理者要件**にしています（経過措置として、適用は法施行から3年後）。また、利用者との契約時の説明でも、複数のサービス事業者の紹介を求めることができること、当該事業所を選択した理由を求めることができる旨、説明することが義務づけられています。

●回数がかけ離れて多い訪問介護はケアプランを市区町村へ届け出

統計的に見て通常のケアプランとかけ離れた回数（※）の訪問介護（生活援助中心型）を行う場合には、2018年10月からケアマネジャーは市区町村にケアプランを届け出なくてはならなくなります（居宅介護支援基準第13条）。それを受け地域ケア会議などによりケアプランの検証が行われ、必要に応じ、サービス内容の是正が求められるようになります。

※「全国平均利用回数＋２標準偏差」を基準として平成30年４月に国が定め、10月から施行。

ケアマネジメントに係る取り組み

質の高いケアマネジメントの推進	
①管理者要件の見直し	居宅介護支援事業所における人材育成の取り組みを促進するため、主任ケアマネジャーであることを管理者の要件とする。その際、3年間の経過措置期間を設けることとする（省令改正）。
②地域における人材育成を行う事業者に対する評価	特定事業所加算について、他法人が運営する居宅介護支援事業所への支援を行う事業所など、地域のケアマネジメント機能を向上させる取組を評価することとする。

公正中立なケアマネジメントの確保	
①契約時の説明　など	利用者の意思に基づいた契約であることを確保するため、利用者やその家族に対して、事業者はケアプランにかかわる居宅サービス事業所について、複数の事業所の紹介を求めることが可能であることなどを説明することを義務づける。なお、例えば、集合住宅居住者において、特定の事業者のサービス利用が入居条件とされ、利用者の意思、アセスメント等を勘案せずに、利用者にとって適切なケアプランの作成が行われていないなど、利用者の意思に反して、集合住宅と同一敷地内等の居宅サービス事業所だけがケアプランを作成することは適切ではないことを明確化する（通知改正）。
②特定事業所集中減算の対象サービスの見直し	特定事業所に集中した場合の減算について、請求事業所数の少ないサービスや、主治医などの指示により利用するサービス提供事業所が決まる医療系サービスは対象サービスから除外する。なお、福祉用具貸与については、事業所数にかかわらずサービスを集中させることも可能であることから対象とし、具体的には、訪問介護、通所介護、地域密着型通所介護、福祉用具貸与を対象とすることとする。

出典：「平成30年度介護報酬改定における各サービス毎の改定事項について」（社会保障審議会介護給付分科会、平成30年1月26日）をもとに作成

その他 （省令・通知改正）

要介護認定に係る保険者の業務簡素化

更新認定の有効期間のさらなる延長と、介護認定審査会の審査の簡素化が図られる

●更新認定の有効期間がさらに延長された

2015年度の改正では「要支援→要介護」などの更新申請において、更新申請時の要介護認定に係る設定可能な認定有効期間が12カ月から24カ月に延長されました。さらに、今回の改正では、**2018年4月以降の申請分**から更新認定の有効期間の上限が24カ月から36カ月に延長されます（省令改正）。

更新認定の有効期間の上限の見直し

	現行		改正後
申請区分など	原則認定有効期間	設定可能な認定有効期間	設定可能な認定有効期間
新規申請	6カ月	3カ月～12カ月	3カ月～12カ月
区分変更申請	6カ月	3カ月～12カ月	3カ月～12カ月
更新申請	12カ月	3カ月～24カ月	**3カ月～36カ月**

●介護認定審査会における審査の簡素化が図られた

併せて、長期間状態が安定している利用者（①第1号被保険者である、②更新申請である、③コンピュータ判定結果の要介護度が前回認定の要介護度と一致している、④前回認定の有効期間が12カ月以上である、など**6つの簡素化対象要件すべてに合致する人**）については、2018年４月以降、認定審査会（２次判定）を簡素化することが可能となります（通知改正）。加えて、各保険者の判断により審査会を簡素化せずに実施すること、保険者により６つの簡素化対象要件に加えて、新たな要件を設けることも差し支えないとされています。

出典：「老人保健課3. 平成30年4月以降の要介護認定等について」（全国介護保険・高齢者保健担当者課長会議資料、平成30年3月6日）をもとに作成

身体的拘束の適正化

身体的拘束のさらなる適正化を図るために、運営基準に定め、介護報酬において、義務違反の施設の基本報酬を減算するなどの施策が講じられた

●介護サービスの安全・安心を確保する観点からの取り組み

特別養護老人ホームや有料老人ホームなど居住系の施設では、夜間などに利用者が錯乱した場合など、ほかの利用者を守るため、あるいは利用者自身をケガから守るためにやむを得ず認められている身体的拘束ですが、適正に行われることが大前提です。そのために、現行では身体的拘束の手法や時間を記録していなければならず、行われていないと介護報酬減算の対象となっていました。今回の運営基準及び介護報酬の改定では、そのルールがより厳格化され、身体的拘束を行う場合は次のような措置を講じなければならず、違反する場合は減算の対象になりました。

◆身体的拘束等の適正化の措置（各サービスの運営基準に定める）

①身体的拘束等を行う場合には、その態様及び時間、その際の入所者の心身の状況並びに緊急やむを得ない理由を記録すること。

②身体的拘束等の適正化のための対策を検討する委員会を３月に１回以上開催するとともに、その結果について、介護職員その他従業者に周知徹底を図ること。

③身体的拘束等の適正化のための指針を整備すること。

④介護職員その他の従業者に対し、身体的拘束等の適正化のための研修を定期的に実施すること。

◆対象となるサービス

介護老人福祉施設、地域密着型介護老人福祉施設入所者生活介護、介護老人保健施設、介護療養型医療施設、介護医療院、（介護予防）認知症対応型共同生活介護、（介護予防）特定施設入居者生活介護、（介護予防）地域密着型特定施設入居者生活介護

福祉用具貸与価格の上限の設定

福祉用具貸与の価格は、「見える化」によって貸与価格のばらつきを抑制し、適正価格での貸与を確保するための見直しが行われる

●福祉用具貸与価格の上限を設定するなどの見直し

福祉用具は、対象者の身体状況等に応じて交換ができるように原則貸与ですが、市場価格で保険給付されており、同一商品でも、レンタル業者（福祉用具貸与事業者）ごとに価格差があります。これはレンタル業者ごとに仕入価格や搬出入・保守点検等に要する経費に相違があるためですが、今回の改正では、適切な貸与価格を確保するために貸与価格の上限が設定されるなどの見直しが行われました（**2018年4月及び10月施行**）。

現行の福祉用具貸与のしくみ

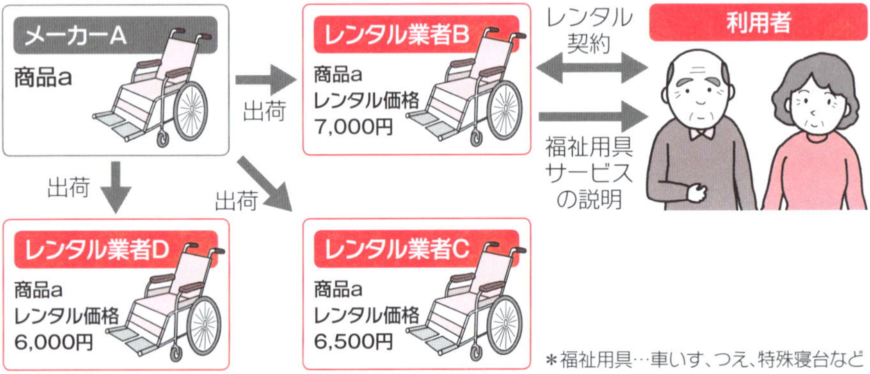

＊福祉用具…車いす、つえ、特殊寝台など

見直し内容

・国が商品ごとに、当該商品の貸与価格の全国的な状況を把握。当該商品の全国平均貸与価格を公表（平成30年10月施行）

・貸与事業者（福祉用具専門相談員）は、福祉用具を貸与する際、当該福祉用具の全国平均貸与価格と、その貸与事業者の貸与価格の両方を利用者に説明。また、機能や価格帯の異なる複数の商品を提示。（複数商品の提示は平成30年4月施行）

・適切な貸与価格を確保するため、貸与価格に上限を設定（平成30年10月施行）

※ 貸与価格の上限は商品ごとに設定する（当該商品の全国平均貸与価格＋１標準偏差）

出典：「平成30年度介護報酬改定における各サービス毎の改定事項について」（社会保障審議会介護給付分科会、平成30年1月26日）をもとに作成

その他 （通知改正の見込み）

住宅改修の見直し

住宅改修の内容や価格を保険者が適切に把握・確認し、利用者の適切な選択に資するための取り組みが進められる

●適正な住宅改修業者を選択するための施策

介護保険を利用して手すりの設置、段差解消などの住宅改修を行う際は、申請書に必要な書類（理由書や見積書類）を添えて、工事前に保険者に提出するとともに、工事完成後、保険者の確認を受けるきまりです。ただ、工事価格の設定は住宅改修事業者の裁量によるほか、事業者により技術・施工水準のばらつきがありました。そうした点を是正するために、今後、見積り書類の様式を国が示すなどの見直しが行われる予定です（実施時期は未定）。

現行の住宅改修のしくみ

○利用者は、住宅改修費の１割（一定以上の所得者は2割または3割、3割負担は2018年8月から）を負担

○支給限度基準額（上限20万円）までの費用の9割（8～7割）が利用者に支払われる（償還払い）。

＊住宅改修…手すりの取付け、段差の解消など

見直し内容

①事前申請時に利用者が保険者に提出する見積書類の様式（改修内容、材料費、施工費等の内訳が明確に把握できるもの）を国が示す。

②複数の住宅改修事業者から見積もりを取るよう、ケアマネジャーが利用者に説明する。

③建築の専門職や理学療法士、作業療法士、福祉住環境コーディネーター、その他住宅改修に関する知見を備えた者が適切に関与している事例や、住宅改修事業者への研修会を行っている事例等、保険者の取り組みの好事例を広く横展開する。

出典：「高齢者支援課6. 福祉用具・住宅改修について」（全国介護保険・高齢者保健福祉担当課長会議資料、平成30年3月6日）をもとに作成

その他　（基準・介護報酬の改定）

生活援助中心型の担い手の拡大

訪問介護について、介護福祉士等は身体介護を中心に担うとともに、生活援助人材確保の裾野を拡大し、新研修を創設して質を担保する

●生活援助中心型の担い手の拡大

訪問介護の事業においては、これまで身体介護と生活援助を提供できるのは介護福祉士や訪問介護員に限られていましたが、訪問介護の担い手を拡大する目的から、介護福祉士等は身体介護を中心に担うこととし、生活援助中心型については、現在の訪問介護員の要件である130時間以上の研修は求めず、生活援助中心型のサービスに必要な知識等に対応した研修を修了した者が担えることになりました。また、訪問介護事業者ごとに訪問介護員等を常勤換算方法で2.5以上置くこととされている基準が緩和され、新しい研修修了者もこれに含められることになりました。この場合、生活援助中心型サービスは介護福祉士等が提供する場合と新研修修了者が提供する場合とが生じますが、両者の報酬は同様となります。なお、新研修の内容は検討委員会の検討を経て、2017年度内に関係告示・通知が出される予定です。

訪問介護員の人員基準の見直し

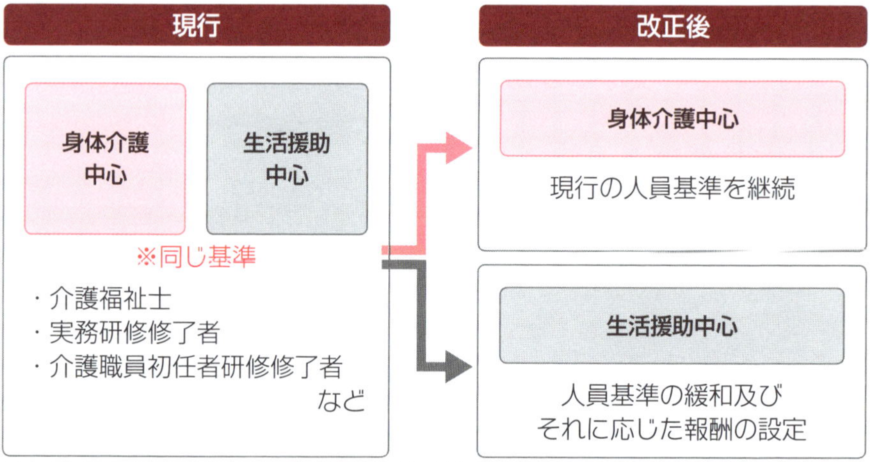

出典：「生活援助等の見直し」（社会保障審議会介護給付分科会、平成29年4月26日）をもとに作成

その他　（基準・介護報酬の改定）

ICTや介護ロボットの活用促進

ICT（情報通信技術）やロボット技術等を用いた負担軽減により効率化を推進

●ITCを利用したリハビリテーション会議への参加

訪問リハビリテーションや通所リハビリテーションのリハビリテーションマネジメント加算Ⅱについては、リハビリテーション会議で医師が利用者や家族に対してリハビリテーション計画の内容を説明し、同意を得ることが要件となっています。しかし、医師の参加が困難との声があることから、テレビ電話などを活用しての参加でもよいこととされました。

また、ICTの利用に関していえば、2018年4月から介護給付費の請求は原則インターネットまたは電子媒体による請求になります。

●介護ロボットの活用の促進

特別養護老人ホームなどの夜勤について、業務の効率化を図る観点から、見守り機器の導入などにより効果的に介護が提供できる場合に新たに評価が設けられます（見守り機器を導入した場合の夜勤職員配置加算の要件を追加）。また、今後不足が予想される介護人材を補うために、介護ロボット開発等加速化事業が進められています。

テレビ電話等を用いた医師のリハビリテーション会議への参加

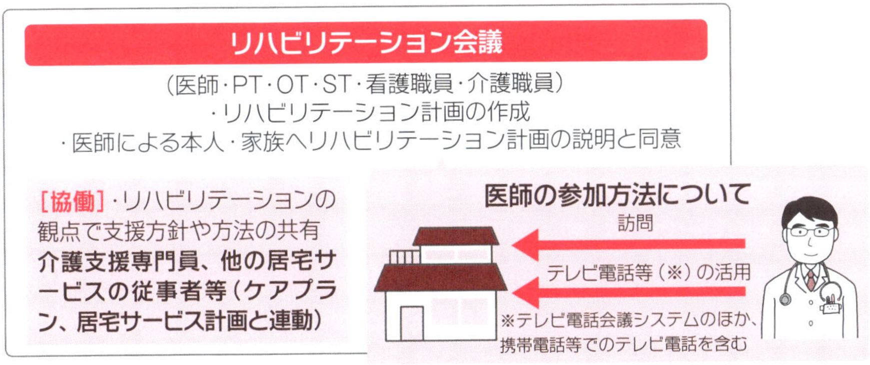
リハビリテーション会議
（医師・PT・OT・ST・看護職員・介護職員）
・リハビリテーション計画の作成
・医師による本人・家族へリハビリテーション計画の説明と同意
［協働］・リハビリテーションの観点で支援方針や方法の共有
介護支援専門員、他の居宅サービスの従事者等（ケアプラン、居宅サービス計画と連動）
医師の参加方法について
訪問
テレビ電話等（※）の活用
※テレビ電話会議システムのほか、携帯電話等でのテレビ電話を含む

出典：「平成30年度介護報酬改定の主な事項について」（社会保障審議会介護給付分科会、平成30年1月26日）をもとに作成

介護保険法改正に伴う介護報酬改定の概要

2018年度の介護報酬の改定は、「地域包括ケアシステムの推進」など4つのテーマを基本的な考え方として行われた（詳しくは巻末資料も参照）

●2018年度介護報酬改定に係る基本的な考え方

2018（平成30）年度介護報酬改定は、介護保険法の改正を受け、次のような考え方に基づいて行われました（要約）。

①地域包括ケアシステムの推進が求められる中での改定

国民一人ひとりが、住み慣れた地域で、安心して暮らしていけるよう、「地域包括ケアシステム」を各地域で構築していくことが重要である。今回の改定は６年ぶりに診療報酬改定と同じタイミングで行われるため、診療報酬との整合性を図りながら、医療と介護の連携を進めていくことが必要である。

②自立支援・重度化防止の取り組みが求められる中での改定

介護保険によって提供されるサービスは、要介護状態等の軽減または悪化の防止に資するものであることが求められている。このような状況を踏まえ、今回の介護報酬改定でも、質が高く、自立支援・重度化防止に資するサービスを推進していくことが必要である。

③一億総活躍社会の実現、介護離職ゼロに向けた取り組みの中での改定

少子高齢化の進展により、介護を必要とする者が増大する一方で、その支え手の減少が見込まれている。今なお、介護の人材確保が厳しい状況にあることも踏まえ、今回の介護報酬改定においても、介護人材の確保や有効活用、生産性の向上に向けた取り組みを推進していくことが必要である。

④制度の安定性・持続可能性が求められる中での改定

介護に要する費用に目を向けると、その額は制度創設時より大きく増加しており、今回の介護報酬改定においても、必要なサービスはしっかりと確保しつつ、サービスの適正化・重点化を図り、制度の安定性・持続可能性を高めていくことが必要である。

2018年度介護報酬改定に関する審議報告の概要

団塊の世代が75歳以上となる2025（平成37）年に向けて、国民1人1人が状態に応じた適切なサービスを受けられるよう、「地域包括ケアシステムの推進」、「自立支援・重度化防止に資する質の高い介護サービスの実現」、「多様な人材の確保と生産性の向上」、「介護サービスの適正化・重点化を通じた制度の安定性・持続可能性の確保」を図る。

Ⅰ地域包括ケアシステムの推進

■中重度の要介護者も含め、どこに住んでいても適切な医療・介護サービスを切れ目なく受けることができる体制を整備

【主な事項】
- ○中重度の在宅要介護者や、居住系サービス利用者、特別養護老人ホーム入所者の医療ニーズへの対応
- ○医療・介護の役割分担と連携の一層の推進
- ○医療と介護の複合的ニーズに対応する介護医療院の創設
- ○ケアマネジメントの質の向上と公正中立性の確保
- ○認知症の人への対応の強化
- ○地域共生社会の実現に向けた取組の推進

Ⅱ自立支援・重度化防止に資する質の高い介護サービスの実現

■介護保険の理念や目的を踏まえ、安心・安全で、自立支援・重度化防止に資する質の高い介護サービスを実現

【主な事項】
- ○リハビリテーションに関する医師の関与の強化
- ○リハビリテーションにおけるアウトカム評価の拡充
- ○外部のリハビリ専門職等との連携の推進を含む訪問介護等の自立支援・重度化防止の推進
- ○通所介護における心身機能の維持に係るアウトカム評価の導入
- ○褥瘡の発生予防のための管理や排泄に介護を要する利用者への支援に対する評価の新設
- ○身体的拘束等の適正化の推進

Ⅲ多様な人材の確保と生産性の向上

■人材の有効活用・機能分化、ロボット技術等を用いた負担軽減、各種基準の緩和等を通じた効率化を推進

【主な事項】
- ○生活援助の担い手の拡大
- ○介護ロボットの活用の促進
- ○定期巡回型サービスのオペレーターの専任要件の緩和
- ○ＩＣＴを活用したリハビリテーション会議への参加
- ○地域密着型サービスの運営推進会議等の開催方法・開催頻度の見直し

Ⅳ介護サービスの適正化・重点化を通じた制度の安定性・持続可能性の確保

■介護サービスの適正化・重点化を図ることにより、制度の安定性・持続可能性を確保

【主な事項】
- ○福祉用具貸与の価格の上限設定等
- ○集合住宅居住者への訪問介護等に関する減算及び区分支給限度基準額の計算方法の見直し等
- ○サービス提供内容を踏まえた訪問看護の報酬体系の見直し
- ○通所介護の基本報酬のサービス提供時間区分の見直し等
- ○長時間の通所リハビリの基本報酬の見直し

出典：「平成30年度介護報酬改定に関する審議報告の概要」（社会保障審議会介護給付分科会、平成29年12月18日）をもとに作成

新しい地域支援事業の全体像（2014年法改正）

介護保険制度

〈改正前〉

【財源構成】
国 25%
都道府県 12.5%
市町村 12.5%
1号保険料 22%
2号保険料 28%

介護給付（要介護1～5）

介護予防給付
（要支援1・2）
- 訪問看護、福祉用具等
- 訪問介護、通所介護

地域支援事業

介護予防事業
又は介護予防・日常生活支援総合事業
○ 二次予防事業
○ 一次予防事業
介護予防・日常生活支援総合事業の場合は、上記の他、生活支援サービスを含む要支援者向け事業、介護予防支援事業

包括的支援事業
○地域包括支援センターの運営
・介護予防ケアマネジメント、総合相談支援業務、権利擁護業務、ケアマネジメント支援

（2018年4月から全市町村で完全実施された）

任意事業
○介護給付費適正化事業
○家族介護支援事業
○その他の事業

【財源構成】
国 39%
都道府県 19.5%
市町村 19.5%
1号保険料 22%

→ 改正前と同様
→ 事業に移行（2017年4月から全市町村で完全実施された）
→ 多様化
→ 充実
→

〈改正後〉

介護給付（要介護1～5）

介護予防給付（要支援1・2）

地域支援事業

介護予防・日常生活支援総合事業
（要支援1・2、それ以外の者）
○介護予防・生活支援サービス事業
・訪問型サービス
・通所型サービス
・生活支援サービス（配食等）
・介護予防支援事業（ケアマネジメント）
○一般介護予防事業

包括的支援事業
○地域包括支援センターの運営
（左記に加え、**地域ケア会議の充実**）
○**在宅医療・介護連携の推進**
○**認知症総合支援事業**
（認知症初期集中支援事業、認知症地域支援・ケア向上事業等）
○**生活支援サービスの体制整備**
（コーディネーターの配置、協議体の設置等）

任意事業
○介護給付費適正化事業
○家族介護支援事業
○その他の事業

出典：「介護保険制度の改正案について」厚生労働省老健局（平成26年2月）をもとに作成

介護保険制度関連の主な改正項目の施行日

2017年8月	・被用者保険の介護納付金に総報酬割を導入（8月分より段階的に導入）
	・高額介護サービス費の「一般区分」の自己負担上限額を4万4400円に引き上げ
2018年4月	・生活支援体制整備事業（地域支援事業の包括的支援事業）が全市町村で実施（2014年法改正） 生活支援コーディネーターの配置、協議体の設置
	・在宅医療・介護連携推進事業（地域支援事業の包括的支援事業）の全8メニューが全市町村で実施（2014年法改正）
	・認知症総合支援事業（地域支援事業の包括的支援事業）が全市町村で実施（2014年法改正） 認知症地域支援推進員の設置、認知症初期支援チームの設置
	・居宅介護支援事業所の指定権限を都道府県から全市町村に移譲（2014年法改正）
	・介護給付費の請求が原則インターネットまたは電子媒体になる（2014年省令改正）
	・2018年度改正介護保険（2017年6月2日公布　地域包括ケアシステム強化法）施行
	・2018年度介護報酬・診療報酬のダブル改定
	・第7期介護保険事業（支援）計画（2018~2020年度）がスタート
	・共生型サービスの位置づけ（介護保険法、障害者総合支援法、児童福祉法）
	・有料老人ホーム入居者保護のための施策の強化がスタート（老人福祉法）
2018年8月	・2割負担者のうち高所得層の利用者負担を3割に引き上げ
2018年10月	・福祉用具の全国平均貸与価格の公表や貸与価格の上限設定が実施

介護報酬の主な加算・減算

2018年度の介護報酬の改定では、基本報酬に加えてサービスの特性を踏まえて加算・減算の改定も行われた

●介護職員処遇改善加算の見直し

2017年度の改定で、加算の算定要件に、新たにキャリアパス要件（170ページ参照）が加わりました。2018年度の改定では加算（Ⅳ）及び（Ⅴ）について、一定の経過措置期間を設けたうえで廃止されることとなりました。

介護職員処遇改善加算（Ⅰ）	所定の単位数にサービス別加算率（Ⅰ）を乗じた単位数
介護職員処遇改善加算（Ⅱ）	所定の単位数にサービス別加算率（Ⅱ）を乗じた単位数
介護職員処遇改善加算（Ⅲ）	所定の単位数にサービス別加算率（Ⅲ）を乗じた単位数
介護職員処遇改善加算（Ⅳ）	Ⅲ×90%
介護職員処遇改善加算（Ⅴ）	Ⅲ×80%

●サービス別加算率

サービス	加算（Ⅰ）	加算（Ⅱ）	加算（Ⅲ）
訪問介護	13.7%	10.0%	5.5%
（介護予防）訪問入浴介護	5.8%	4.2%	2.3%
（地域密着型）通所介護	5.9%	4.3%	2.3%
（介護予防）通所リハビリテーション	4.7%	3.4%	1.9%
（介護予防）短期入所生活介護	8.3%	6.0%	3.3%
（介護予防）短期入所療養介護（老健）	3.9%	2.9%	1.6%
（介護予防）短期入所療養介護（病院等）	2.6%	1.9%	1.0%
（介護予防）特定施設入居者生活介護	8.2%	6.0%	3.3%
介護老人福祉施設	8.3%	6.0%	3.3%
介護老人保健施設	3.9%	2.9%	1.6%
介護療養型医療施設	2.6%	1.9%	1.0%
介護医療院	2.6%	1.9%	1.0%
定期巡回・随時対応型訪問介護看護	13.7%	10.0%	5.5%
夜間対応型訪問介護	13.7%	10.0%	5.5%
（介護予防）認知症対応型通所介護	10.4%	7.6%	4.2%
（介護予防）小規模多機能型居宅介護	10.2%	7.4%	4.1%
（介護予防）認知症対応型共同生活介護	11.1%	8.1%	4.5%
地域密着型特定施設入居者生活介護	8.2.%	6.0%	3.3%
地域密着型介護老人福祉施設	8.3%	6.0%	3.3%
複合型サービス（看護小規模多機能型居宅介護）	10.2%	7.4%	4.1%

※（介護予防）訪問看護、（介護予防）訪問リハビリテーション、（介護予防）居宅療養管理指導、（介護予防）福祉用具貸与、特定（介護予防）福祉用具販売、居宅介護支援、介護予防支援については加算算定対象外。

※所定単位数は基本サービス費に各種加算減算を加えた総単位数とし、当該加算は支給限度額の算定から除外される。

●サービスによって違う地域加算の単価

介護報酬の1単位は10円が基準ですが、人件費・物件費などを勘案し地域ごとの人件費の地域差を調整するために地域区分が設定され、地域別・人件費割合別（サービス別）に1単位当たりの単価が割り増しになっています。都市部など人件費の高い地域ほど上乗せ加算があり、1単位が［11.40円］と10%以上単価が高くなるサービスもあります。地域によって単価が違うのと同時にサービスのタイプによって違うのは、サービスに係る人件費の割合によって決められているからです。地域区分は国家・地方公務員の地域手当の区分に準拠しますが、隣接地域の状況によって一部特例や、経過措置があります。

●厚生労働大臣が定める1単位当たりの単価

（円）

サービス	1級地	2級地	3級地	4級地	5級地	6級地	7級地	その他
訪問介護 (介護予防)訪問入浴介護 (介護予防)訪問看護 定期巡回･随時対応型訪問介護看護 夜間対応型訪問介護 居宅介護支援 介護予防支援	11.40	11.12	11.05	10.84	10.70	10.42	10.21	10.00
(介護予防)訪問リハビリテーション (介護予防)通所リハビリテーション (介護予防)短期入所生活介護 (介護予防)認知症対応型通所介護 (介護予防)小規模多機能型居宅介護 看護小規模多機能型居宅介護	11.10	10.88	10.83	10.66	10.55	10.33	10.17	10.00
(地域密着型)通所介護 (介護予防)短期入所療養介護 (介護予防)特定施設入居者生活介護 (介護予防)認知症対応型共同生活介護 地域密着型特定施設入居者生活介護 地域密着型介護老人福祉施設入所者生活介護 介護老人福祉施設 介護老人保健施設 介護療養型医療施設 介護医療院	10.90	10.72	10.68	10.54	10.45	10.27	10.14	10.00
(介護予防)居宅療養管理指導 (介護予防)福祉用具貸与	10.00	10.00	10.00	10.00	10.00	10.00	10.00	10.00

※適用地域は206～207ページを参照

●同一建物等居住者にサービスを提供する場合の減算

同一建物等の範囲が拡大されるとともに、減算幅が見直されました。

①訪問系

1　事業所と同一敷地内または隣接する敷地内の建物に居住する者（2に該当する場合を除く）。

2　上記の建物のうち、当該建物に居住する利用者が1月あたり50人以上。

3　上記1以外の範囲に所在する建物に居住する者（当該建物に居住する利用者が1月あたり20人以上）。

1・3の場合　▲10%

2の場合　▲15%

訪問介護、（介護予防）訪問入浴介護、（介護予防）訪問看護、（介護予防）訪問リハビリテーション、夜間対応型訪問介護

②通所系サービス

事業所と同一建物に居住する者または同一建物から事業所に通う者（ア）。事業所が送迎を行わない者（イ）は次のサービスにつき減算があります。

（地域密着型）通所介護、通所リハビリテーション、（介護予防）認知症対応型通所介護	ア　▲94単位／日 イ　▲47単位／片道
介護予防通所リハビリテーション	ア　要支援1　▲376単位／月 ア　要支援2　▲752単位／月

③その他のサービス

それぞれ、下記の建物と利用者の場合が対象になります。

・事業所と同一敷地内または隣接する敷地内に所在する建物に居住する者

定期巡回･随時対応型訪問介護看護	▲600単位／月 （当該建物に居住する利用者が1月あたり50人以上の場合）▲900単位／月

・単一建物居住者

（介護予防）居宅療養管理指導	減算に応じた基本報酬を設定

・事業所と同一建物に居住する者

（介護予防）小規模多機能型居宅介護 看護小規模多機能型居宅介護	減算に応じた基本報酬を設定

●中山間地域等に居住する者へのサービス提供加算

豪雪地帯や過疎地域、辺地など厚生労働大臣が定める一定の中山間地域等の居住者に、通常の事業の実施地域を越えてサービスを行った場合、所定単位数の5%の加算があります。次のサービスに適用されます。

> 居宅介護支援、訪問介護、(介護予防)訪問入浴介護、(介護予防)訪問看護、(介護予防)訪問リハビリテーション、(介護予防)居宅療養管理指導、通所介護、(介護予防)通所リハビリテーション、(介護予防)福祉用具貸与※、定期巡回·随時対応型訪問介護看護、(介護予防)小規模多機能居宅介護、地域密着型通所介護、看護小規模多機能型居宅介護

※交通費相当額の1/3に相当する額を事業所所在地に適用される1単位の単価で除して得た単位数（個々の用具ごとに貸与費の1/3を限度）を加算

●中山間地域等における小規模事業所加算

中山間地域等に所在し、厚生労働大臣が定める一定の施設基準に該当する小規模事業所がサービスを行った場合、所定単位数の10%の加算があります。次のサービスに適用されます。

> 居宅介護支援、訪問介護、(介護予防)訪問入浴介護、(介護予防)訪問看護、(介護予防)訪問リハビリテーション、(介護予防)居宅療養管理指導、(介護予防)福祉用具貸与※、定期巡回·随時対応型訪問介護看護

※交通費相当額の2/3に相当する額を事業所所在地に適用される1単位の単価で除して得た単位数（個々の用具ごとに貸与費の2/3を限度）を加算

●特別地域加算

離島や山村など厚生労働大臣が定める一定の地域に所在する事業所がサービスを行った場合、次のサービスにつき所定単位数の15%の加算があります。

> 居宅介護支援、訪問介護、(介護予防)訪問入浴介護、(介護予防)訪問看護、(介護予防)訪問リハビリテーション、(介護予防)居宅療養管理指導、(介護予防)福祉用具貸与※、定期巡回·随時対応型訪問介護看護

※交通費相当額を事業所所在地に適用される1単位の単価で除して得た単位数(個々の用具ごとに貸与費全額を限度)を加算

●サービス提供体制強化加算

専門職員の配置や研修の実施など、サービス提供体制について厚生労働大臣がサービスごとに定める一定の基準に適合した事業所がサービスを提供する場合、次のサービスにつき所定の加算があります。

（介護予防）訪問入浴介護	36単位･24単位／回
（介護予防）訪問看護 ※1 （介護予防）訪問リハビリテーション	6単位／回 （※1「訪問看護」で定期巡回･随時対応型訪問介護看護と連携する場合　50単位／月）
（地域密着型）通所介護 通所リハビリテーション （介護予防）認知症対応型通所介護	18･12･6単位／回
介護予防通所リハビリテーション	要支援1　72･48･24単位／月 要支援2　144･96･48単位／月
（介護予防）小規模多機能型居宅介護 ※2 看護小規模多機能型居宅介護 ※2 定期巡回･随時対応型訪問介護看護	640単位･500単位･350単位／月 （※2 短期利用の場合　21･16･12単位／日）
夜間対応型訪問介護	18単位･12単位／回 （包括型126単位･84単位／月）
（介護予防）認知症対応型共同生活介護 地域密着型介護老人福祉施設入所者生活介護 介護老人福祉施設 介護老人保健施設 介護療養型医療施設 介護医療院 （介護予防）短期入所生活介護 （介護予防）短期入所療養介護 （介護予防）特定施設入居者生活介護 地域密着型特定施設入居者生活介護	18･12･6単位／日

ここでは、主に各サービスに共通する加算･減算を紹介しています。ここで紹介した加算･減算は各サービスのページには掲載していません。

第2部

介護保険で利用できるサービスと利用料

介護保険で使える サービスのいろいろ

要介護・要支援認定を申請し、要介護・要支援であると認定されれば、要介護状態区分によってさまざまなサービスが利用できる

●要支援・要介護の認定を受けるとサービスが原則1割負担で利用できる

要支援・要介護の認定を受けると、介護保険サービスを費用の**1割（一定以上の所得者は2割または3割、3割負担は2018年8月から）の自己負担**で利用できます（30ページ参照）。ただし、1～3割で利用できる金額には限度額があり、要介護状態区分（要介護度）によって違います。サービス費は「**基本部分**」に、初回利用・特別地域・特定事業者・認知症対応といった「**加算**」があります。加算も基本部分と同じ扱いになるため､1～3割の負担で済みます。支給限度額を超えた部分は全額自己負担になりますが､「居宅療養管理指導」のように、いくら利用しても限度額の対象にならないサービスもあります。

●認定には「要支援」「要介護」「非該当」がある

認定には「要支援」「要介護」「非該当（自立）」の3つがあります。介助が必要だが比較的自立した生活ができる人は「要支援1・2」と認定され、要介護状態にならないよう､「**介護予防サービス**」が利用できます。日常的に介助が必要な人は「要介護1～5」と認定され､「**介護サービス**」が利用できます。「**非該当（自立）**」と認定されると、介護保険は利用できません。しかし、要支援・要介護と認定はされないものの、生活機能が低下していると判断（事業対象者に該当すれば）されれば、**地域支援事業**のなかの介護予防・日常生活支援総合事業（訪問型サービスや通所型サービス､その他の生活支援サービスなど。44ページ参照）やその他の事業、ほかの福祉サービスなどを利用できる場合があります。

「要支援」では地域包括支援センターの保健師などが**介護予防ケアプラン**を作成し、介護予防サービスを利用します。「要介護」では、一般的に居宅介護であれば居宅介護支援事業者に属するケアマネジャー、施設であれば施設に属するケアマネジャーがプランを作成し、介護サービスを利用します。

要支援・要介護状態区分のめやすと支給限度額（月額）

●介護予防サービスを利用

区分	状態のめやす	支給限度額（自己負担額）
要支援1	・食事や排泄など身の回りのことはほとんど自分でできる ・立ち上がりに支えが必要なことがある	5,003単位 （5,003円）
要支援2	・身の回りのことや日常生活に一部介助が必要だったり、立ち上がるときに支えが必要だが、支援があれば状態の維持・改善が見込まれる	10,473単位 （10,473円）

●介護サービスを利用

要介護1	・日常生活や基本的な身の回りのことなどに、一部介助が必要 ・立ち上がりなどに支えが必要	16,692単位 （16,692円）
要介護2	・食事や排泄、入浴、衣服の脱ぎ着などに一部、または多くの介助が必要 ・立ち上がりや歩行に支えが必要	19,616単位 （19,616円）
要介護3	・食事や排泄、入浴、衣服の脱ぎ着などに多くの介助が必要 ・立ち上がりが1人でできない。歩行も1人でできないことがある	26,931単位 （26,931円）
要介護4	・食事や排泄、入浴、衣服の脱ぎ着などに全面的な介助が必要 ・立ち上がりがほとんどできない。歩行も1人でできない ・認識力、理解力などに衰えが見られ、BPSDもある	30,806単位 （30,806円）
要介護5	・日常生活、身の回りの世話全般にわたって、全面的な介助が必要 ・立ち上がりや歩行ができない ・認識力、理解力などに衰えが見られ、BPSDもある	36,065単位 （36,065円）

※上表のカッコ内は1単位の単価10円として計算しためやすの1割自己負担額
※住宅改修費：要介護度に関係なく20万円　福祉用具購入費：要介護度に関係なく1年度10万円

●介護サービスのいろいろ

「要介護1～5」と認定された人は、居宅サービスや介護サービスなどの「介護サービス」を利用することができます。2018年度の改正では、施設サービスに新たに「介護医療院」が加わりました。

①居宅サービス

介護スタッフが自宅を訪問して介護・看護を行う、利用者が施設に通って介護を受ける・リハビリテーションを行うなどのほかに、施設に短期間宿泊できるサービスもあります。

②福祉用具の貸与・購入、住宅改修

必要な介護用具がレンタルできたり、衛生用品などの購入費用が支給されます。また、手すりの取り付けや段差の解消など、自立した生活を継続するのに役立つ住宅の改修費用が支給されます。

③施設サービス

自宅での生活が困難になった人や、療養、リハビリが必要な人が介護保険施設に入所して利用する宿泊型のサービスです。介護老人保健施設・介護療養型医療施設・介護医療院は要介護1以上でないと利用できません。また、介護老人福祉施設（特別養護老人ホーム）の場合、入所できるのは原則要介護3以上です。

※自宅または有料老人ホームなどで暮らす場合、体調や環境に合わせてサービスを組み合わせて利用します。小規模多機能型居宅介護を利用する場合、同時に利用することができないサービスもあります。

●訪問系サービス

①訪問介護（ホームヘルプ）
➡58ページ
②訪問看護**➡61ページ**
③訪問入浴介護**➡64ページ**
④訪問リハビリテーション
➡66ページ
⑤居宅療養管理指導**➡68ページ**

●通所系サービス

⑥通所介護（デイサービス）
➡70ページ
⑦通所リハビリテーション
（デイケア）**➡74ページ**

●短期入所系サービス

⑧短期入所生活介護
（ショートステイ）**➡77ページ**
⑨短期入所療養介護
（ショートステイ）**➡77ページ**

●特定施設

⑩特定施設入居者生活介護
➡86ページ

●福祉用具・住宅改修

⑪福祉用具貸与**➡88ページ**
⑫福祉用具購入**➡90ページ**
⑬住宅改修**➡92ページ**

●施設サービス

⑭介護老人福祉施設**➡106ページ**
⑮介護老人保健施設**➡110ページ**
⑯介護療養型医療施設**➡113ページ**
⑰介護医療院**➡117ページ**

●介護予防サービスのいろいろ

「要支援1·2」と認定された人は、介護保険の「介護予防サービス」を利用することができます。介護予防サービスの目的は、生活に必要な機能をできるだけ維持・改善していくことです。要支援1·2と認定されても、従来の介護予防訪問介護と介護予防通所介護は介護保険の「介護予防サービス」から外れ市区町村に移行したため、市区町村が実施する地域支援事業の介護予防・日常生活支援総合事業を利用します。

●訪問系サービス

①介護予防訪問看護➡61ページ
②介護予防訪問入浴介護➡64ページ
③介護予防訪問リハビリテーション
➡66ページ
④介護予防居宅療養管理指導
➡68ページ

●通所系サービス

⑤介護予防通所リハビリテーション
（デイケア）➡74ページ

●短期入所系サービス

⑥介護予防短期入所生活介護
（ショートステイ）➡77ページ
⑦介護予防短期入所療養介護
（ショートステイ）➡77ページ

●特定施設

⑧介護予防特定施設入居者生活介護
➡86ページ

●福祉用具・住宅改修

⑨介護予防福祉用具貸与➡88ページ
⑩介護予防福祉用具購入➡90ページ
⑪介護予防住宅改修➡92ページ

●地域密着型サービスのいろいろ

市区町村が指定・監督する地域密着型サービスは、要介護者が住み慣れた地域での生活が継続できるように必要なサービスを提供します。

●地域密着型サービス

①地域密着型通所介護➡70ページ
②地域密着型特定施設入居者生活
介護➡86ページ
③定期巡回・随時対応型訪問
介護看護➡94ページ
④夜間対応型訪問介護➡96ページ
⑤認知症対応型通所介護
（認知症高齢者デイサービス）
➡98ページ
⑥小規模多機能型居宅介護
➡100ページ
⑦認知症対応型共同生活介護
（認知症高齢者グループホーム）
➡102ページ
⑧看護小規模多機能型居宅介護
➡104ページ
⑨地域密着型介護老人福祉施設
入所者生活介護➡106ページ

●地域密着型介護予防サービス

⑩介護予防認知症対応型通所介護
（認知症高齢者デイサービス）
➡98ページ
⑪介護予防小規模多機能型居宅介護
➡100ページ
⑫介護予防認知症対応型共同生活
介護（認知症高齢者グループホーム）
➡102ページ
※要支援2と認定された人に限り利用できる

介護予防支援・居宅介護支援

サービスの概要　利用者のニーズが十分に介護事業者に伝わり、充実したサービスが受けられるように支援する

●居宅介護支援はケアマネジャーによって行われる

介護保険を利用するには、**介護サービス計画（ケアプラン）**を作成し、市区町村に届け出をしなければなりません。ケアプランの作成は、一般的には居宅介護支援事業所に所属するケアマネジャーなどに依頼します。要支援の認定を受けた人は、**地域包括支援センター**に利用を申し込み、**介護予防ケアプラン**を作成してもらいます。ケアプランの作成費用は全額、介護保険から支払われるため、自己負担はありません。なお、ケアプランは利用者自身や家族が作成することも可能です。

利用者と実際に介護サービスを行う事業者の間に立ち、より充実したサービスが円滑に行われるように管理するのがケアマネジャー（介護支援専門員）です。ケアマネジャーは、本人（家族）から心身の状況と暮らしの様子、困り事などを聞き取りしたうえでケアプランを作成し、適切な介護サービス事業所を紹介し、希望するサービスや利用日の調整などを行います。なお、2018年度の改定では、医療と介護の連携や、障害福祉制度の相談支援専門員との連携が重視されることから、ケアマネジャーの役割が一層重要なものとなり、契約時の説明など、より公正中立なケアマネジメントが求められます。また、2018年10月から通常のケアプランよりかけ離れた回数の訪問介護（生活援助中心型）を組み込む場合、市区町村にプランを届け出ることになりました。

介護報酬・基準改定の主なポイント

・末期の悪性腫瘍の利用者については、主治の医師等の助言を得ることを前提にサービス担当者会議の招集は不要となりました。また、ターミナル期に通常よりも頻回な訪問により利用者の心身の状況等の情報を主治の医師や居宅サービス事業者へ提供した場合の評価が新設されました（ターミナルケアマネジメント加算400単位／月）。（介護予防を除く）。

居宅介護支援費／月

（要介護1～5の場合）

取扱件数40件未満または40件以上の場合で40件未満の部分	要介護1･2	1,053単位
	要介護3･4･5	1,368単位
取扱件数40件以上の場合で40件以上60件未満の部分	要介護1･2	527単位
	要介護3･4･5	684単位
取扱件数40件以上の場合で60件以上の部分	要介護1･2	316単位
	要介護3･4･5	410単位

●主な加算・減算

初回加算　サービスを初めて行った月に300単位
特定事業所加算（Ⅰ）　500単位／月
特定事業所加算（Ⅱ）　400単位／月
特定事業所加算（Ⅲ）　300単位／月
特定事業所加算（Ⅳ）（2019年4月1日から）
125単位／月
入院時情報連携加算（Ⅰ）　200単位／月
入院時情報連携加算（Ⅱ）　100単位／月
退院・退所加算（Ⅰ）イ　450単位　**ロ**　600単位
退院・退所加算（Ⅱ）イ　600単位　**ロ**　750単位
退院・退所加算（Ⅲ）　900単位
（入院または入所期間中1回を限度）
小規模多機能型居宅介護事業所連携加算　300単位
看護小規模多機能型居宅介護事業所連携加算
300単位
ターミナルケアマネジメント加算
死亡日及び死亡日前14日以内に2日以上在宅の訪問等を行った場合　400単位
緊急時等居宅カンファレンス加算
200単位（1カ月2回を限度）
運営基準減算　**減算要件に該当**
所定単位数の▲50%
（運営基準減算が2カ月以上継続している場合は所定単位数は算定しない）
特定事業所集中減算　▲200単位／月

介護予防支援費／月

（要支援1･2の場合）

要支援1･2	430単位

●主な加算

初回加算　サービスを初めて行った月に300単位
介護予防小規模多機能型居宅介護事業所連携加算
300単位

介護報酬･基準改定の主なポイント

・医療機関との連携により積極的に取り組むケアマネ事業所について、入退院時連携に関する評価を充実するとともに、新たな加算が創設されました。
・訪問介護事業所等から伝達された利用者の口腔や服薬の状態等について、ケアマネから主治の医師等に必要な情報伝達を行うことが義務づけられました。
・ケアマネ事業所における人材育成の取組を促進するため、主任ケアマネジャーであることが管理者の要件とされました（介護予防を除く）。3年間は経過措置期間。
・利用者やその家族に対して、居宅サービス事業所について、複数の事業所の紹介を求めることが可能なことや、当該事業所をケアプランに位置付けた理由を求めることが可能なことを説明することが義務づけられ、違反した場合は報酬が減額（所定単位数の50／100に相当する単位数（運営基準減算））されます（介護予防を除く）。
・2018年10月から、ケアマネジャーが、統計的に見て通常のケアプランよりかけ離れた回数の訪問介護(生活援助中心型)を位置付ける場合には、市区町村にケアプランを届け出ることになりました（介護予防を除く）。

訪問介護

サービスの概要　利用者が自立した日常生活を送ることができるよう、介護福祉士や訪問介護員が自宅を訪問して生活の援助を行う

●依頼できることは3種類

訪問介護とは、訪問介護員（ホームヘルパー）や介護福祉士が自宅を訪問し、介護や生活支援などを行うサービスです。サービスの内容は、①**身体介護**、**②生活援助**、**③通院などに利用する介護タクシーへの乗降時とその前後の移動介助**の3種類です。身体介護に含まれるものは、食事や入浴、排泄といった利用者の身体に直接触れて行う介助やその準備・後片づけなどです。生活援助には調理や掃除・洗濯といった家事全般が含まれますが、利用できるのは、利用者本人が行うのが難しく、家族など身近な人も手助けすることができないものに限られ、援助を頼めるのは利用者本人のために必要なことだけです。なお、要支援の人は、市区町村による介護予防・日常生活支援総合事業の訪問型サービスを利用します。

●生活援助中心型の訪問介護員の新研修を創設

訪問介護における今回の大きな改正点は、介護職員の人材不足を解消するために、**生活援助中心型の訪問介護の担い手の拡大**が図られることです。これまでの訪問介護は、介護福祉士や130時間以上の研修を終了した訪問介護員が行ってきましたが、今後はこれらの有資格者は身体介護を中心に行い、家事全般をサポートする生活援助については、生活援助中心型のサービスに必要な知識を教える研修を修了した人が行うことになりました（新研修の内容は2017年度内に告示・通知が出される予定）。なお、生活援助のサービスは、介護福祉士などが提供する場合と新研修修了者が提供する場合がありますが、両者のサービス費用（報酬）は同じです。

●共生型訪問介護がスタート

また、地域包括ケアシステムの強化を図る意味から、障害福祉制度における居宅介護、重度訪問介護の指定を受けた事業所であれば、基本的に介護保

訪問介護費

●身体介護

所要時間	所定単位数
20分未満	165単位
20分以上30分未満	248単位
30分以上1時間未満	394単位
1時間以上1時間30分未満	575単位
以降30分ごとに	+83単位

●生活援助

所要時間	所定単位数
20分以上45分未満	181単位
45分以上	223単位

●通院等乗降介助

通院などのための乗降介助	98単位／回

●主な加算・減算

訪問介護員等2人による場合
所定単位数の200%
身体介護（20分以上）に引き続き生活援助の場合
所要時間が20分から起算して25分を増すごとに66単位（198単位を限度）
夜間（18時～22時） 所定単位数の25%
介護職員初任者研修修了者がサービス提供責任者の場合 ▲30%（2018年度末で廃止）
早朝（6時～8時） 所定単位数の25%
深夜（22時～6時） 所定単位数の50%
特定事業所加算（Ⅰ） 所定単位数の20%
特定事業所加算（Ⅱ） 所定単位数の10%
特定事業所加算（Ⅲ） 所定単位数の10%
特定事業所加算（Ⅳ） 所定単位数の５%

初回加算 サービス提供責任者が初回月に訪問
200単位／月
生活機能向上連携加算（Ⅰ） 100単位／月
生活機能向上連携加算（Ⅱ） 200単位／月
共生型訪問介護を行う場合
指定居宅介護事業所で障害者居宅介護従業者基礎研修課程修了者等により行われる場合
▲30%
指定居宅介護事業所で重度訪問介護従業者養成研修修了者により行われる場合 ▲7%
指定重度訪問介護事業所が行う場合 ▲7%
緊急時訪問介護加算（身体介護のみ）
100単位／回

険の訪問介護を行うことができる「**共生型訪問介護**」事業者の指定を受けられることになりました。

●訪問介護員と上手に付き合う

訪問介護員は利用者が雇ったお手伝いさんではありません。上手に付き合うためには、相手とは対等な関係であるということを意識しましょう。家事のやり方に好みがある場合は遠慮せずに伝え、意思の疎通を図ることが大切です。どうしても訪問介護員と相性が悪いと思われる場合は介護サービス事業者、あるいはケアマネジャーなどに相談しましょう。

訪問介護で頼めること

●身体介護

- 食事、服薬の介助
- 入浴介助、清拭
- 着替え、洗面などの介助
- 排泄介助、おむつ交換
- 体位変換
- 移乗・移動介助
- 通院介助　など

●生活援助

- 調理、食事の後片づけ
- 掃除、ごみ出し
- 洗濯、洗濯物たたみ
- シーツ交換、ふとん干し
- 生活必需品の買いもの
- 薬の受け取り　など

●通院等乗降介助

- 通院などの際の車の乗り降りの介助

●ホームヘルパー（所定の研修修了者に限定）が行える医行為

たんの吸引	鼻腔内、口腔内、気管カニューレ内のたんの吸引
経管栄養	胃ろう、腸ろう、経鼻経管栄養

介護報酬・基準改定の主なポイント

- サービス提供責任者について、口腔や服薬状況等にかかる気づきの情報共有、サービス提供時間を記録し、著しくプラン上の標準時間と乖離している場合のケアマネジャーへの連絡などが明確化されるとともに、初任者研修課程修了者等が任用要件から廃止されました（現任者のみ2018年度末まで経過措置あり）。
- 障害福祉制度の指定（居宅介護、重度訪問介護）を受けた事業所であれば、基本的に介護保険（共生型訪問介護）の指定が受けられることとなりました。
- 訪問介護事業者は、居宅介護支援事業所のケアマネジャーに対し、自身の事業所のサービス利用に係る不当な働きかけを行ってはならない旨、明確化されました。
- 訪問介護のうち、身体介護として行われる「自立生活支援のための見守り的援助」が明確化されるとともに、自立支援・重度化防止の観点から身体介護に重点を置くなど、身体介護・生活援助の報酬にメリハリがつけられました。
- 訪問回数の多いケアプランについては、ケアマネジャーが、統計的に見て通常のケアプランよりかけ離れた回数の訪問介護（生活援助中心型）を位置付ける場合には、市町村にケアプランを届け出ることになりました。
- 訪問介護について、介護福祉士等は身体介護を中心に担うとともに、生活援助中心型については、人材確保の裾野を拡大するため新研修が創設されます。
- 同一建物等居住者にサービス提供する場合の報酬について建物の範囲等が見直されるとともに、一定の要件を満たす場合の減算幅が見直されました（48ページ）。
- 同一建物等居住者の区分支給限度基準額を計算する際には、公平性の観点から減算前の単位数を用いることとされました。

要支援 1 2 要介護 1 2 3 4 5

（介護予防）訪問看護

サービスの概要　自立した居宅での日常生活を可能な限り継続できるよう、療養生活を支援し、心身の機能の維持回復を図る

●看護師などが自宅を訪問しケアを行う

医師が必要と認めた場合、看護師が自宅を訪問して医療的なケアを行う訪問看護を利用することができます。サービス内容は、症状の観察や衛生面のケア、診療の補助、栄養面の管理、機能訓練などです。

訪問看護は、必ず主治医からの「**訪問看護指示書**」に基づいて行われます。主に看護師や准看護師、保健師が担当しますが、理学療法士や作業療法士、言語聴覚士などの派遣が可能な事業所もあります。訪問看護を行う事業者には、独立した訪問看護ステーションと医療機関に併設されたものの2種類があり、事業者のタイプによって利用料金が異なります。なお、「**介護予防訪問看護**」は訪問看護とほぼ同様のサービスが行われますが、サービス提供内容を踏まえ、今回の改定で基本報酬に一定の差がつけられました。

●訪問介護と組み合わせてムダなく利用

訪問看護の特徴は、医療の知識を持つ専門家が、主治医の指示により自宅を訪れ、療養上の世話や必要な診療上の補助を行うことです。訪問看護にも含まれる入浴や食事、排泄の介助といった日常的なケアについては、看護師が行わなくてもよいと判断されれば、訪問介護員が行うこともできるので、看護師には医療的なケアに専念してもらうと、費用が抑えられます。

●ターミナルケアを依頼できる

最期まで自宅で過ごしたいという利用者のために、主治医の連携の下に、自宅において終末期の看護を行うことができます。ただし、ターミナルケアにかかる計画および支援体制を利用者、家族に説明して同意を得なければなりません。今回の改定でも、ターミナルケア加算の要件として、「人生の最終段階における医療の決定プロセスに関するガイドライン」に沿った取り組みが明示されました。

訪問看護費（要介護1～5の場合）

●訪問看護ステーションの場合

所要時間	所定単位数
20分未満（一定要件の場合のみ）	311単位
30分未満	467単位
30分以上1時間未満	816単位
1時間以上１時間30分未満	1,118単位
理学療法士、作業療法士又は言語聴覚士の場合	296単位

●病院または診療所の場合

所要時間	所定単位数
20分未満（一定要件の場合のみ）	263単位
30分未満	396単位
30分以上1時間未満	569単位
1時間以上１時間30分未満	836単位

●**定期巡回・随時対応訪問介護看護事業所と連携する場合**　2,935単位／月（※）　※准看護師による訪問が1回でもある場合　▲2%　**要介護５の者に行う場合**　＋800単位　**医療保険の訪問看護を利用している場合**　▲98単位／日

●主な加算・減算

准看護師の場合　▲10%
ターミナルケア加算　2,000単位
夜間・早朝　所定単位数の25%
深夜　所定単位数の50%
看護師等2人以上で行う場合
　30分未満の場合　254単位／回
　30分以上の場合　402単位／回
看護師等と看護補助者で行う場合
　30分未満の場合　201単位／回
　30分以上の場合　317単位／回
1時間30分以上行う場合　300単位

初回加算　サービスを初めて行った月に300単位
退院時共同指導加算　600単位／回
看護・介護職員連携強化加算　250単位／月
看護体制強化加算（Ⅰ）　600単位／月
看護体制強化加算（Ⅱ）　300単位／月
緊急時訪問看護加算
　訪問看護ステーション　574単位／月
　病院又は診療所　315単位／月
特別管理加算（Ⅰ）　500単位／月
　　　　　　（Ⅱ）　250単位／月

介護報酬・基準改定の主なポイント

・訪問看護の看護体制強化加算について、ターミナルケア加算の算定者数が多い場合は新たな区分を設けて評価されました。看護体制強化加算（Ⅰ）600単位／月（新設）（ターミナルケア加算の算定者が年５名以上）。
・訪問看護ステーションからのリハビリ専門職の訪問について、看護職員との連携が確保できる仕組みが導入されるとともに、基本サービス費が見直されました。
・複数名訪問加算について、現行の看護師等とは別に看護補助者が同行した場合の評価が新設されました。
・同一建物等居住者にサービス提供する場合の報酬について建物の範囲等が見直されるとともに、一定の要件を満たす場合の減算幅が見直されました（48ページ参照）。

介護予防訪問看護費（要支援1・2の場合）

●訪問看護ステーションを利用

所要時間	所定単位数
20分未満（一定要件の場合のみ）	300単位
30分未満	448単位
30分以上1時間未満	787単位
1時間以上1時間30分未満	1,080単位
理学療法士、作業療法士又は言語聴覚士の場合	286単位

●病院または診療所の場合

所要時間	所定単位数
20分未満（一定要件の場合のみ）	253単位
30分未満	379単位
30分以上1時間未満	548単位
1時間以上1時間30分未満	807単位

●主な加算・減算

准看護師の場合　▲10%
夜間・早朝　所定単位数の25%
深夜　所定単位数の50%
1時間30分以上行う場合　300単位
看護師等2人以上で行う場合
　30分未満の場合　254単位／回
　30分以上の場合　402単位／回
看護師等と看護補助者で行う場合
　30分未満の場合　201単位／回
　30分以上の場合　317単位／回

初回加算　サービスを初めて行った月に300単位
退院時共同指導加算　600単位／回
看護体制強化加算　300単位／月
緊急時介護予防訪問看護加算
　訪問看護ステーション　574単位／月
　病院又は診療所　315単位／月
特別管理加算（Ⅰ）　500単位／月
　　　　　　（Ⅱ）　250単位／月

訪問看護の内容の例

①**症状の観察**　健康状態をチェックし、病気の悪化や再発の予防に努める
②**衛生面のケア**　入浴介助、清拭、排泄などの援助を行う
③**診療の補助**　床ずれの処置や予防、たんの吸引、経管栄養や点滴、人工肛門、人工呼吸器の管理など、医療的なケアを行う
④**栄養面の管理**　食事の介助やアドバイスを行い、栄養障害や脱水を予防する
⑤**機能訓練**　歩行訓練や嚥下《えんげ》の訓練などを行う
⑥**家族への支援**　介護に関するアドバイスや家族の健康相談など

・同一建物等居住者の区分支給限度基準額を計算する際には、公平性の観点から減算前の単位数を用いることになりました。

(介護予防)訪問入浴介護

サービスの概要　看護職員･介護職員が居宅に浴槽を持ち込み入浴介護を行い、清潔保持と心身のリラックスを図る

●家族の介助だけでは入浴できない場合でも自宅で入浴

訪問入浴介護は、自宅に簡易浴槽を持ち込んで入浴の介助を行うサービスです。訪問介護や通所介護にくらべて利用料金は高めですが、身体の自由がきかず、通所や自宅での入浴が難しい場合や、感染症などのために通所施設の浴場が使えない場合は、訪問入浴介護を利用するとよいでしょう。

●サービスのあらまし

訪問入浴介護は、通常、看護職員（看護師または准看護師）1名と介護職員（介護福祉士、訪問介護員など）2名で行います。身体状況が安定している場合は主治医の確認を得たうえで介護職員3名（要支援の場合は2名）で行うこともでき、その場合は利用料金が減額になります。

当日の健康チェックから始まり、浴槽の準備、入浴、着替え、入浴後のようすの確認までがサービスの範囲ですので、体調により、利用者の希望があった場合には部分浴や清拭に変更することもあります。

自宅に浴槽を持ち込むため、室内には2畳程度のスペースが必要です（入浴設備を備えた大型車両を使う場合もある)。自宅の設備や駐車スペースの有無なども含め、事前に事業者による訪問調査を行うのが一般的です。

●本人への配慮も忘れずに

入浴はデリケートな問題です。とくに女性の要介護者が同性による介助を希望する場合、事前に事業者に相談しましょう。入浴介護は器材の搬入などの作業があるため、男性職員がスタッフに入っている場合が多いので、入浴中だけでも席を外してもらうなどの対応をしてくれる場合もあります。

なお、要支援1・2の場合、「**介護予防訪問入浴介護**」は訪問入浴介護とほぼ同様のサービスが行われます。

訪問入浴介護費／回

（要介護1～5の場合）

入浴の方法	所定単位数
看護職員1名+介護職員2名（通常の方法）	1,250単位
介護職員3名（主治医が医療上問題ないと認めた場合）	所定単位数の95%
清拭または部分浴 看護職員1名+介護職員2名（全身入浴が困難で、利用者の希望がある場合）	所定単位数の70%

★訪問入浴介護を利用するためには、主治医の入浴許可が必要

介護予防訪問入浴介護費／回

（要支援１・２の場合）

入浴の方法	所定単位数
看護職員1名+介護職員１名（通常の方法）	845単位
介護職員2名（主治医が医療上問題ないと認めた場合）	所定単位数の95%
清拭または部分浴 看護職員1名+介護職員1名（全身入浴が困難で、利用者の希望がある場合）	所定単位数の70%

介護報酬・基準改定の主なポイント

・同一建物等居住者にサービス提供する場合の報酬について建物の範囲等が見直されるとともに、一定の要件を満たす場合の減算幅が見直されました（48ページ参照）。
・同一建物等居住者の区分支給限度基準額を計算する際には、公平性の観点から減算前の単位数を用いることになりました。

（介護予防）訪問リハビリテーション

サービスの概要　自宅で自立した日常生活を継続できるよう、専門スタッフが主治医との連携をもとに機能の維持･回復訓練を行う

●日常生活能力が低下し、できないことが生じていたら

病気やけがなどの状態が安定しており、医師が自宅でのリハビリテーションが必要だと判断した人が対象となります。訪問リハビリテーションは、理学療法士（PT）、作業療法士（OT）、言語聴覚士（ST）などが自宅を訪れ、日常生活を助けるための機能の維持・回復訓練を行うサービスです。リハビリテーションは、主治医の指示に基づいて理学療法士などの専門家が作った計画に沿って進められます。

●通所リハビリテーションとの併用もできる

訪問リハビリテーションのメリットは、利用者のペースで進めることができることと、住環境などに応じて実際の生活に役立つ訓練を行えることです。その半面、リハビリ用の機器が使えないため、訓練の内容が限られるというデメリットもあります。また、訪問リハビリテーションは事業者が限られているため、希望どおりに利用できないこともあります。その場合は、医師の指示により専門家にリハビリテーション実施計画を作ってもらい、通所リハビリテーションや訪問看護などで対応してもらえるか相談してみましょう。なお、今回の改定で医療から介護への円滑な移行ができるように、リハビリテーション計画書の様式が互換性のあるものになるなど医療・介護の連携が図られるほか、新設の介護医療院でもサービスを提供できることになりました。

●介助の方法が不安な家族のために

利用者のリハビリテーションだけでなく、家族などに対してもリハビリテーションの観点から日常生活の中でできる訓練の説明を受けたり、指導をしてもらうことができます。住宅改修、福祉用具や機器の活用方法のアドバイスなどもしてもらえます。なお、要支援1･2の場合、「**介護予防訪問リハビリテーション**」は訪問リハビリテーションとほぼ同様のサービスが行われます。

訪問リハビリテーションを行う専門職

理学療法士（PT）

立つ、歩くなど、日常生活に必要な基本動作の指導

作業療法士（OT）

身体の応用的な動作能力、社会適応能力の指導

言語聴覚士（ST）

言葉によるコミュニケーション能力や摂食・嚥《えん》下《げ》の問題などの指導

訪問リハビリテーション費

（要介護1～5の場合）

	所定単位数
1回（20分程度）	290単位

●主な加算・減算

短期集中リハビリテーション実施加算
退院日等から3カ月以内　200単位／日

リハビリテーションマネジメント加算
（Ⅰ）　230単位／月　（Ⅱ）　280単位／月
（Ⅲ）　320単位／月
（Ⅳ）　420単位／月（3カ月1回を限度）

社会参加支援加算　17単位／日

事業所の医師がリハビリテーション計画の作成に係る診療を行わない　▲20単位／回

介護予防訪問リハビリテーション費

（要支援1･2の場合）

	所定単位数
1回（20分程度）	290単位

●主な加算・減算

短期集中リハビリテーション実施加算
退院日等から3カ月以内　200単位／日

リハビリテーションマネジメント加算
230単位／月

事業所の医師がリハビリテーション計画の作成に係る診療を行わない　▲20単位／回

事業所評価加算　120単位／月

介護報酬・基準改定の主なポイント

・医療から介護への円滑移行を図るため、リハビリテーション計画書の共通事項について互換性を持った様式になりました。
・医療機関から情報提供を受けた際、介護事業所の医師がリハビリテーションが必要と判断した場合には介護保険の算定の開始が可能となりました。
・リハビリテーションに関する医師の詳細な指示について、リハビリテーションのマネジメントに関する加算の要件とした上で、より手厚く評価されます。
・現在、介護予防通所リハビリテーションに設けられているアウトカム評価（事業所評価加算120単位／月）が介護予防訪問リハビリテーションにも設けられたほか、リハビリテーションマネジメント加算（230単位／月）も新設されました。
・リハビリテーション会議への医師の参加はテレビ電話等の活用も可能となりました。
・同一建物等居住者にサービス提供する場合の報酬について建物の範囲等が見直されるとともに、一定の要件を満たす場合の減算幅が見直されました（48ページ参照）。
・同一建物等居住者の区分支給限度基準額を計算する際には、公平性の観点から減算前の単位数を用いることになりました。
・介護・介護予防とも特別地域加算、中山間地域における小規模事業所加算が新設されました（49ページ参照）。

(介護予防)居宅療養管理指導

サービスの概要　在宅や、居住系施設に入居する高齢者や家族に対して、療養上の不安や悩みを解決し、療養生活の質を向上させる

●専門家が療養に関する指導を行う

居宅療養管理指導とは、医師・歯科医師、薬剤師、歯科衛生士、管理栄養士などが医療機関への通院が難しい利用者の自宅を訪問し、療養に必要な管理･指導を行うサービスです。ただし、医師と歯科医師が行うのは指導や管理、アドバイスなどで実際の治療は行いません。薬剤師、歯科衛生士、管理栄養士は、必要に応じて医療的なケアや実技を伴う指導を行うこともあります。看護師、保健師などの看護職員は2018年10月以降、このサービスの対象外となります。また、今回の改定で、介護･予防ともに他の訪問系サービスと同様に、「特別地域加算」、「中山間地域等における小規模事業所加算」「中山間地域等に居住する者へのサービス提供加算」が新設されました。

●ケアマネジャーや居宅介護支援事業者に対して情報を提供する

サービスを担当したスタッフは、利用者の同意を得たうえで、ケアマネジャーや居宅介護支援事業者に対し、居宅サービス計画を策定するための必要な情報を提供します。また、情報提供が行われない場合は利用料が減額されます。

●介護保険の限度額の枠外で利用する

居宅療養管理指導は、介護保険の支給限度額の対象に含まれません。サービスを提供する職種によって1カ月に利用できる回数の上限が決められており、その範囲内であれば希望に応じて利用することができます。自己負担額は、介護保険の利用者負担と訪問時の交通費です。ただし、利用する際はケアプランに組み込むことが推奨されています。利用したい場合、まずケアマネジャーや主治医に相談しましょう。

なお、要支援1･2の場合、「**介護予防居宅療養管理指導**」を利用できますが、居宅療養管理指導とほぼ同様のサービスが行われます。

(介護予防)居宅療養管理指導費

訪問する人	(一)単一建物居住者1人に対して行う場合	(二)単一建物居住者2人以上9人以下に対して行う場合	(一)及び(二)以外の場合	利用限度数
医師(Ⅰ)	507単位	483単位	442単位	2回/月
医師(Ⅱ)※1	294単位	284単位	260単位	2回/月
歯科医師	507単位	483単位	442単位	2回/月
薬剤師(医療機関に所属)※2	558単位	414単位	378単位	2回/月
薬剤師(薬局に所属)※2	507単位	376単位	344単位	4回/月
管理栄養士	537単位	483単位	442単位	2回/月
歯科衛生士	355単位	323単位	295単位	4回/月

※1 在宅時医学総合管理料または特定施設入居時等医学総合管理料を算定する場合
※2 薬剤の使用に関する薬学的管理指導を行った場合　100単位加算

●保健師、看護師が行う場合（2018年4月1日～2018年9月30日）

同一建物居住者以外の利用者に対して行う場合　402単位
同一建物居住者に対して行う場合（同一日の訪問）　362単位
准看護師が行う場合　▲10%

居宅療養管理指導のサービス内容の例

医師・歯科医師	利用者や家族に介護サービスの利用法や介護の方法などを指導
薬剤師	医師や歯科医師の指示に基づいて服薬の管理や指導を行う
管理栄養士	医師の指示に基づいて献立の立て方や調理方法などの指導を行う
歯科衛生士	歯科医師の指示に基づいて口の中のケアや飲み込むための機能訓練などを行う
看護職員（※）	看護師・保健師などが医師の指示に基づいて療養に関する相談・支援を行う

※看護師・保健師などの看護職員は2018年10月以降、このサービスは行えない。

介護報酬・基準改定の主なポイント

・看護職員による居宅療養管理指導については、6カ月の経過措置期間を設けたうえで廃止されることになりました(2018年9月30日まで)。

（地域密着型）通所介護

サービスの概要 利用者の在宅介護の支援、社会的孤立感の解消、家族の身体的、精神的負担の軽減を図る

●介護を受けながら同世代の人たちとの交流を楽しむ

「デイサービス」と呼ばれる通所介護は、利用者がデイサービスセンターなどの施設に通ってレクリエーションを行ったり、日常生活の支援を受けたりするサービスです。外出して多くの人と触れ合うことは、利用者にとってよい気分転換になります。季節の行事を取り入れたイベントに参加したり、ゲーム、体操、趣味、おしゃべりなどで単調な日常生活にメリハリをつけることはストレス解消にもなります。また、家族などの介護者が心身を休め、自分の時間を確保するためにも役立ちます。レクリエーションなどの内容はさまざまですが、最近ではバリエーションが豊富になり、利用者が好みに応じてプログラムを選べるところも増えています。家庭での入浴が困難な場合、費用は加算されますが通所介護に組み入れて利用することも可能です。

●利用料は事業所の規模と利用時間、要介護度によって異なる

利用料金は、施設の規模と利用時間、利用者の要介護度によって異なります。また、個別機能訓練や口腔ケアなど特別なサービスを利用する場合は、その分の料金が加算されます。行事の費用、昼食、おやつ、おむつ代などの金額は事業者によって異なりますが、全額自己負担となります。

通所介護は大別すると定員18人以下の「地域密着型通所介護」と定員19人以上の「通所介護」に分かれます。通所介護のなかでも、1カ月当たりの延べ利用者数が301人～750人以下の通常規模型、751～900人の大規模型（Ⅰ）、901人以上の大規模型（Ⅱ）に分かれ、それぞれ基本の利用料が違います。このうち、地域密着型通所介護は、他の地域密着型サービス同様、保険者である市区町村が直接事業者を指定し、指導・監督が行います。

なお、要支援1・2の場合は、市区町村による介護予防・日常生活支援総合事業の通所型サービスを利用します。

●医療的なケアが必要な場合には療養通所介護

通所介護のうち、末期のがんなど、要介護度が高く、医療的なケアも必要な人に対応しているのが地域密着型通所介護の中の「療養通所介護」です。今回の改定で障害福祉サービスなどである重症心身障害児・者を通わせる児童発達支援などを実施している事業所が多いことから、定員が9人以下→18人以下に引き上げられました。

●共生型通所介護がスタート

地域包括ケアシステムの強化を図る意味から、障害福祉制度における生活介護、自立訓練、児童発達支援、放課後等デイサービスの指定を受けた事業所であれば、基本的に介護保険による通所介護を行える「**共生型通所介護**」事業者の指定が受けられることになりました。

なお今回の改定において、これまで通所介護の基本報酬は2時間ごとに設定されていましたが、1時間ごとに見直されました。

通所介護の一日（例）

自宅にお迎え	自宅まで迎えにくる。足腰が不自由な場合、車いすで乗降できるリフト付きの車などで対応
施設に到着	
健康チェック	脈拍や体温、血圧などを測定し、体調を確認
レクリエーション	利用者が好みのプログラムを選んで参加できるところも多い
昼食	介助が必要な場合、介護職員がサポート
オプション	**入浴** 介護職員による介助も受けられる **個別機能訓練** 理学療法士などが利用者に合わせた計画に沿って機能訓練を行う **栄養改善（月2回まで）** 低栄養の恐れがある場合、管理栄養士が個別にケア計画を立て、栄養改善のためのサービスを行う **口腔機能向上（月2回まで）** 歯科衛生士や言語聴覚士などが歯磨きの指導や飲み込む機能を改善するための訓練などを行う
帰宅	自宅まで送る

通所介護費

事業所の規模	要介護度	所要時間					
		3時間以上4時間未満	4時間以上5時間未満	5時間以上6時間未満	6時間以上7時間未満	7時間以上8時間未満	8時間以上9時間未満
通常規模型（月平均のべ利用者数300～750人）	要介護1	362単位	380単位	558単位	572単位	645単位	656単位
	要介護2	415単位	436単位	660単位	676単位	761単位	775単位
	要介護3	470単位	493単位	761単位	780単位	883単位	898単位
	要介護4	522単位	548単位	863単位	884単位	1,003単位	1,021単位
	要介護5	576単位	605単位	964単位	988単位	1,124単位	1,144単位
大規模型Ⅰ（月平均のべ利用者数750超～900人）	要介護1	350単位	368単位	533単位	552単位	617単位	634単位
	要介護2	401単位	422単位	631単位	654単位	729単位	749単位
	要介護3	453単位	477単位	728単位	754単位	844単位	868単位
	要介護4	504単位	530単位	824単位	854単位	960単位	987単位
	要介護5	556単位	585単位	921単位	954単位	1,076単位	1,106単位
大規模型Ⅱ（月平均のべ利用者数900人超）	要介護1	338単位	354単位	514単位	532単位	595単位	611単位
	要介護2	387単位	406単位	608単位	629単位	703単位	722単位
	要介護3	438単位	459単位	702単位	725単位	814単位	835単位
	要介護4	486単位	510単位	796単位	823単位	926単位	950単位
	要介護5	537単位	563単位	890単位	920単位	1,038単位	1,065単位

●主な加算・減算

共生型通所介護を行う場合
　指定生活介護事業所が行う　▲7%
　指定自立訓練事業所が行う　▲5%
　指定児童発達支援事業所が行う　▲10%
　指定放課後等デイサービス事業所が行う　▲10%
生活相談員配置等加算　13単位／日
入浴介助　50単位／日
中重度者ケア体制加算　45単位／日
生活機能向上連携加算　200単位／月
（個別機能訓練加算を算定している場合は、100単位／月）
個別機能訓練加算（Ⅰ）　46単位／日
個別機能訓練加算（Ⅱ）　56単位／日
ADL維持等加算（Ⅰ）　3単位／月
ADL維持等加算（Ⅱ）　6単位／月

認知症加算　60単位／日
若年性認知症利用者受入加算　60単位／日
送迎を行わない場合　▲47単位／日（片道）
栄養改善加算　150単位／回
（3カ月以内で1カ月2回を限度）
栄養スクリーニング加算　5単位／回（6カ月1回を限度）
口腔機能向上加算　150単位／回
（3カ月以内で1カ月2回を限度）
2時間以上3時間未満　4時間以上5時間未満の▲30%
延長加算　9時間以上10時間未満　50単位
10時間以上11時間未満　100単位
11時間以上12時間未満　150単位
12時間以上13時間未満　200単位
13時間以上14時間未満　250単位

介護報酬・基準改定の主なポイント

・2時間ごとの設定としている基本報酬について、サービス提供時間の実態を踏まえて1時間ごとの設定に見直されました。
・管理栄養士以外の介護職員等でも実施可能な栄養スクリーニングを行い、介護支援専門員に栄養状態に係る情報を文書で共有した場合の評価が、栄養スクリーニング加算5単位／回として新設されました。

地域密着型通所介護費

要介護度	所要時間					
	3時間以上4時間未満	4時間以上5時間未満	5時間以上6時間未満	6時間以上7時間未満	7時間以上8時間未満	8時間以上9時間未満
要介護1	407単位	426単位	641単位	662単位	735単位	764単位
要介護2	466単位	488単位	757単位	782単位	868単位	903単位
要介護3	527単位	552単位	874単位	903単位	1,006単位	1,046単位
要介護4	586単位	614単位	990単位	1,023単位	1,144単位	1,190単位
要介護5	647単位	678単位	1,107単位	1,144単位	1,281単位	1,332単位

●主な加算・減算

2時間以3時間未満　4時間以上5時間未満の▲30%
延長加算　9時間以上10時間未満　50単位
10時間以上11時間未満　100単位
11時間以上12時間未満　150単位
12時間以上13時間未満　200単位
13時間以上14時間未満　250単位
共生型地域密着型通所介護を行う場合
指定生活介護事業所が行う　▲7%
指定自立訓練事業所が行う　▲5%
指定児童発達支援事業所が行う　▲10%
指定放課後等デイサービス事業所が行う　▲10%
生活相談員配置等加算　13単位／日
入浴介助　50単位／日
中重度者ケア体制加算　45単位／日
生活機能向上連携加算　200単位／月
（個別機能訓練加算を算定している場合は、100単位／月）
個別機能訓練加算（Ⅰ）　46単位／日
個別機能訓練加算（Ⅱ）　56単位／日
ADL維持等加算（Ⅰ）　3単位／月
ADL維持等加算（Ⅱ）　6単位／月
認知症加算　60単位／日
若年性認知症利用者受入加算　60単位／日
栄養改善加算　150単位／回（1カ月2回を限度）
栄養スクリーニング加算　5単位／回（6カ月1回を限度）
口腔機能向上加算　150単位／回（1カ月2回を限度）
送迎を行わない場合　▲47単位／片道

療養通所介護費

所要時間	所定単位数
3時間以上6時間未満	1,007単位
6時間以上8時間未満	1,511単位

●主な加算・減算

栄養スクリーニング加算　5単位／回（6カ月に1回を限度）
個別送迎体制強化加算　210単位／日
入浴介助体制強化加算　60単位／日
送迎を行わない場合　▲47単位／片道

・障害福祉制度の指定を受けた事業所であれば、基本的に介護保険（共生型通所介護）の指定を受けられることになりました。
・外部のリハビリテーション専門職や医師と共同で個別機能訓練計画等を作成した場合、生活機能向上連携加算200単位／月（新設）として新たに評価されました。
・一定期間内にADL（日常生活動作）の維持または改善の度合いが一定の水準を超えた場合、ADL維持等加算（Ⅰ）（Ⅱ）として新たに評価されることになりました。
・療養通所介護事業所において、障害福祉サービス等である重症心身障害児・者を通わせる児童発達支援等を実施している事業所が多いことを踏まえ、定員数が引き上げられました。（定員数9人以下→18人以下）

(介護予防)通所リハビリテーション

サービスの概要　理学療法、作業療法などのリハビリテーションを行うことにより、利用者の生活機能の維持と向上をめざす

●専門施設に通い機能訓練を行う

「デイケア」とも呼ばれる通所リハビリテーションは、理学療法士などの専門家や医師が配置された施設に通い、運動器の機能向上、栄養改善、口腔機能の向上などのリハビリテーションを行うサービスです。リハビリのほか、食事や入浴など日常生活に関する支援も受けられます。一人ひとりの状態に合わせた計画を立て、それに沿って行う「個別リハビリテーション」や、必要な機能訓練を集中的に行う「短期集中リハビリテーション」などのサービスを利用することも可能です。医師の指示に基づき、必要な機器などが揃った施設で、きめ細かなリハビリテーションが行われるのが特徴です。施設などに通うことによって専門的な器具を使用することができることや、他の利用者とコミュニケーションを図ることによってリハビリに対して意欲的になれることなど、訪問リハビリテーションにはない魅力があります。なお、今回の改定で医療から介護への円滑な移行ができるように、リハビリテーション計画書の様式が互換性のあるものになるなど医療・介護の連携が図られています。

●通所介護施設で対応できる場合もある

通所リハビリテーションは、通所介護などに比べて利用料金が高めです。利用者に必要な機能訓練の内容をきちんと把握し、適切なサービスを提供してくれる事業所を選びましょう。サービスに応じた加算も細分化されているので、基本料金以外の支払いについても事業者から十分に説明を受けて利用しましょう。また、今回の介護報酬の改定で、通所リハビリテーションに設けられている生活行為向上リハビリテーション実施加算が介護予防通所リハビリテーションにも設けられたほか、リハビリテーションマネジメント加算も新設されました。なお、要支援1・2の場合、「**介護予防通所リハビリテーション**」は通所リハビリテーションとほぼ同様のサービスが行われます。

通所リハビリテーション費

（要介護１～５の場合）

事業所の規模	要介護度	所要時間						
		1時間以上2時間未満	2時間以上3時間未満	3時間以上4時間未満	4時間以上5時間未満	5時間以上6時間未満	6時間以上7時間未満	7時間以上8時間未満
通常規模型（月平均のべ利用者数300超～750人）	要介護1	329単位	343単位	444単位	508単位	576単位	667単位	712単位
	要介護2	358単位	398単位	520単位	595単位	688単位	797単位	849単位
	要介護3	388単位	455単位	596単位	681単位	799単位	924単位	988単位
	要介護4	417単位	510単位	693単位	791単位	930単位	1,076単位	1,151単位
	要介護5	448単位	566単位	789単位	900単位	1,060単位	1,225単位	1,310単位
大規模型Ⅰ（月平均のべ利用者数750超～900人）	要介護1	323単位	337単位	437単位	498単位	556単位	650単位	688単位
	要介護2	354単位	392単位	512単位	583単位	665単位	777単位	820単位
	要介護3	382単位	448単位	587単位	667単位	772単位	902単位	955単位
	要介護4	411単位	502単位	682単位	774単位	899単位	1,049単位	1,111単位
	要介護5	441単位	558単位	777単位	882単位	1,024単位	1,195単位	1,267単位
大規模型Ⅱ（月平均のべ利用者数900人超）	要介護1	316単位	330単位	426単位	480単位	537単位	626単位	664単位
	要介護2	346単位	384単位	500単位	563単位	643単位	750単位	793単位
	要介護3	373単位	437単位	573単位	645単位	746単位	870単位	922単位
	要介護4	402単位	491単位	666単位	749単位	870単位	1,014単位	1,075単位
	要介護5	430単位	544単位	759単位	853単位	991単位	1,155単位	1,225単位

※通常規模型、大規模型Ⅰ・Ⅱ中の病院・診療所・介護老人保健施設・介護医療院の単位数はすべて同じ

●主な加算・減算

理学療法士等体制強化加算
30単位／日（1時間以上2時間未満のみ）

入浴介助 50単位／日

リハビリテーションマネジメント加算（Ⅰ）
330単位／月

リハビリテーションマネジメント加算（Ⅱ）
（同意日の属する月から6カ月以内）
850単位／月
（同意日の属する月から6カ月超）
530単位／月

リハビリテーションマネジメント加算（Ⅲ）
（同意日の属する月から6カ月以内）
1,120単位／月
（同意日の属する月から6カ月超）
800単位／月

リハビリテーションマネジメント加算（Ⅳ）
（同意日の属する月から6カ月以内）
1,220単位／月　3カ月に1回を限度
（同意日の属する月から6カ月超）
900単位／月　3カ月に1回を限度

短期集中個別リハビリテーション実施加算
110単位／日

認知症短期集中リハビリテーション実施加算（Ⅰ）
240単位／日（週2回を限度）

認知症短期集中リハビリテーション実施加算（Ⅱ）
1,920単位／月

生活行為向上リハビリテーション実施加算
（利用開始日の属する月から3カ月以内）
2,000単位／月
（利用開始日の属する月から3カ月超6カ月以内）
1,000単位／月

生活行為向上リハビリテーションの実施後にリハビリテーションを継続した場合の減算（職員の員数等による）
（対象月から6カ月以内）▲15％

若年性認知症利用者受入加算 60単位／日

栄養改善加算
150単位／回（1カ月2回を限度）

栄養スクリーニング加算
5単位／回（6カ月に1回を限度）

口腔機能向上加算
150単位／回（1カ月2回を限度）
重度療養管理加算
100単位／日(所要時間2時間以上に適用)
中重度者ケア体制加算 20単位／日
送迎を行わない場合 ▲47単位（片道）
社会参加支援加算 12単位／日
7時間以上8時間未満の通所リハビリテーションの前後に日常生活上の世話を行う場合の延長加算
8時間以上9時間未満 50単位
9時間以上10時間未満 100単位
10時間以上11時間未満 150単位
11時間以上12時間未満 200単位
12時間以上13時間未満 250単位
13時間以上14時間未満 300単位
リハビリテーション提供体制加算
3時間以上4時間未満の場合 12単位
4時間以上5時間未満の場合 16単位
5時間以上6時間未満の場合 20単位
6時間以上7時間未満の場合 24単位
7時間以上の場合 28単位

介護予防通所リハビリテーション費（要支援1・2の場合）

要介護度	所定単位数／月
要支援1	1,712単位
要支援2	3,615単位

※病院または診療所・介護老人保健施設・介護医療院の単位数はすべて同じ

●主な加算

運動器機能向上（ア）加算 225単位／月
栄養改善（イ）加算 150単位／月
栄養スクリーニング加算
5単位／回（6カ月に1回を限度）
口腔機能向上（ウ）加算 150単位／月
若年性認知症利用者受入加算
240単位／月
選択的サービス複数実施加算（Ⅰ）
（ア）＋（イ） 480単位／月
（ア）＋（ウ） 480単位／月
（イ）＋（ウ） 480単位／月
選択的サービス複数実施加算（Ⅱ）
（ア）＋（イ）＋（ウ） 700単位／月
事業所評価加算 120単位／月
リハビリテーションマネジメント加算
330単位／月

介護報酬・基準改定の主なポイント

・医療から介護への円滑移行を図るため、リハビリテーション計画書の共通事項について互換性を持った様式になりました。
・管理栄養士以外の介護職員等でも実施可能な栄養スクリーニングを行い、介護支援専門員に栄養状態に係る情報を文書で共有した場合の評価が創設されました。栄養スクリーニング加算5単位／回（新設）。
・リハビリテーションに関する医師の詳細な指示について、リハビリテーションマネジメント加算の要件とした上で、別途評価されることになりました。
・介護予防にもリハビリテーションマネジメント加算（330単位／新設）が設けられました。
・リハビリテーション会議への医師の参加はテレビ電話等の活用も可能となりました。
・3時間以上の通所リハビリテーションの基本報酬について、同じ時間、同等規模の事業所で通所介護を提供した場合の基本報酬が見直されました。

(介護予防)短期入所生活・療養介護

サービスの概要　短期間の入所で、日常生活の世話や機能訓練を行い、心身の機能の維持を図り、介護者の負担の軽減をめざす

●本人の状態に合わせて慎重に利用を

「ショートステイ」とも呼ばれる短期入所は、施設に短期間宿泊し、介護を受けながら機能訓練やレクリエーションなどを行うサービスです。特別養護老人ホームなどで主に生活面の介助を受ける「**短期入所生活介護**」と、介護老人保健施設や医療機関で医療的なケアを受ける「**短期入所療養介護**」の２種類があります。介護者が病気、冠婚葬祭などで一時的に在宅での介護が困難なときに利用できますが、休息を得るのが目的でも利用できます。ただし、一時的に生活環境が変わる短期入所は、利用者の気分転換に役立つ場合もありますが、ストレスや介護の過不足のために心身の状態が悪化する可能性もあります。できれば、デイサービスも行っている施設なら、通所介護を利用し、その施設の雰囲気や職員との相性などの確認をしたうえで利用しましょう。

●他の介護サービスと上手に組み合わせて

短期入所は、連続して30日までの利用が可能です。もっとも、使いすぎると利用限度額がいっぱいになってしまい、他のサービスが使えなくなってしまいます。利用者と家族の状態に合わせて、通所や居宅サービスと組み合わせて利用するとよいでしょう。なお、要支援1・2の場合、「**介護予防短期入所生活介護**」「**介護予防短期入所療養介護**」とも、短期入所生活介護、短期入所療養介護とほぼ同様のサービスが行われます。また、今回の改定で障害福祉制度の短期入所（併設型及び空床利用型に限る）の指定を受けた事業所であれば、基本的に「**共生型短期入所生活介護**」の指定が受けられることになりました。

入所時の食費や部屋代は全額自己負担ですが、所得に応じた減額措置（補足給付）があります。ただし、一定以上預貯金がある人は対象外で、さらに配偶者の所得、非課税年金（遺族年金と障害年金）収入も含めて判定されます（132ページ参照）。

（介護予防）短期入所生活介護費／日

要介護度	単独型（介護予防）短期入所生活介護費	併設型（介護予防）短期入所生活介護費	単独型ユニット型（介護予防）短期入所生活介護費	併設型ユニット型（介護予防）短期入所生活介護費
	従来型個室・多床室	従来型個室・多床室	ユニット型個室・ユニット型個室的多床室	ユニット型個室・ユニット型個室的多床室
要支援1	465単位	437単位	543単位	512単位
要支援2	577単位	543単位	660単位	636単位
要介護1	625単位	584単位	723単位	682単位
要介護2	693単位	652単位	790単位	749単位
要介護3	763単位	722単位	863単位	822単位
要介護4	831単位	790単位	930単位	889単位
要介護5	897単位	856単位	997単位	956単位

●主な加算・減算

療養食加算　8単位／回（1日3回を限度）
共生型短期入所生活介護を行う場合
　指定事業所が行う場合　▲8%
生活相談員配置等加算　13単位／日
生活機能向上連携加算　200単位／月
　（個別機能訓練加算を算定している場合は100単位／月）
専従の機能訓練指導員を配置（介護予防を除く）
　12単位／日
機能訓練体制加算（介護予防のみ）　12単位／日
個別機能訓練加算　56単位／日
看護体制加算（介護予防を除く）
　（Ⅰ）　4単位／日
　（Ⅱ）　8単位／日
　（Ⅲ）　利用定員29人以下　12単位／日
　　　　利用定員30人以上50人以下　6単位／日
　（Ⅳ）　利用定員29人以下　23単位／日
　　　　利用定員30人以上50人以下　13単位／日
在宅中重度者受入加算（介護予防を除く）
　（看護体制加算（Ⅰ）または（Ⅲ）を算定）　421単位／日
　（看護体制加算（Ⅱ）または（Ⅳ）を算定）417単位／日
　（いずれの看護体制加算も算定）　413単位／日
　（看護体制加算を算定していない）　425単位／日
認知症専門ケア加算
　認知症専門ケア加算（Ⅰ）　3単位／日
　認知症専門ケア加算（Ⅱ）　4単位／日
医療連携強化加算（介護予防を除く）　58単位／日
夜勤職員配置加算（介護予防を除く）
　（Ⅰ）・（Ⅱ）　13単位／日（ユニット型は18単位／日）
　（Ⅲ）・（Ⅳ）　15単位／日（ユニット型は20単位／日）
認知症行動・心理症状緊急対応加算
　200単位／日（7日間を限度）
若年性認知症利用者受入加算　120単位／日
送迎　184単位／片道
緊急短期入所受入加算（介護予防を除く）
　90単位／日（7日を限度）
長期利用者に対して短期入所生活介護を提供する場合（介護予防を除く）　▲30単位／日

介護報酬・基準改定の主なポイント

・障害福祉制度の短期入所の指定を受けた事業所であれば、基本的に介護保険（共生型短期入所生活介護）の指定が受けられるものとなりました。
・外部のリハビリテーション専門職や医師と共同で個別機能訓練計画を作成した場合など、生活機能向上連携加算200単位／月（新設）として新たに評価されました。
・夜勤職員配置加算について、見守り機器の導入により効果的に介護が提供できる場合の要件が見直されました（介護予防を除く）。
・中重度の高齢者の受け入れ促進の観点から看護体制加算Ⅲ・Ⅳを新設し、新たに評価されました（介護予防を除く）。

介護老人保健施設における（介護予防）短期入所療養介護費／日

●介護老人保健施設（介護予防）短期入所療養介護費

要介護度	従来型個室 基本型（※1）	従来型個室 在宅強化型（※2）	多床室 基本型（※1）	多床室 在宅強化型（※2）
要支援1	578単位	619単位	611単位	658単位
要支援2	719単位	759単位	765単位	813単位
要介護1	753単位	794単位	826単位	873単位
要介護2	798単位	865単位	874単位	947単位
要介護3	859単位	927単位	935単位	1,009単位
要介護4	911単位	983単位	986単位	1,065単位
要介護5	962単位	1,038単位	1,039単位	1,120単位

●介護老人保健施設（介護予防）短期入所療養介護費

要介護度	〈療養型老健：看護職員を配置〉		〈療養型老健：看護オンコール体制〉		〈特別介護老健（予防）短期入所療養介護費〉（※3）	
	従来型個室 療養型	多床室 療養型	従来型個室 療養型	多床室 療養型	従来型個室	多床室
要支援1	582単位	619単位	582単位	619単位	566単位	599単位
要支援2	723単位	774単位	723単位	774単位	705単位	750単位
要介護1	778単位	855単位	778単位	855単位	739単位	811単位
要介護2	859単位	937単位	853単位	931単位	783単位	858単位
要介護3	972単位	1,051単位	946単位	1,024単位	843単位	917単位
要介護4	1,048単位	1,126単位	1,021単位	1,098単位	894単位	967単位
要介護5	1,122単位	1,200単位	1,095単位	1,173単位	944単位	1,019単位

●ユニット型介護老人保健施設（介護予防）短期入所療養介護費

要介護度	ユニット型個室 基本型（※1） ユニット型個室的多床室 基本型（※1）	ユニット型個室 在宅強化型（※2） ユニット型個室的多床室 在宅強化型（※2）	〈療養型老健：看護職員を配置〉	〈療養型老健：看護オンコール体制〉	〈ユニット型特別介護老健（予防）短期入所療養介護費〉（※3）
			ユニット型個室 療養型・ ユニット型個室的多床室 療養型	ユニット型個室 療養型・ ユニット型個室的多床室 療養型	ユニット型個室・ ユニット型個室的多床室
要支援1	621単位	666単位	649単位	649単位	609単位
要支援2	778単位	823単位	806単位	806単位	762単位
要介護1	832単位	877単位	940単位	940単位	816単位
要介護2	877単位	951単位	1,021単位	1,015単位	861単位
要介護3	939単位	1,013単位	1,134単位	1,108単位	921単位
要介護4	992単位	1,069単位	1,210単位	1,183単位	937単位
要介護5	1,043単位	1,124単位	1,284単位	1,257単位	1,023単位

●特定介護老人保健施設短期入所療養介護費（※4）

所要時間	所定単位数
3時間以上4時間未満	654単位
4時間以上6時間未満	905単位
6時間以上8時間未満	1,257単位

●主な加算

夜勤職員配置加算（※4を除く） 24単位／日
個別リハビリテーション実施加算（※3を除く）
240単位／日
認知症ケア加算（ユニット型・※4・介護予防を除く）
76単位／日
認知症行動・心理症状緊急対応加算（※4を除く）
200単位／日（7日を限度）
緊急短期入所受入加算（介護予防を除く）
90単位／日（7日を限度）
若年性認知症利用者受入加算
120単位／日（※4は60単位／日）
重度療養管理加算（要介護4・5）
※1・※2は120単位／日
※4は60単位／日
在宅復帰・在宅療養支援機能加算（Ⅰ）
※1 34単位／日
在宅復帰・在宅療養支援機能加算（Ⅱ）
※2 46単位／日
療養体制維持特別加算（Ⅰ） 27単位／日
療養体制維持特別加算（Ⅱ） 57単位／日
療養食加算 8単位／回（1日3回を限度）
認知症専門ケア加算（Ⅰ） 3単位／日
認知症専門ケア加算（Ⅱ） 4単位／日
緊急時施設療養費
緊急時治療管理
511単位／日（1カ月に1回、3日を限度）
送迎 184単位／片道

療養病床を有する病院における（介護予防）短期入所療養介護費／日

●病院療養病床（介護予防）短期入所療養介護費 看護〈6:1〉介護〈4:1〉

要介護度	従来型個室	療養機能強化型A 従来型個室	療養機能強化型B 従来型個室	多床室	療養機能強化型A 多床室	療養機能強化型B 多床室
要支援1	523単位	551単位	541単位	579単位	612単位	600単位
要支援2	657単位	685単位	675単位	734単位	767単位	755単位
要介護1	691単位	719単位	709単位	795単位	828単位	816単位
要介護2	794単位	827単位	815単位	898単位	936単位	923単位
要介護3	1,017単位	1,060単位	1,045単位	1,121単位	1,169単位	1,152単位
要介護4	1,112単位	1,159単位	1,142単位	1,216単位	1,268単位	1,249単位
要介護5	1,197単位	1,248単位	1,230単位	1,301単位	1,357単位	1,337単位

介護報酬・基準改定の主なポイント

・短期入所生活介護、短期入所療養介護とも、介護老人福祉施設や老健に設けられている認知症専門ケア加算3～4単位／日が新設されました。
・短期入所療養介護にも、認知症専門ケア加算（Ⅰ）3単位／日・（Ⅱ）4単位／日が新設されました。
・短期入所療養介護は介護医療院においても提供が可能となります。
・在宅復帰・在宅療養支援をさらに推進する観点から、報酬体系が見直されました。
・短期入所生活介護・短期入所療養介護とも「ユニット型準個室」の名称が実態を踏まえ、「ユニット型個室的多床室」に変更されました。

●病院療養病床（介護予防）短期入所療養介護費

要介護度	看護〈6:1〉介護〈5:1〉				看護〈6:1〉介護〈6:1〉	
	従来型個室	療養機能強化型従来型個室	多床室	療養機能強化型多床室	従来型個室	多床室
要支援1	492単位	507単位	550単位	568単位	476単位	534単位
要支援2	617単位	632単位	696単位	714単位	594単位	674単位
要介護1	636単位	651単位	741単位	759単位	614単位	720単位
要介護2	739単位	757単位	844単位	864単位	720単位	825単位
要介護3	891単位	912単位	995単位	1,019単位	863単位	969単位
要介護4	1,037単位	1,062単位	1,142単位	1,169単位	1,012単位	1,118単位
要介護5	1,077単位	1,103単位	1,181単位	1,209単位	1,051単位	1,157単位

●病院療養病床経過型（介護予防）短期入所療養介護費

要介護度	看護〈6:1〉介護〈4:1〉		看護〈8:1〉介護〈4:1〉	
	従来型個室	多床室	従来型個室	多床室
要支援1	532単位	589単位	532単位	589単位
要支援2	666単位	744単位	666単位	744単位
要介護1	700単位	805単位	700単位	805単位
要介護2	804単位	910単位	804単位	910単位
要介護3	947単位	1,052単位	907単位	1,012単位
要介護4	1,033単位	1,139単位	994単位	1,098単位
要介護5	1,120単位	1,225単位	1,080単位	1,186単位

●ユニット型病院療養病床（介護予防）短期入所療養介護費

要介護度	ユニット型個室・ユニット型個室的多床室	療養機能強化型A	療養機能強化型B
		ユニット型個室・ユニット型個室的多床室	ユニット型個室・ユニット型個室的多床室
要支援1	605単位	633単位	623単位
要支援2	762単位	790単位	780単位
要介護1	817単位	845単位	835単位
要介護2	920単位	953単位	941単位
要介護3	1,143単位	1,186単位	1,171単位
要介護4	1,238単位	1,285単位	1,268単位
要介護5	1,323単位	1,374単位	1,356単位

●ユニット型病院療養病床経過型（介護予防）短期入所療養介護費

要介護度	ユニット型個室・ユニット型個室的多床室
要支援1	605単位
要支援2	762単位
要介護1	817単位
要介護2	920単位
要介護3	1,056単位
要介護4	1,141単位
要介護5	1,226単位

●特定病院療養病床短期入所療養介護費

（※1）

所要時間	所定単位数
3時間以上4時間未満	654単位
4時間以上6時間未満	905単位
6時間以上8時間未満	1,257単位

●主な加算

夜間勤務等看護加算（Ⅰ）（※1を除く） 23単位／日
夜間勤務等看護加算（Ⅱ）（※1を除く） 14単位／日
夜間勤務等看護加算（Ⅲ）（※1を除く） 14単位／日
夜間勤務等看護加算（Ⅳ）（※1を除く） 7単位／日
認知症行動・心理症状緊急対応加算（※1を除く）
200単位／日（7日を限度）
緊急短期入所受入加算（介護予防を除く）
90単位／日（7日を限度）
若年性認知症利用者受入加算
120単位／日（※1は60単位／日）
送迎 184単位／片道
療養食加算 8単位／回（1日3回を限度）
認知症専門ケア加算（Ⅰ） 3単位／日
認知症専門ケア加算（Ⅱ） 4単位／日

診療所における（介護予防）短期入所療養介護費／日

●診療所（介護予防）短期入所療養介護費

要介護度	看護〈6:1〉介護〈6:1〉						看護·介護〈3:1〉	
	従来型個室	療養機能強化型A従来型個室	療養機能強化型B従来型個室	多床室	療養機能強化型A多床室	療養機能強化型B多床室	従来型個室	多床室
要支援1	507単位	534単位	525単位	564単位	596単位	585単位	451単位	514単位
要支援2	637単位	664単位	655単位	715単位	747単位	736単位	563単位	649単位
要介護1	673単位	700単位	691単位	777単位	809単位	798単位	596単位	702単位
要介護2	722単位	752単位	741単位	825単位	860単位	848単位	640単位	745単位
要介護3	770単位	802単位	791単位	875単位	911単位	898単位	683単位	789単位
要介護4	818単位	852単位	840単位	922単位	961単位	947単位	728単位	832単位
要介護5	867単位	903単位	890単位	971単位	1,012単位	998単位	771単位	876単位

●ユニット型診療所（介護予防）短期入所療養介護費

要介護度	ユニット型個室·ユニット型個室的多床室	療養機能強化型A	療養機能強化型B
		ユニット型個室・ユニット型個室的多床室	ユニット型個室・ユニット型個室的多床室
要支援1	589単位	616単位	607単位
要支援2	742単位	769単位	760単位
要介護1	798単位	825単位	816単位
要介護2	847単位	877単位	866単位
要介護3	895単位	927単位	916単位
要介護4	943単位	977単位	965単位
要介護5	992単位	1,028単位	1,015単位

●特定診療所短期入所療養介護費（※1）

所要時間	所定単位数
3時間以上4時間未満	654単位
4時間以上6時間未満	905単位
6時間以上8時間未満	1,257単位

●主な加算・減算

認知症行動・心理症状緊急対応加算（※1を除く）
200単位／日（7日を限度）
緊急短期入所受入加算（介護予防を除く）
90単位／日（7日を限度）
若年性認知症利用者受入加算 120単位／日
（※1は60単位／日）
送迎 184単位／片道
療養食加算 8単位／回（1日3回を限度）
食堂を有しない場合 ▲25単位／日
認知症専門ケア加算（Ⅰ） 3単位／日
認知症専門ケア加算（Ⅱ） 4単位／日

老人性認知症疾患療養病棟を有する病院における（介護予防）短期入所療養介護費／日

●認知症疾患型（介護予防）短期入所療養介護費（大学病院）

要介護度	看護〈3:1〉介護〈6:1〉	
	従来型個室	多床室
要支援1	813単位	919単位
要支援2	974単位	1,074単位
要介護1	1,017単位	1,122単位
要介護2	1,081単位	1,187単位
要介護3	1,145単位	1,250単位
要介護4	1,209単位	1,315単位
要介護5	1,273単位	1,378単位

●認知症疾患型（介護予防）短期入所療養介護費（一般病棟）

要介護度	看護〈4:1〉介護〈4:1〉		看護〈4:1〉介護〈5:1〉		看護〈4:1〉介護〈6:1〉		経過措置型	
	従来型個室	多床室	従来型個室	多床室	従来型個室	多床室	従来型個室	多床室
要支援1	750単位	808単位	728単位	786単位	716単位	773単位	656単位	763単位
要支援2	919単位	998単位	892単位	971単位	876単位	955単位	817単位	918単位
要介護1	962単位	1,068単位	934単位	1,040単位	919単位	1,024単位	860単位	966単位
要介護2	1,029単位	1,135単位	1,000単位	1,105単位	983単位	1,089単位	924単位	1,029単位
要介護3	1,097単位	1,201単位	1,065単位	1,171単位	1,047単位	1,152単位	988単位	1,094単位
要介護4	1,164単位	1,270単位	1,130単位	1,236単位	1,111単位	1,217単位	1,052単位	1,158単位
要介護5	1,230単位	1,336単位	1,195単位	1,300単位	1,175単位	1,280単位	1,116単位	1,221単位

●認知症疾患型経過型（介護予防）短期入所療養介護費

要介護度	従来型個室	多床室
要支援1	564単位	622単位
要支援2	725単位	804単位
要介護1	767単位	873単位
要介護2	830単位	936単位
要介護3	895単位	1,000単位
要介護4	959単位	1,065単位
要介護5	1,023単位	1,128単位

●ユニット型認知症疾患型（介護予防）短期入所療養介護費

要介護度	大学病院	一般病棟
	ユニット型個室 ユニット型個室的多床室	ユニット型個室 ユニット型個室的多床室
要支援1	939単位	832単位
要支援2	1,095単位	1,024単位
要介護1	1,143単位	1,088単位
要介護2	1,207単位	1,155単位
要介護3	1,271単位	1,223単位
要介護4	1,335単位	1,290単位
要介護5	1,399単位	1,356単位

●特定認知症疾患型短期入所療養介護費

所要時間	所定単位数
3時間以上4時間未満	654単位
4時間以上6時間未満	905単位
6時間以上8時間未満	1,257単位

●主な加算

緊急短期入所受入加算（介護予防を除く） 90単位／日（7日を限度）
送迎 184単位／片道
療養食加算 8単位／日（1日3回を限度）

介護医療院における（介護予防）短期入所療養介護費／日

●Ⅰ型介護医療院（介護予防）短期入所療養介護費

要介護度	（Ⅰ）		（Ⅱ）		（Ⅲ）	
	従来型個室	多床室	従来型個室	多床室	従来型個室	多床室
要支援1	576単位	637単位	566単位	625単位	550単位	609単位
要支援2	710単位	792単位	700単位	780単位	684単位	764単位
要介護1	744単位	853単位	734単位	841単位	718単位	825単位
要介護2	852単位	961単位	840単位	948単位	824単位	932単位
要介護3	1,085単位	1,194単位	1,070単位	1,177単位	1,054単位	1,161単位
要介護4	1,184単位	1,293単位	1,167単位	1,274単位	1,151単位	1,258単位
要介護5	1,273単位	1,382単位	1,255単位	1,362単位	1,239単位	1,346単位

●Ⅱ型介護医療院（介護予防）短期入所療養介護費

要介護度	（Ⅰ）		（Ⅱ）		（Ⅲ）	
	従来型個室	多床室	従来型個室	多床室	従来型個室	多床室
要支援1	549単位	610単位	533単位	594単位	522単位	583単位
要支援2	672単位	754単位	656単位	738単位	645単位	727単位
要介護1	699単位	808単位	683単位	792単位	672単位	781単位
要介護2	793単位	902単位	777単位	886単位	766単位	875単位
要介護3	997単位	1,106単位	981単位	1,090単位	970単位	1,079単位
要介護4	1,084単位	1,193単位	1,068単位	1,177単位	1,057単位	1,166単位
要介護5	1,162単位	1,271単位	1,146単位	1,255単位	1,135単位	1,244単位

●特別介護医療院（介護予防）短期入所療養介護費

要介護度	Ⅰ型特別		Ⅱ型特別	
	従来型個室	多床室	従来型個室	多床室
要支援1	523単位	579単位	498単位	556単位
要支援2	650単位	726単位	615単位	693単位
要介護1	685単位	786単位	640単位	744単位
要介護2	785単位	888単位	730単位	834単位
要介護3	1,004単位	1,105単位	924単位	1,028単位
要介護4	1,096単位	1,198単位	1,007単位	1,110単位
要介護5	1,180単位	1,281単位	1,081単位	1,184単位

●ユニット型Ⅰ型介護医療院（介護予防）短期入所療養介護費

要介護度	（Ⅰ）	（Ⅱ）
	ユニット型個室・ユニット型個室的多床室	ユニット型個室・ユニット型個室的多床室
要支援1	658単位	648単位
要支援2	815単位	805単位
要介護1	870単位	860単位
要介護2	978単位	966単位
要介護3	1,211単位	1,196単位
要介護4	1,310単位	1,293単位
要介護5	1,399単位	1,381単位

●ユニット型Ⅱ型介護医療院（介護予防）短期入所療養介護費

要介護度	ユニット型個室・ユニット型個室的多床室
要支援1	672単位
要支援2	818単位
要介護1	869単位
要介護2	969単位
要介護3	1,185単位
要介護4	1,277単位
要介護5	1,360単位

●ユニット型特別介護医療院（介護予防）短期入所療養介護費

要介護度	Ⅰ型	Ⅱ型
	ユニット型個室・ユニット型個室的多床室	ユニット型個室・ユニット型個室的多床室
要支援1	616単位	641単位
要支援2	765単位	779単位
要介護1	820単位	828単位
要介護2	920単位	923単位
要介護3	1,139単位	1,128単位
要介護4	1,231単位	1,216単位
要介護5	1,314単位	1,294単位

●特定介護医療院短期入所療養介護費（※1）

所要時間	所定単位数
3時間以上4時間未満	654単位
4時間以上6時間未満	905単位
6時間以上8時間未満	1,257単位

●主な加算・減算

夜間勤務等看護加算（※1を除く）
（Ⅰ） 23単位／日
（Ⅱ） 14単位／日
（Ⅲ） 14単位／日
（Ⅳ） 7単位／日

認知症行動・心理症状緊急対応加算（※1を除く）
200単位／日（7日を限度）

緊急短期入所受入加算（介護予防を除く）
90単位／日（7日を限度）

若年性認知症利用者受入加算
120単位／日（※1は60単位／日）

送迎 184単位／片道（介護予防は134単位／片道）

療養食加算 8単位／回（1日3回を限度）

緊急時施設診療費
緊急時治療管理
511単位／日（1カ月に1回、3日を限度）

認知症専門ケア加算（Ⅰ） 3単位／日

認知症専門ケア加算（Ⅱ） 4単位／日

重度認知症疾患療養体制加算（Ⅰ）（介護予防を除く）
要介護1・2 140単位／日
要介護3・4・5 40単位／日

重度認知症疾患療養体制加算（Ⅱ）（介護予防を除く）
要介護1・2 200単位／日
要介護3・4・5 100単位／日

（介護予防・地域密着型）特定施設入居者生活介護

サービスの概要　有料老人ホームやサービス付き高齢者向け住宅などで暮らす高齢者が快適な自立生活を営めるよう、支援する

●有料老人ホームなどが介護サービスを提供

有料老人ホームやケアハウス、サービス付き高齢者向け住宅、養護老人ホームなどのうち、一定の基準を満たしていれば「**特定施設**」の指定が受けられます。その特定施設で提供されるサービスが特定施設入居者生活介護です。

特定施設には、ケアプランの作成からサービスの提供まで施設の職員が行う「**一般型**」と、ケアプランの作成は施設の職員が行い、実際の介護サービスは外部の事業者が行う「**外部サービス利用型**」があります。一般型の場合、1日当たりの介護費用は一定ですが、外部サービス利用型は利用したサービスごとに支払います。なお、要支援1・2の人が利用する「**介護予防特定施設入居者生活介護**」は、特定施設入居者生活介護とほぼ同様なサービスが行われます。また、定員29人以下の有料老人ホームなどは「**地域密着型特定施設入居者生活介護**」の指定を受けますが、要支援1・2の人は利用できません。このほか今回の改定では、身体的拘束等のさらなる適正化を図るために運営基準が見直されました。

介護報酬・基準改定の主なポイント

・たんの吸引などのケアの提供に対する評価が創設されました。入居継続支援加算36単位／日（新設）。（介護予防を除く）。
・医療提供施設を退院・退所して特定施設に入居する利用者を受け入れた場合の評価が創設されました。退院・退所時連携加算30単位／日（新設）。（介護予防を除く）。
・若年性認知症の人を受け入れ、適切な介護サービスを提供することについて評価が行われました。若年性認知症入居者受入加算120単位／日（新設）。
・口腔衛生管理体制加算について、現行の施設サービスに加え、居住系サービスも対象となりました。口腔衛生管理体制加算30単位／月（新設）。
・管理栄養士以外の介護職員等でも実施可能な栄養スクリーニングを行い、介護支援専門員に栄養状態に係る情報を文書で共有した場合の評価が創設されました。栄養スクリーニング加算５単位／回（新設）。

（介護予防）特定施設入居者生活介護費／地域密着型特定施設入居者生活介護費

●一般型

要介護度	所定単位数／日
要支援１（※）	180単位
要支援２（※）	309単位
要介護１	534単位
要介護２	599単位
要介護３	668単位
要介護４	732単位
要介護５	800単位

※要支援1･2は、短期利用、地域密着型特定施設入居者生活介護を利用できない
＊要介護1～5の短期利用の場合も同様の単位数

●主な加算・減算（短期利用を除く）

身体拘束廃止未実施減算　▲10%
入居継続支援加算（介護予防を除く）
36単位／日
生活機能向上連携加算　200単位／月（個別機能訓練加算を算定している場合は、100単位／月）
個別機能訓練加算　12単位／日
夜間看護体制加算（短期利用も算定　介護予防を除く）　10単位／日
若年性認知症入居者受入加算（短期利用も算定）
120単位／日
医療機関連携加算　80単位／月
口腔衛生管理体制加算　30単位／月
栄養スクリーニング加算
5単位／回（6カ月1回を限度）
退院・退所時連携加算（介護予防を除く）
30単位／日
看取り介護加算（介護予防を除く）
死亡日以前4日～30日　144単位／日
死亡日前日および前々日　680単位／日
死亡日　1,280単位／日
認知症専門ケア加算（Ⅰ）　3単位／日
認知症専門ケア加算（Ⅱ）　4単位／日

●外部サービス利用型（地域密着型を除く）

要介護度	所定単位数／日
要支援１・２	55単位
要介護１～５	82単位

※外部サービス利用型の施設を利用する場合の給付限度額（1カ月につき）
要支援1…5,003単位　要支援2…10,473単位　要介護1…16,203単位　要介護2…18,149単位　要介護3…20,246単位　要介護4…22,192単位　要介護5…24,259単位　※個別サービスは別途

介護報酬・基準改定の主なポイント

- 外部のリハビリテーション専門職や医師と共同で個別機能訓練計画を作成した場合、新たに評価されます。生活機能向上連携加算200単位／月（新設）。
- 身体拘束廃止未実施減算が新設され、身体的拘束等の適正化のための対策を検討する委員会の開催等を義務づけ、未実施の場合は減算されます。
- 地域密着型特定施設入居者生活介護は運営推進会議の効率化や、事業所間のネットワーク形成促進等の観点から、一定の場合に複数の事業所の合同開催が認められました。

（介護予防）福祉用具貸与

サービスの概要　福祉用具を貸与することで、要介護状態の軽減または悪化の防止を図り、介護者の負担の軽減する

●貸与の依頼などはケアマネジャーに依頼する

（介護予防）福祉用具貸与は、在宅介護に必要な用具を、費用の原則１割（一般所得者）の自己負担で借りることができるサービスです。対象となる用具は、車いすなど全13種類（要支援１・２及び要介護１の場合は原則４種類）。都道府県または市区町村の指定を受けた事業者から借りることが条件です。

用具の貸与を希望する際は、まずケアマネジャーに相談します。必要に応じて理学療法士などのアドバイスも受け、適切な用具を選びましょう。貸与を行う店への連絡はケアマネジャーから行うのが一般的です。指定事業者には福祉用具専門相談員が配置されており、体調や環境に合わせた用具選びをサポートしてもらうことができます。

●機能や料金を考えて用具を選ぶ

（介護予防）福祉用具貸与の料金は、用具の種類や性能、料金設定によって異なります。機能や使い勝手、料金、点検の有無などを総合的に考え、納得できるものを選びましょう。料金の支払いは原則として1カ月単位ですが、日割り計算が可能なものもあります。レンタルの利用料金は要介護度によって決められた支給限度額の枠内で、レンタル料の1割または2割（2018年8月より2割負担者のうち、さらに高額所得者は3割）を自己負担します。用具について介護保険の適用有無をしっかりチェックしましょう。

●料金の「見える化」が推進される

これまでレンタル商品の価格のバラツキがあり、適正価格かどうか「見えにくい」と問題視されていました。2018年10月より国が商品ごとに全国平均貸与価格を公表し、さらに貸与価格に上限（全国平均貸与価格＋1標準偏差）が設けられるなど、適正価格での貸与が行われることになります。

貸与に介護保険が適用される福祉用具

（●印は原則要介護２、●要介護4以上）

●車いす	利用者が動かす「自走用」、「普通型電動車いす」、介護者が押す「介助用」（パワーアシスト形等含む）などがある
●車いす付属品	クッションやパッド、車いす用テーブルなど
●特殊寝台	サイドレール付き、または取り付けが可能なもので、背中や脚の傾き、床板の高さが調節できるもの
●特殊寝台付属品	マットレスや手すり、テーブル、サイドレールなど
●床ずれ防止用具	体圧分散効果の高いウレタン製などのマットレス、または空気圧の調節装置などを備えたウォーターマットレスなど
●体位変換器	寝ている人の体位を変えるのに役立つ、専用のクッションなど
手すり	床に置くタイプや、便器などを囲むように設置するタイプなど。大がかりな取り付け工事を伴わないもの
スロープ	段差を解消するために使う。大がかりな取り付け工事を伴わないもの
歩行器	移動する際に体重を支えたり、歩行を助けたりする機能があるもの。自動制御機能付きも可
歩行補助つえ	松葉杖や杖の先を四点で支える多点杖など
●認知症高齢者徘徊感知器	認知症の人が屋外に出ようとしたときなどに、センサーで感知して知らせる
●移動用リフト（吊り具の部分を除く）	自力で移動できない人の身体を吊り上げ、ベッドから他の場所への移動を補助する器具。大がかりな取り付け工事を伴わないもの
●自動排泄処理装置	尿と便が自動的に吸引でき、尿や便の経路となる部分が分割できるもの（交換可能部品を除く）。原則として要介護4以上の人が対象

※介護保険が適用されるかは、用具の構造などについても細かい決まりがあるので確認が必要

介護報酬・基準改定の主なポイント

- 福祉用具貸与について、商品ごとの全国平均貸与価格の公表や、貸与価格の上限設定が行われます（2018年10月から）。
- 福祉用具専門相談員に対して、商品の特徴や貸与価格、当該商品の全国平均貸与価格を説明することや、機能や価格帯の異なる複数の商品を提示すること、福祉用具貸与計画書をケアマネジャーにも交付することが義務づけられました。

(介護予防)福祉用具購入

サービスの概要　福祉用具を使用することにより、要介護状態の軽減または悪化の防止を図り、介護者の負担の軽減する

●対象となる用具は５種類

肌に直接触れる衛生用品など貸与に向かないなどの理由で、厚生労働大臣が定めた特定福祉用具は、個人で購入した際に費用の支給を受けられます。対象となるのは、入浴補助用具など全５種類です。ただし、都道府県や市区町村からの指定を受けた事業者から購入しなければならず、見た目や機能が似ていても支給の対象にならない用具もあります。

●１年度10万円まで利用できる

介護保険を利用して１割または2割（2018年8月より2割負担者のうち、さらに高額所得者は3割）の自己負担で購入できる福祉用具は、各年度につき10万円までです。利用者はいったん料金の全額を支払い、購入後に市区町村に申請して費用の９～8割の支給を受けますが、最近では受領委任払いができる市区町村も増えています。受領委任払いとは、給付の受け取りをサービス事業者に委任することにより、利用者が事業者に対して自己負担額のみを支払う制度のことです。これを利用することにより、利用者は自己負担額を支払い、残りは市区町村から事業者へ支払われます。

福祉用具の購入費は要介護度による支給限度額に関係なく、別枠で1年度10万円まで利用できるので、ケアプランに組み込む必要はありませんが、購入先や用具選びに際してはケアマネジャーに相談すると安心です。

福祉用具の価格は、機能や購入先によって異なります。できれば複数の事業者を比較し、品質や価格を見きわめてから購入しましょう。一度でも使うと返品できないことが多いため、返品・交換の条件や修理への対応なども確認しておきましょう。

なお、要支援1・2の場合、「**介護予防福祉用具購入**」は福祉用具購入とほぼ同様のサービスが行われます。

(介護予防)特定福祉用具購入費の利用法

●購入費用の支給の受け方

①利用者がいったん費用の全額を支払う。必ず領収書をもらっておく

②必要書類を揃え、市区町村の介護保険の担当窓口に提出

- ・特定福祉用具購入費支給申請書
  - ・製造業者名　・販売事業者名と事業者番号　・購入年月日
  - ・福祉用具が必要な理由　・支給されるお金の振り込み先　などを記載
- ・領収書
- ・購入した用具の概要がわかる資料
- ・介護保険被保険者証と印鑑

※市区町村によっては、購入前に申請を行い、購入時に価格の1割（2～3割）を支払う受領委任払いの場合もある

●特定福祉用具の種類

腰かけ便座	・和式便器を腰かけ式に代えるもの ・洋式便器の上に置き、高さを補うもの ・電動式またはスプリング式で、便座から立ち上がる際の補助機能があるもの ・ポータブルトイレ（水洗式含む）
自動排泄処理装置の交換可能部品	・レシーバー、チューブ、タンク等のうち、尿や便の経路となるものであって、本人や介護者が容易に交換できるもの
入浴補助用具	・入浴用いす　・浴槽用手すり　・浴槽内いす ・入浴台　・浴室内すのこ　・浴槽内すのこ ・入浴用介助ベルト
簡易浴槽	・簡単に移動できる空気式や折りたたみ式で、取水・排水のための工事が必要ないもの
移動用リフトの吊り具	貸与可能な移動用リフトの吊り具の部分

※介護保険が適用になるかは、購入時に確認が必要

(介護予防)住宅改修

サービスの概要　在宅の要介護者が安全で快適な生活を送り、日常生活の自立を支援するために必要な住宅改修を助成する

●20万円までの改修工事の費用を補助

自宅介護を続けるために必要な住居の改修のうち、手すりの取り付けなど6種類については介護保険が適用されます。工事内容が条件を満たしていれば、1つの家屋につき20万円までは費用の1割または2割(2018年8月より2割負担者のうち、さらに高額所得者は3割)の自己負担で改修を行うことができます。

限度額内であれば、数回に分けて利用してもよく、要介護度が3段階(要支援からの場合は4段階)以上あがったときや転居したときは、新たに申請することができます。1つの住宅に要介護者が複数いる場合、支給限度額は利用者ごとに設定されているので、それぞれ申請できます。ただし、対象となる工事が同一であるなどの場合は重複して請求できません。また、新築の場合、住宅改修とは認められず、支給の対象にはなりません。増築の場合も制限がありますので確認が必要です。

●事業者選びとプラン作りは慎重に

支給を受けるには、工事の前後に市区町村への申請が必要です。工事終了後、利用者がいったん費用の全額を支払い、あとから給付分が支給されるのが一般的ですが、登録事業者による受領委任払いをしている市区町村もあります。

プランを立てる際、できれば理学療法士などに相談し、将来的なことも含めて改修の必要性や内容を検討しましょう。利用者の身体の状態や環境によっては、リハビリテーションや福祉用具の利用と組み合わせることで工事の規模や費用を抑えられることもあります。なお、今後は住宅改修の内容や価格を保険者が適切に把握・確認できるしくみや、利用者が適切な選択ができるようなしくみづくりが進められる見通しです(39ページ参照)。

要支援1・2の場合、「**介護予防住宅改修**」は住宅改修とほぼ同様のサービスが行われます。

（介護予防）住宅改修費の利用法

●住宅改修費用の支給の受け方

①改修のプランを立て、工事を依頼した事業者に工事の図面と見積書を作成してもらう（国が見積書の様式を示すなどの見直しが予定されている）

※見直し後は複数の住宅改修事業者から見積もりを取ることが推奨される（39ページ参照）

②必要書類を揃え、市区町村の介護保険の担当窓口に提出

・支給申請書　　・工事の見積書
・工事の図面など、改修後の完成予定の状態がわかる資料（写真など）
・住宅改修が必要な理由書（ケアマネジャーや地域包括支援センターに依頼）
・介護保険被保険者証と印鑑

③介護保険の適用が認められると、「住宅改修の決定通知」が届く

④工事を行い、利用者がいったん費用の全額を支払う

⑤必要書類を揃え、市区町村の介護保険の担当窓口に提出

・工事費の領収書　　・工事費の内訳書
・工事前後の写真など、改修後の状態がわかる資料
・住宅所有者の承諾書（利用者が住宅の所有者ではない場合）
・介護保険被保険者証と印鑑

※市区町村によっては、登録事業者による受領委任払いを導入しているところも増えている

●介護保険が適用される住宅改修

①手すりの取り付け	廊下、トイレ、浴室、玄関などに取り付ける
②段差の解消	居室、廊下、トイレ、浴室、玄関など、各部屋の間の段差をなくす
③床や通路の材料の変更	畳からフローリングやビニール材への変更、階段や通路の滑り止め加工など
④扉の取り替え	開き戸を引き戸やアコーディオンカーテンなどに取り替える
⑤便器の取り替え	トイレを使う際の負担を軽くするため、和式便器を洋式に取り替え。便器の位置や向きの変更
⑥その他付帯工事	①～⑤までの改修を行うために必要な工事

地域密着型サービス

要支援 1 2 要介護 1 2 3 4 5

定期巡回・随時対応型 訪問介護看護

サービスの概要 日中･夜間を通じて1日複数回の定期訪問と随時の対応により、中重度要介護者の在宅生活を支援する

●1日何回でも定額で利用できるサービス

一人暮らしの高齢者や重介護の高齢者であっても、住み慣れた地域で生活できるように設置されたサービスです。地域密着型の「夜間対応型訪問介護」と似たサービスですが、大きく違う点は2つです。1つは1日何度でも定額でサービスが利用できることです。もう1つは、24時間体制で訪問介護だけではなく訪問看護も利用できることです。サービスは短時間の「**定期巡回型訪問**」と利用者からの連絡によって電話による応対や訪問などの「**随時対応訪問**」の2本立てです。

1日複数回の定期訪問に加え、随時コールすれば適切なアドバイスが受けられたり、訪問による介護・看護が受けられます。訪問介護・看護のサービスは1つの事業所から一体的に行われる「**介護・看護一体型**」と、訪問介護を行う事業所が訪問看護事業所と連携して提供する「**介護・看護連携型**」の2種類があります。いずれも医療機関との連携が重要となりますが、医師の指示に基づく看護サービスを必要としない利用者もこのサービスを利用できます。**対象者は要介護1～5の要介護者**です。

また、定期巡回・随時対応型訪問介護看護のサービスを利用したくても近くに事業者が見つからない、という問題がありました。そこで、これまでサービスの提供を同一敷地内または隣接敷地内の利用者に限定していた事業者がありましたが、今回の改定では、事業者は正当な理由がある場合を除き、サービスの対象者を同一敷地内などに限定することなく、広く地域の利用者にサービスの提供を行わなければならないことが省令改正で明確化されました。

定期巡回･随時対応型訪問介護看護費／月

要介護度	定期巡回･随時対応型訪問介護看護費（一体型）		定期巡回･随時対応型訪問介護看護費（連携型）
	介護・看護利用	介護利用	
要介護1	8,267単位	5,666単位	5,666単位
要介護2	12,915単位	10,114単位	10,114単位
要介護3	19,714単位	16,793単位	16,793単位
要介護4	24,302単位	21,242単位	21,242単位
要介護5	29,411単位	25,690単位	25,690単位

●主な加算・減算

准看護師の場合　▲2%
緊急時訪問看護加算※　315単位／月
特別管理加算※　（Ⅰ）500単位／月
（Ⅱ）250単位／月
ターミナルケア加算※　2,000単位
死亡日及び死亡日前14日以内に2日以上ターミナルケアを行った場合
初期加算　30単位／日（30日以内）
退院時共同指導加算　600単位／回
総合マネジメント体制強化加算
1,000単位／月
生活機能向上連携加算（Ⅰ）
100単位／月
生活機能向上連携加算（Ⅱ）
200単位／月
※一体型で介護・看護利用の場合のみ

介護報酬･基準改定の主なポイント

・自立支援･重度化防止に資するため、訪問介護と同様の生活機能向上連携加算が創設されました。生活機能向上連携加算（Ⅰ）100単位／月（新設）･（Ⅱ）200単位／月（新設）。
・定期巡回型サービスのオペレーターについて、夜間･早朝に認められている次の事項について、日中も認められることになりました。
ア）サービス提供に支障がない場合には、オペレーターと「随時訪問サービスを行う訪問介護員」及び訪問介護事業所、夜間対応型訪問介護事業所以外の「同一敷地内の事業所の職員」の兼務を認めることとする。
イ）夜間･早朝と同様の事業所間の連携が図られているときは、オペレーターの集約を認めることとする。
　なお、オペレーターにかかる訪問介護のサービス提供者の「3年以上」の経験について、「1年以上」に変更されました（初任者研修･旧2級課程修了者は現行のまま）。
・地域密着型サービスの運営推進会議等の効率化や、事業所間のネットワーク形成の促進等の観点から、以下の見直しが行われました。
ア）定期巡回･随時対応型訪問介護看護の介護･医療連携推進会議の開催頻度について、他の宿泊を伴わないサービスに合わせて、年４回から年２回とする。
・同一建物等居住者にサービス提供する場合の報酬について建物の範囲等を見直すとともに、一定の要件を満たす場合の減算幅が見直されました（48ページ参照）。

夜間対応型訪問介護

サービスの概要　夜間において身体介護が必要な人のケアをしたり、緊急時の対応を行い、在宅生活ができるようにする

●定期巡回と随時訪問

夜間対応型訪問介護は、市区町村が指定する地域密着型サービスの1つなので、原則、その市区町村に居住する住民のみが利用できます。対象となるのは**要介護1～5の要介護者**です。

夜間対応型訪問介護とは、おむつ交換や体位の変換など、夜間でも必要な介護をサポートする訪問介護です。訪問介護員などが前もって決められた時間に訪問する「**定期巡回**」と、利用者からの連絡を受けて訪問する「**随時訪問**」があり、必要に応じてどちらも利用することができます。

夜間対応型訪問介護を利用するためには、あらかじめ事業者との契約が必要です。契約を結ぶと事業者と連絡がとれる「ケアコール端末」が渡され、随時訪問を利用したいときは、利用者や家族が端末を使ってオペレーションセンターや訪問介護員に連絡します。

●24時間通報対応の事業所もある

夜間サービスだけでなく、日中でもオペレーションサービスを実施している事業所もあります。利用料は月額基本料が少し高くなります。

●訪問介護や訪問看護の夜間利用と合わせて検討を

夜間対応型訪問介護は、事業者がオペレーションセンターを設置しているかどうかによって料金が異なります。オペレーションセンターがあるタイプの場合、訪問回数に応じて料金が加算されます。定期巡回だけのような利用のしかたによっては、通常の訪問介護や訪問看護の夜間・早朝・深夜加算のほうが割安な場合もあります。必要なケアの種類や頻度などに応じて適切なサービスを選びましょう。

夜間対応型訪問介護費

●オペレーションセンターが設置されている場合

内容	所定単位数
基本サービス費	1,009単位／月
定期巡回	378単位／回
随時訪問	576単位／回
随時訪問（利用者の同意を得て、2人の訪問介護員が訪問）	775単位／回

●**24時間通報対応加算**……610単位／月

●オペレーションセンターが設置されていない場合

内容	所定単位数
基本サービス費	2,742単位／月

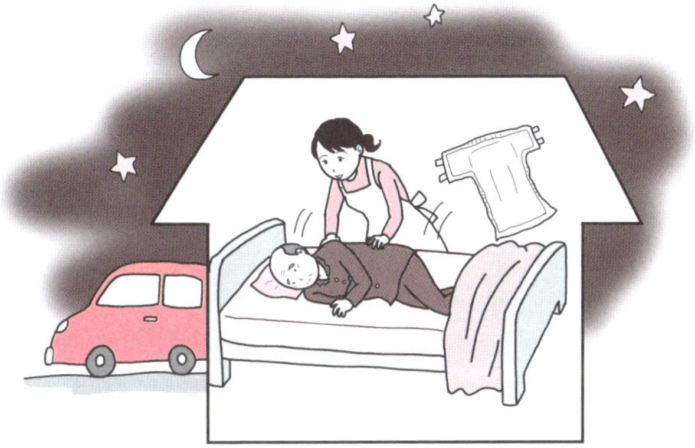

介護報酬・基準改定の主なポイント

・同一建物等居住者にサービス提供する場合の報酬について建物の範囲等を見直すとともに、一定の要件を満たす場合の減算幅が見直されました（48ページ参照）。
・オペレーターに求められる資格要件につき、訪問介護のサービス提供責任者の「3年以上」の経験について、「1年以上」に変更されました（ただし、初任者研修課程修了者及び旧2級課程修了者のサービス提供責任者については現行のまま）。
・同一建物等居住者の区分支給限度基準額を計算する際には、公平性の観点から減算前の単位数を用いることになりました。

（介護予防）認知症対応型通所介護

サービスの概要　認知症により自宅にこもりがちな高齢者の心身機能の維持、社会的孤立感の解消、介護家族の負担の軽減を図る

●認知症の人に限定したデイサービス

認知症の人に利用を限定した通所介護です。一般の通所介護でも認知症の人を受け入れていますが、利用者本人が施設になじめない場合もよくあることです。認知症対応型通所介護では一般の通所介護より料金は高めですが、一人ひとりに合わせてきめ細かなケアが可能です。そうしたサービスによって、認知症の利用者の生活にメリハリをつけることができるだけでなく、認知症特有のBPSD（行動・心理症状）の改善が図られることもあります。また、家族も利用者の徘徊などの心配から解放され、自分の時間がつくれるというメリットもあります。

●それぞれの利用者に合わせたケアが可能

認知症対応型通所介護を提供する施設は、民家などを利用した専用のもの、特別養護老人ホームなどに併設されたもの、グループホームなどの共用部分を利用するものがあります。とくに決められた日課などはなく、利用者の状態や希望に合わせてレクリエーションや家事、散歩などを行います。また、通所介護と同様、入浴や個別機能訓練などのサービスを利用できる施設もあります。なお、今回の改定では事業所のサービス提供時間の実態を踏まえて、基本報酬の区分が2時間単位から1時間単位に見直されました。

介護報酬・基準改定の主なポイント

・外部のリハビリテーション専門職や医師と共同で個別機能訓練計画を作成した場合など、新たに評価されます。生活機能向上連携加算200単位／月（新設）。
・地域密着型サービスの運営推進会議の効率化や、事業所間のネットワーク形成の促進等の観点から、一定の場合に複数の事業所の合同開催が認められました。
・栄養スクリーニング加算（5単位/回）が新設されました。

（介護予防）認知症対応型通所介護費

施設の形態		要介護度	所要時間					
			3時間以上4時間未満	4時間以上5時間未満	5時間以上6時間未満	6時間以上7時間未満	7時間以上8時間未満	8時間以上9時間未満
（I）	認知症対応型通所介護費（旧単独型）	要支援1	471単位	493単位	735単位	754単位	852単位	879単位
		要支援2	521単位	546単位	821単位	842単位	952単位	982単位
		要介護1	538単位	564単位	849単位	871単位	985単位	1,017単位
		要介護2	592単位	620単位	941単位	965単位	1,092単位	1,127単位
		要介護3	647単位	678単位	1,031単位	1,057単位	1,199単位	1,237単位
		要介護4	702単位	735単位	1,122単位	1,151単位	1,307単位	1,349単位
		要介護5	756単位	792単位	1,214単位	1,245単位	1,414単位	1,459単位
	認知症対応型通所介護費（旧併設型）	要支援1	425単位	445単位	661単位	678単位	766単位	791単位
		要支援2	472単位	494単位	737単位	756単位	855単位	882単位
		要介護1	487単位	510単位	764単位	783単位	885単位	913単位
		要介護2	536単位	561単位	845単位	867単位	980単位	1,011単位
		要介護3	584単位	612単位	927単位	951単位	1,076単位	1,110単位
		要介護4	633単位	663単位	1,007単位	1,033単位	1,172単位	1,210単位
		要介護5	682単位	714単位	1,089単位	1,117単位	1,267単位	1,308単位
（II）	認知症対応型通所介護費	要支援1	245単位	257単位	409単位	420単位	480単位	496単位
		要支援2	259単位	271単位	432単位	443単位	508単位	524単位
		要介護1	264単位	276単位	441単位	453単位	518単位	535単位
		要介護2	274単位	287単位	456単位	468単位	537単位	554単位
		要介護3	283単位	296単位	473単位	485単位	555単位	573単位
		要介護4	292単位	306単位	489単位	501単位	573単位	592単位
		要介護5	302単位	316単位	505単位	517単位	593単位	612単位

●主な加算・減算

入浴介助　50単位／日

生活機能向上連携加算　200単位／月（個別機能訓練加算を算定している場合は、100単位／月）

個別機能訓練加算　27単位／日

栄養改善加算

150単位／回（3カ月以内で1カ月2回を限度）

栄養スクリーニング加算

5単位／回（6カ月1回を限度）

口腔機能向上加算

150単位／回（3カ月以内で1カ月2回を限度）

若年性認知症利用者受入加算　60単位／日

2時間以上3時間未満

4時間以上5時間未満の▲37％

延長加算

9時間以上10時間未満　50単位

10時間以上11時間未満　100単位

11時間以上12時間未満　150単位

12時間以上13時間未満　200単位

13時間以上14時間未満　250単位

送迎を行わない場合　▲47単位／片道

（介護予防）小規模多機能型居宅介護

サービスの概要　サービスを複合的に組み合わせ、地域住民との交流のもとに、在宅生活の継続のための支援を行う

●1つの事業所で3種類のサービスを提供

小規模多機能型居宅介護は、通所を中心に訪問介護と短期入所を組み合わせ、3種類を利用することができるサービスです。住み慣れた地域で安心して暮らすのに役立つサービスです。事業所には介護職員、看護師、ケアマネジャーが所属しており、登録定員は29人以下（通いサービスの利用定員は一定の要件を満たす場合18人以下、宿泊サービスの利用定員は9人以下）です。通所、訪問、短期入所のすべてを同じ施設で行うため、利用者の状況を的確に把握してもらうことができます。また、職員とも顔なじみになれるため、認知症の人にも利用しやすいようです。利用者や家族の状況に応じて適宜、利用するサービスを変更することもできます。常時、医療的なケアが必要な利用者であれば、「訪問看護」を組み合わせた「看護小規模多機能型居宅介護」（104ページ参照）を選択することもできます。

小規模多機能型居宅介護は、利用するサービスの種類や回数にかかわらず、**要介護度による1カ月単位の定額制**になっています。利用料金が高額になる心配がない半面、利用のしかたによっては割高になる可能性もあるので、その他の介護保険サービスを組み合わせる方法も含めて検討しましょう。

●介護保険のサービスが利用できなくなる場合

小規模多機能型居宅介護の事業所に登録すると、今まで利用していた介護給付のサービスで通所介護、通所リハビリテーション、訪問介護、夜間対応型訪問介護、訪問入浴介護、短期入所生活介護・療養介護などは利用できなくなります。居宅介護支援（ケアプランの作成）も小規模多機能型居宅介護の事業所に所属するケアマネジャーが行います。なお、要支援1・2の場合、「**介護予防小規模多機能型居宅介護**」は小規模多機能型居宅介護とほぼ同様のサービスが行われます。

（介護予防）小規模多機能型居宅介護費

要介護度	小規模多機能型居宅介護費／月		短期利用居宅介護費／日
	同一建物に居住する者以外	同一建物に居住する者	
要支援1	3,403単位	3,066単位	419単位
要支援2	6,877単位	6,196単位	524単位
要介護1	10,320単位	9,298単位	565単位
要介護2	15,167単位	13,665単位	632単位
要介護3	22,062単位	19,878単位	700単位
要介護4	24,350単位	21,939単位	767単位
要介護5	26,849単位	24,191単位	832単位

●主な加算（短期利用を除く）

初期加算　30単位／日（30日以内）

認知症加算（介護予防を除く）
　認知症加算（Ⅰ）　800単位
　認知症加算（Ⅱ）　500単位

若年性認知症利用者受入加算
　要支援1･2…450単位／月
　要介護1～5…800単位／月

看護職員配置加算（介護予防を除く）
　看護職員配置加算（Ⅰ）　900単位／月
　看護職員配置加算（Ⅱ）　700単位／月
　看護職員配置加算（Ⅲ）　480単位／月

看取り連携体制加算（介護予防を除く）
　64単位／日

訪問体制強化加算（介護予防を除く）
　1,000単位／月

総合マネジメント体制強化加算
　1,000／月

生活機能向上連携加算（Ⅰ）
　（短期利用を含む）　100単位／月

生活機能向上連携加算（Ⅱ）
　（短期利用を含む）　200単位／月

栄養スクリーニング加算
　5単位／回（6カ月1回を限度）

※食費や宿泊費などは全額自己負担（自己負担となる費用は事業者によって異なる）

介護報酬・基準改定の主なポイント

・若年性認知症の人を受け入れ、適切な介護サービスを提供することについて評価が行われました。若年性認知症入居者受入加算800単位／月（新設）、介護予防は450単位／月（新設）。
・管理栄養士以外の介護職員等でも実施可能な栄養スクリーニングを行い、介護支援専門員に栄養状態に係る情報を文書で共有した場合の評価が創設されました。栄養スクリーニング加算５単位／回（新設）。
・自立支援・重度化防止に資するため、訪問介護と同様の生活機能向上連携加算が創設されました。生活機能向上連携加算（Ⅰ）100単位／月（新設）・（Ⅱ）200単位／月（新設）。
・地域密着型サービスの運営推進会議の効率化や、事業所間のネットワーク形成の促進等の観点から、一定の場合に複数の事業所の合同開催が認められました。

(介護予防)認知症対応型共同生活介護

サービスの概要　認知症の人が共同生活において、それぞれの能力を活かしながら可能な限り自立生活をするための支援を行う

●一人ひとりの能力を生かしながら生活

「認知症高齢者グループホーム」とも呼ばれる認知症対応型共同生活介護は、認知症と診断された人が介護職員などの援助を受けながら共同生活を送るサービスです。定員は1ユニット５人以上９人以下と決められており、家庭的な雰囲気の中で生活を送ることが重視されています。居室は個室が原則で、利用者は料理や買い物、掃除や洗濯など自分にできることを支援を受けながらもこなし、地域住民と交流しながら自分のペースで暮らすことができます。

●介護費用以外はすべて自己負担

一人ひとりに合ったケアを受けられるグループホームでの生活は認知症の症状の改善にも役立ちますが、環境の変化は利用者にとって大きなストレスになるので、できれば通所介護などの利用からスタートしましょう。1日当たりの介護費用は一定ですが、食費や居住費などは全額自己負担になります。

また、今回の改定では、身体的拘束等のさらなる適正化を図るために運営基準が見直されました。

介護報酬・基準改定の主なポイント

- ・医療連携体制加算について、協力医療機関との連携を確保しつつ、手厚い看護体制の事業所が新たな区分として評価されました（介護予防を除く）。
- ・口腔衛生管理体制加算について、現行の施設サービスに加え、居住系サービスも対象となりました。口腔衛生管理体制加算30単位／月（新設）。
- ・管理栄養士以外の介護職員等でも実施可能な栄養スクリーニングを行い、介護支援専門員に栄養状態に係る情報を文書で共有した場合の評価が創設されました。栄養スクリーニング加算５単位／回（新設）。
- ・外部のリハビリテーション専門職や医師と共同で認知症対応型共同生活介護計画を作成した場合など、新たに評価されます。生活機能向上連携加算200単位／月（新設）。

（介護予防）認知症対応型共同生活介護費／日

要介護度	（介護予防）認知症対応型共同生活介護費		（介護予防）短期利用認知症対応型共同生活介護費	
	1ユニット	2ユニット以上	1ユニット	2ユニット以上
要支援2	755単位	743単位	783単位	771単位
要介護1	759単位	747単位	787単位	775単位
要介護2	795単位	782単位	823単位	811単位
要介護3	818単位	806単位	847単位	835単位
要介護4	835単位	822単位	863単位	851単位
要介護5	852単位	838単位	880単位	867単位

●主な加算・減算

初期加算（短期利用を除く）
30単位／日（30日以内）
医療連携体制加算（Ⅰ）　39単位／日
医療連携体制加算（Ⅱ）　49単位／日
医療連携体制加算（Ⅲ）　59単位／日
（Ⅰ～Ⅲとも介護予防を除く）
認知症行動・心理症状緊急対応加算（短期利用のみ）　200単位／日（7日を限度）
若年性認知症利用者受入加算
120単位／日
看取り介護加算（介護予防・短期利用を除く）
死亡日以前4～30日　144単位／日
死亡日前日及び前々日　680単位／日
死亡日　1,280単位／日
夜間支援体制加算（Ⅰ）（Ⅱ）
（1ユニット）　50単位／日
（2ユニット以上）　25単位／日
退居時相談援助加算
400単位／回（1回を限度）
認知症専門ケア加算（Ⅰ）（Ⅱ）
（短期利用を除く）　3または4単位／日
身体拘束廃止未実施減算
（短期利用を除く）　▲10%
入院時費用　病院または診療所へ入院した場合、所定単位数に代えて
246単位／日（1カ月6日を限度）
退居時相談援助加算
400単位（1回を限度）
生活機能向上連携加算　200単位／月
口腔衛生管理体制加算（短期利用を除く）
30単位／月
栄養スクリーニング加算（短期利用を除く）
5単位／回（6カ月1回を限度）
※介護・介護予防とも短期利用は区分支給限度基準額に含まれる。

介護報酬・基準改定の主なポイント

・身体拘束廃止未実施減算が新設され、身体的拘束等の適正化のための対策を検討する委員会の開催等を義務づけ、未実施の場合は減算されます。
・地域密着型サービスの運営推進会議の効率化や、事業所間のネットワーク形成の促進等の観点から、一定の場合に複数の事業所の合同開催が認められました。

看護小規模多機能型居宅介護（複合型サービス）

サービスの概要　医療ニーズの高い利用者に対して、通い･泊まり･訪問（看護･介護）のサービスを組み合わせて柔軟に提供する

●小規模多機能型居宅介護と訪問看護を組み合わせたサービス

看護小規模型多機能型居宅介護事業所では、高齢者本人及び家族のニーズに応じて、「通い」「訪問看護・介護」「泊まり」のサービスを提供してくれます（登録定員は29人以下）。看護と介護のサービスが連携して一体的に行われることで、緊急時の対応を含めた柔軟なサービスの提供が可能になるうえ、地域密着型サービスとして、なじみの看護・介護職員のケアを受けることができます。さらに、看護職員を配置することで、介護職員によるたんの吸引等をより安全に実施することができ、日常生活上必要な医療・看護への対応も可能です。

また、今回の改定ではサービスの供給量を増やす観点から、診療所からの参入をしやすくしたり、サテライト型看護小規模多機能型事業所（登録定員18人以下）を可能にしたりといった見直しが行われ、利用者側からは身近なサービスになりました。対象者は**要介護1～5の要介護者**です。また、中山間地域等に居住する者へのサービス提供加算が新設されました（49ページ参照）。

看護小規模多機能型居宅介護のメリット

①看護と介護の両方のサービスを一体的に利用できる

緊急時を含め、看護と介護の連携による一体的なサービスが利用でき、中・重度要介護者に安心なサービスが提供される。

②なじみのある看護・介護職員の対応が受けられる

「通い」「泊まり」「訪問」の介護・看護ともなじみのある職員に対応してもらえる。

③介護職員によるたんの吸引などが、よりスムーズに行われる

看護職員の配置により、介護職員によるたんの吸引などがより安全に実施される。併せて日常生活上必要な医療・看護への対応がよりスムーズに行われる。

④在宅での看取りがよりしやすくなる

在宅で最期を迎えたいというニーズに対し、看護職員の配置により看取り体制が強化されることになった。

看護小規模多機能型居宅介護費

要介護度	看護小規模多機能型居宅介護費／月		短期利用居宅介護費／日
	同一建物に居住する者以外	同一建物に居住する者	
要介護1	12,341単位	11,119単位	565単位
要介護2	17,268単位	15,558単位	632単位
要介護3	24,274単位	21,871単位	700単位
要介護4	27,531単位	24,805単位	767単位
要介護5	31,141単位	28,058単位	832単位

●主な加算（短期利用を除く）

初期加算　30単位／日（30日以内）
認知症加算（Ⅰ）　800単位／月
認知症加算（Ⅱ）　500単位/月
若年性認知症利用者受入加算
800単位／月
栄養スクリーニング加算
5単位／回（6カ月1回を限度）
退院時共同指導加算　600単位／回
緊急時訪問看護加算　574単位／月
特別管理加算（Ⅰ）　500単位／月
（Ⅱ）　250単位／月

ターミナルケア加算　2,000単位
※死亡日及び死亡日前14日以内に２日以上ターミナルケアを行った場合
看護体制強化加算（Ⅰ）
3,000単位／月
看護体制強化加算（Ⅱ）
2,500単位／月
訪問体制強化加算　1,000単位／月
総合マネジメント体制強化加算
1,000単位／月

●主な減算（短期利用を除く）

サテライト体制未整備減算　▲3%
訪問看護体制減算
▲925単位～▲2,914単位／月
末期の悪性腫瘍等により医療保険の訪問看護が行われる場合
▲925単位～▲2,914単位／月

特別の指示により頻回に医療保険の訪問看護が行われる場合
▲30単位～▲95単位／日

介護報酬・基準改定の主なポイント

- 若年性認知症の人を受け入れ、適切な介護サービスを提供することについて評価が行われました。若年性認知症入居者受入加算800単位／月（新設）。
- 管理栄養士以外の介護職員等でも実施可能な栄養スクリーニングを行い、介護支援専門員に栄養状態に係る情報を文書で共有した場合の評価が創設されました。栄養スクリーニング加算５単位／回（新設）。
- 地域密着型サービスの運営推進会議の効率化や、事業所間のネットワーク形成の促進等の観点から、一定の場合に複数の事業所の合同開催が認められました。

(地域密着型)介護老人福祉施設

サービスの概要　入院治療の必要はないが、常時介護が必要で、居宅サービスを利用しても在宅生活の継続が困難な人への支援

●介護と生活援助を目的にした介護保険施設

介護保険施設のなかで最も数が多いのが、「**特別養護老人ホーム**」とも呼ばれる介護老人福祉施設(地域密着型を含む)です。入所は原則として、在宅介護が困難で**要介護3〜5**と認定された65歳以上の人が対象です。介護に加え、日常生活上の支援や機能訓練、レクリエーションなどのサービスを提供します。基本的な健康チェックや服薬の管理などは行いますが、医療的なケアを受ける場合、通院または入院が必要です。定員が「29人以下で市区町村の条例で定める数」の施設は、地域密着型サービス(**地域密着型介護老人福祉施設入所者生活介護**)に区分されます。

要介護度、施設の種別、居室のタイプなどによって異なりますが、施設サービス費の1割または2割(2018年8月より2割負担者のうち、さらに高額所得者は3割)を自己負担します。利用者負担額の合計が所得区分に応じた上限額を超えた場合、超過した部分は**高額介護サービス費**として介護保険から支給されます。サービス提供事業者が社会福祉法人などの場合、市区町村民税非課税で一定の要件に該当した利用者は、利用者負担、食費、居住費の減額措置もあります。食費や部屋代は全額自己負担ですが、所得に応じた減額措置(補足給付)があります。ただし、一定以上預貯金がある人は対象外で、配偶者の所得も勘案されます。さらに非課税年金(遺族年金と障害年金)収入も含めて判定されます(132ページ参照)。

●入所までに数年かかることもある

この施設の料金は、ほかの施設に比べて低額なため希望者が多く、申し込みから入所までに数年かかることがあります。ただし、介護者がいない人や病気などの症状が深刻な人は、優先的に入所が認められます。なお、今回の改定では、身体的拘束等のさらなる適正化を図るために運営基準が見直されました。

介護福祉施設サービス費／日

要介護度	介護福祉施設サービス費	経過的小規模介護福祉施設サービス費	ユニット型介護福祉施設サービス費	ユニット型経過的小規模介護福祉施設サービス費
	従来型個室・多床室	従来型個室・多床室	ユニット型個室・ユニット型個室的多床室	ユニット型個室・ユニット型個室的多床室
要介護1	557単位	659単位	636単位	730単位
要介護2	625単位	724単位	703単位	795単位
要介護3	695単位	794単位	776単位	866単位
要介護4	763単位	859単位	843単位	931単位
要介護5	829単位	923単位	910単位	995単位

●主な加算

看護体制加算（Ⅰ）
定員30人以上50人以下　6単位／日
定員51人以上または経過的小規模　4単位／日

看護体制加算（Ⅱ）
定員30人以上50人以下　13単位／日
定員51人以上または経過的小規模　8単位／日

夜勤職員配置加算（Ⅰ）・（Ⅱ）
従来型個室・多床室
定員30人以上50人以下　22単位／日
定員51人以上または経過的小規模　13単位／日
ユニット型個室・ユニット型個室的多床室
定員30人以上50人以下　27単位／日
定員51人以上または経過的小規模　18単位／日

夜勤職員配置加算（Ⅲ）・（Ⅳ）
従来型個室・多床室
定員30人以上50人以下　28単位／日
定員51人以上または経過的小規模　16単位／日
ユニット型個室・ユニット型個室的多床室
定員30人以上50人以下　33単位／日
定員51人以上または経過的小規模　21単位／日

介護報酬・基準改定の主なポイント

・配置医師が施設の求めに応じ、早朝・夜間または深夜に施設を訪問し入所者の診療を行ったことに新たな評価が行われました。配置医師緊急時対応加算650単位／回（早朝・夜間の場合）（新設）・1300単位／回（深夜の場合）（新設）。
・一定の要件を満たした場合、看取り介護加算がより手厚く評価されました。
・口腔衛生管理加算について、歯科衛生士が行う口腔ケアの実施回数を現行の月４回以上から月２回以上に緩和するなどの見直しが行われました。
・低栄養リスクの高い入所者に対し、低栄養状態を改善するための計画の作成や栄養・食事調整を行うなど、低栄養リスクの改善に関する評価が創設されました。低栄養リスク改善加算300単位／月（新設）。
・褥瘡の発生を予防し、褥瘡の発生と関連の強い項目を計画的に管理することに対し新たな評価が設けられました。褥瘡マネジメント加算10単位／月（新設）。

・排泄に支援を要する入所者に対し、支援計画に基づき支援した場合の新たな評価が設けられました。排せつ支援加算100単位／月（新設）。
・身体拘束廃止未実施減算について、身体的拘束等の適正化のための対策を検討する委員会の開催等を義務づけ、未実施の場合の減算率が見直されました。
・夜勤職員配置加算について現行要件に加え、夜勤時間帯を通じ看護職員を配置していることまたは喀痰吸引等の実施ができる介護職員等を配置していることについて、より評価されました。
・夜勤職員配置加算について、見守り機器の導入により効果的に介護が提供できる場合について、新たに評価されました。
・地域密着型は運営推進会議の効率化や、事業所間のネットワーク形成の促進等の観点から、一定の場合に複数の事業所の合同開催が認められました。

地域密着型介護老人福祉施設入所者生活介護費／日

要介護度	地域密着型介護老人福祉施設入所者生活介護費	ユニット型地域密着型介護老人福祉施設入所者生活介護費	経過的地域密着型介護老人福祉施設入所者生活介護費	ユニット型経過的地域密着型介護老人福祉施設入所者生活介護費
	従来型個室・多床室	ユニット型個室・ユニット型個室的多床室	従来型個室・多床室	ユニット型個室・ユニット型個室的多床室
要介護1	565単位	644単位	659単位	730単位
要介護2	634単位	712単位	724単位	795単位
要介護3	704単位	785単位	794単位	866単位
要介護4	774単位	854単位	859単位	931単位
要介護5	841単位	922単位	923単位	995単位
●主な加算・減算				
夜勤職員配置加算（Ⅰ）・（Ⅱ）	41単位	46単位	13単位	18単位
夜勤職員配置加算（Ⅲ）・（Ⅳ）	56単位	61単位	16単位	21単位
看護体制加算（Ⅰ）	12単位		4単位	
看護体制加算（Ⅱ）	23単位		8単位	

●小規模拠点集合型施設加算（地域密着型のみ） 50単位／日

●主な加算・減算

（介護福祉施設サービス費／地域密着型介護老人福祉施設入所者生活介護費 共通）

身体拘束廃止未実施減算　▲10%

日常生活継続支援加算

従来型個室・多床室　36単位／日

ユニット型個室・ユニット型個室的多床室　46単位／日

準ユニットケア加算（従来型個室・多床室）

5単位／日

生活機能向上連携加算

200単位／月（個別機能訓練加算を算定している場合は、100単位／月）

個別機能訓練加算　12単位／日

若年性認知症入所者受入加算

120単位／日

専従の常勤医師を配置　25単位／日

精神科医師による療養指導が月2回以上行われている　5単位／日

障害者生活支援体制加算（Ⅰ）

26単位／日

障害者生活支援体制加算（Ⅱ）

41単位／日

外泊時費用

入院または居宅における外泊を認めた場合、所定単位数に代えて　246単位／日（1カ月6日を限度）

外泊時在宅サービス利用費用

居宅における外泊時、介護老人福祉施設により提供されるサービスを利用した場合、所定単位数に代えて　560単位／日（1カ月6日を限度）

初期加算　30単位／日

栄養マネジメント加算　14単位／日

経口移行加算　28単位／日

経口維持加算（Ⅰ）　400単位／月

経口維持加算（Ⅱ）　100単位／月

低栄養リスク改善加算　300単位／月

口腔衛生管理体制加算　30単位／月

口腔衛生管理加算　90単位／月

療養食加算　6単位／回（1日3回を限度）

再入所時栄養連携加算

（栄養マネジメント加算をしている場合）

400単位（1回を限度）

退所前訪問相談援助加算

460単位（入所中1回～2回を限度）

退所後訪問相談援助加算

460単位（退所後1回を限度）

退所時相談援助加算

400単位（1回を限度）

退所前連携加算　500単位（1回を限度）

配置医師緊急時対応加算

早朝・夜間　650単位／回

深夜　1,300単位／回

看取り介護加算（Ⅰ）

死亡日以前4日～30日　144単位／日

死亡日前日および前々日　680単位／日

死亡日　1,280単位／日

看取り介護加算（Ⅱ）

死亡日以前4日～30日　144単位／日

死亡日前日および前々日　780単位／日

死亡日　1,580単位／日

在宅復帰支援機能加算　10単位／日

在宅・入所相互利用加算　40単位／日

認知症専門ケア加算（Ⅰ）　3単位／日

認知症専門ケア加算（Ⅱ）　4単位／日

認知症行動・心理症状緊急対応加算

200単位／日（7日を限度）

褥瘡マネジメント加算

10単位／月（3カ月に1回を限度）

排せつ支援加算　100単位／月

介護老人保健施設

サービスの概要　病状は安定しているが帰宅は困難な人に対し、医学的管理の下、介護及び機能訓練を行って在宅への復帰をめざす

●病状が安定している人に機能訓練や医療・看護を提供

介護老人保健施設は、病気の治療が一段落したあとなど、自宅で生活するためには医療ケアや機能訓練が必要な人が利用する施設です。

日常生活における介護を受けることはできますが、リハビリテーションを重視しているので理学療法士や作業療法士などが配置されています。また、病院と在宅の間に位置するという性格上、医療スタッフも充実しています。自宅での生活に戻ることを前提としているため、入所期間は原則として３カ月程度です（3カ月ごとに判定し延長可）。通常は30人以上の定員ですが、小規模の施設もあります。主に自治体、社会福祉法人、医療法人などが運営しています。食費や部屋代は全額自己負担ですが、所得に応じた減額措置（補足給付）があります（132ページ参照）。ただし、一定以上預貯金がある人は対象外で、配偶者の所得も勘案されます。さらに非課税年金（遺族年金と障害年金）収入も含めて判定されます。

●在宅復帰・在宅療養支援機能がより評価されることになった

これまで、在宅復帰・在宅療養支援機能については、在宅復帰率・ベッド回転率・退所後の状況確認などによって評価されてきましたが、今回の改定で入所後の取り組みやリハビリテーション専門職の配置などによって、より細かく評価されるように報酬体系の見直しが行われました。

介護報酬・基準改定の主なポイント

・口腔衛生管理加算の算定要件のうち、歯科衛生士が行う口腔ケアの実施回数が現行の月４回以上から月２回以上へと変わるなどの見直しが行われました。
・低栄養リスクの高い入所者に対し、低栄養状態を改善するための計画の作成や栄養・食事調整を行うなど、低栄養リスクの改善に関する評価が創設されました。低栄養リスク改善加算300単位／月（新設）。

介護保健施設サービス費／日

●介護保健施設サービス費

要介護度	従来型個室 基本型（※1）	従来型個室 在宅強化型（※2）	多床室 基本型（※1）	多床室 在宅強化型（※2）
要介護1	698単位	739単位	771単位	818単位
要介護2	743単位	810単位	819単位	892単位
要介護3	804単位	872単位	880単位	954単位
要介護4	856単位	928単位	931単位	1,010単位
要介護5	907単位	983単位	984単位	1,065単位

●**認知症ケア加算** 76単位／日
在宅復帰・在宅療養支援機能加算（Ⅰ）（※1） 34単位／日
在宅復帰・在宅療養支援機能加算（Ⅱ）（※2） 46単位／日

●介護保健施設サービス費

要介護度	〈療養型老健：看護職員を配置〉		〈療養型老健：看護オンコール体制〉		〈特別介護保健施設サービス費〉（※3）	
	従来型個室 療養型	多床室 療養型	従来型個室 療養型	多床室 療養型	従来型個室	多床室
要介護1	723単位	800単位	723単位	800単位	684単位	756単位
要介護2	804単位	882単位	798単位	876単位	728単位	803単位
要介護3	917単位	996単位	891単位	969単位	788単位	862単位
要介護4	993単位	1,071単位	966単位	1,043単位	839単位	912単位
要介護5	1,067単位	1,145単位	1,040単位	1,118単位	889単位	964単位

●**認知症ケア加算** 76単位／日

介護報酬・基準改定の主なポイント

・褥瘡の発生を予防し、褥瘡の発生と関連の強い項目を計画的に管理することに対し新たな評価が設けられました。褥瘡マネジメント加算10単位／月（新設）。
・排泄に支援を要する入所者に対し、支援計画に基づき支援した場合の新たな評価が設けられました。排せつ支援加算100単位／月（新設）。
・身体拘束廃止未実施減算について、身体的拘束等の適正化のための対策を検討する委員会の開催等を義務づけ、未実施の場合の減算率が見直されました。
・ユニット型準個室について、実態を踏まえ、名称がユニット型個室的多床室に変更されました。

●ユニット型介護保健施設サービス費

要介護度			〈療養型老健：看護職員を配置〉	〈療養型老健：看護オンコール体制〉	〈ユニット型特別介護保健施設サービス費〉（※4）
	ユニット型個室・ユニット型個室的多床室		ユニット型個室・ユニット型個室的多床室	ユニット型個室・ユニット型個室的多床室	ユニット型個室・ユニット型個室的多床室
	基本型（※1）	在宅強化型（※2）	療養型	療養型	
要介護1	777単位	822単位	885単位	885単位	761単位
要介護2	822単位	896単位	966単位	960単位	806単位
要介護3	884単位	958単位	1,079単位	1,053単位	866単位
要介護4	937単位	1,014単位	1,155単位	1,128単位	918単位
要介護5	988単位	1,069単位	1,229単位	1,202単位	968単位

●**在宅復帰・在宅療養支援機能加算（Ⅰ）**（※1）　34単位／日
在宅復帰・在宅療養支援機能加算（Ⅱ）（※2）　46単位／日

●主な加算・減算

身体拘束廃止未実施減算　▲10％
夜勤職員配置加算　24単位／日
短期集中リハビリテーション実施加算
（※3　※4を除く）　240単位／日
認知症短期集中リハビリテーション実施加算
（※3 ※4を除く）　240単位／日（週3日を限度）
若年性認知症入所者受入加算
120単位／日
外泊時費用（在宅サービスを利用する場合）　所定単位数に代えて800単位／日（1カ月に6日を限度）
ターミナルケア加算
（療養型老健以外）
死亡日以前4日～30日　160単位／日
死亡日前日および前々日　820単位／日
死亡日　1,650単位／日
（療養型老健）
死亡日以前4日～30日　160単位／日
死亡日前日および前々日　850単位／日
死亡日　1,700単位／日
療養体制維持特別加算（Ⅰ）　27単位／日
療養体制維持特別加算（Ⅱ）　57単位／日
初期加算　30単位／日
再入所時栄養連携加算（※3 ※4を除く）
（栄養マネジメント加算をしている場合）
400単位（1回を限度）
入所前後訪問指導加算（Ⅰ）（※3 ※4を除く）
450単位／回
入所前後訪問指導加算（Ⅱ）（※3 ※4を除く）
480単位／回
試行的退所時指導加算（※3 ※4を除く）
400単位
退所時情報提供加算（※3 ※4を除く）　500単位
退所前連携加算（※3 ※4を除く）　500単位
訪問看護指示加算（※3 ※4を除く）
300単位（1回を限度）
栄養マネジメント加算　14単位／日
経口移行加算（※3 ※4を除く）　28単位／日
経口維持加算（Ⅰ）（※3 ※4を除く）
400単位／月
経口維持加算（Ⅱ）（※3 ※4を除く）
100単位／月
低栄養リスク改善加算（※3 ※4を除く）
300単位／月
口腔衛生管理体制加算（※3 ※4を除く）
30単位／月
口腔衛生管理加算（※3 ※4を除く）　90単位／月
療養食加算　6単位／回（1日3回を限度）
在宅復帰支援機能加算（療養型老健）
10単位／日
かかりつけ医連携薬剤調整加算（※3 ※4を除く）
125単位（1回を限度）
緊急時治療管理
511単位／日（1カ月に1回3日を限度）
所定疾患施設療養費（Ⅰ）（※3 ※4を除く）
235単位／日（1カ月に1回7日を限度）
所定疾患施設療養費（Ⅱ）（※3 ※4を除く）
475単位／日（1カ月に1回7日を限度）
認知症専門ケア加算（Ⅰ）　3単位／日
認知症専門ケア加算（Ⅱ）　4単位／日
認知症行動・心理症状緊急対応加算
200単位／日（入所後7日を限度）
認知症情報提供加算　350単位／回
地域連携診療計画情報提供加算（※3 ※4を除く）
300単位／回（1回を限度）
褥瘡マネジメント加算（※1 ※2を除く）
10単位／月（3カ月に1回を限度）
排せつ支援加算（※3 ※4を除く）　100単位／月

介護療養型医療施設

サービスの概要　医療的なケアが受けられる介護保険施設。2017年度末までに廃止される予定だったが、6年間延長された

●医療面を強化した介護療養型医療施設

介護療養型医療施設は病院や診療所に併設、または隣接しており、主に医療と看護に重点がおかれています。介護保険を利用した入院ができる施設ですが、医療保険が適用される医療施設と機能が似ていることなどから、2017年度末までに廃止されることが決まっていましたが、受け皿となる施設への転換がスムーズに進まないため、さらに6年間廃止期限が延長されました。

利用料金は要介護度、施設の種別、居室のタイプ、職員の配置体制などによって異なりますが、費用の1割または2割（2018年8月より2割負担者のうち、さらに高額所得者は3割）が自己負担になります。食費や部屋代は全額自己負担ですが、所得に応じた減額措置（補足給付）があります（132ページ参照）。ただし、一定以上預貯金がある人は対象外で、配偶者の所得も勘案されます。さらに、非課税年金（遺族年金と障害年金）収入も含めて判定されます。なお、今回の改定では、介護医療院に転換する場合について、療養室の床面積や廊下幅等の基準緩和等、転換にあたり配慮が必要な事項は基準の緩和等を行うとされています。

療養病床を有する病院における療養型介護療養施設サービス費／日

●療養型介護療養施設サービス費　看護〈6:1〉介護〈4:1〉

要介護度	従来型個室	療養機能強化型A従来型個室	療養機能強化型B従来型個室	多床室	療養機能強化型A多床室	療養機能強化型B多床室
要介護1	641単位	669単位	659単位	745単位	778単位	766単位
要介護2	744単位	777単位	765単位	848単位	886単位	873単位
要介護3	967単位	1,010単位	995単位	1,071単位	1,119単位	1,102単位
要介護4	1,062単位	1,109単位	1,092単位	1,166単位	1,218単位	1,199単位
要介護5	1,147単位	1,198単位	1,180単位	1,251単位	1,307単位	1,287単位

●療養型介護療養施設サービス費 看護〈6:1〉介護〈5:1〉／看護〈6:1〉介護〈6:1〉

要介護度	看護〈6:1〉介護〈5:1〉				看護〈6:1〉介護〈6:1〉	
	従来型個室	療養機能強化型従来型個室	多床室	療養機能強化型多床室	従来型個室	多床室
要介護1	586単位	601単位	691単位	709単位	564単位	670単位
要介護2	689単位	707単位	794単位	814単位	670単位	775単位
要介護3	841単位	862単位	945単位	969単位	813単位	919単位
要介護4	987単位	1,012単位	1,092単位	1,119単位	962単位	1,068単位
要介護5	1,027単位	1,053単位	1,131単位	1,159単位	1,001単位	1,107単位

●療養型経過型介護療養施設サービス費 看護〈6:1〉介護〈4:1〉／看護〈8:1〉介護〈4:1〉

要介護度	看護〈6:1〉介護〈4:1〉		看護〈8:1〉介護〈4:1〉	
	従来型個室	多床室	従来型個室	多床室
要介護1	650単位	755単位	650単位	755単位
要介護2	754単位	860単位	754単位	860単位
要介護3	897単位	1,002単位	857単位	962単位
要介護4	983単位	1,089単位	944単位	1,048単位
要介護5	1,070単位	1,175単位	1,030単位	1,136単位

●ユニット型療養型介護療養施設サービス費

要介護度	ユニット型個室・ユニット型個室的多床室	療養機能強化型A	療養機能強化型B
		ユニット型個室・ユニット型個室的多床室	ユニット型個室・ユニット型個室的多床室
要介護1	767単位	795単位	785単位
要介護2	870単位	903単位	891単位
要介護3	1,093単位	1,136単位	1,121単位
要介護4	1,188単位	1,235単位	1,218単位
要介護5	1,273単位	1,324単位	1,306単位

●ユニット型療養型経過型介護療養施設サービス費

	ユニット型個室・ユニット型個室的多床室
要介護1	767単位
要介護2	870単位
要介護3	1,006単位
要介護4	1,091単位
要介護5	1,176単位

●**病院における夜間勤務等看護加算（Ⅰ）～（Ⅳ）** 23～7単位／日

介護報酬・基準改定の主なポイント

・口腔衛生管理加算の算定要件のうち、歯科衛生士が行う口腔ケアの実施回数が現行の月4回以上から月2回以上へと変わるなどの見直しが行われました。

・低栄養リスクの高い入所者に対し、低栄養状態を改善するための計画の作成や栄養・食事調整を行うなど、低栄養リスクの改善に関する評価が創設されました。低栄養リスク300単位/月(新設)。

療養病床を有する診療所における介護療養施設サービス／日

●診療所型介護療養施設サービス費 看護〈6:1〉介護〈6:1〉／看護・介護〈3:1〉

要介護度	看護〈6:1〉介護〈6:1〉						看護・介護〈3:1〉	
	従来型個室	療養機能強化型A従来型個室	療養機能強化型B従来型個室	多床室	療養機能強化型A多床室	療養機能強化型B多床室	従来型個室	多床室
要介護1	623単位	650単位	641単位	727単位	759単位	748単位	546単位	652単位
要介護2	672単位	702単位	691単位	775単位	810単位	798単位	590単位	695単位
要介護3	720単位	752単位	741単位	825単位	861単位	848単位	633単位	739単位
要介護4	768単位	802単位	790単位	872単位	911単位	897単位	678単位	782単位
要介護5	817単位	853単位	840単位	921単位	962単位	948単位	721単位	826単位

●ユニット型診療所型介護療養施設サービス費

要介護度	ユニット型個室・ユニット型個室的多床室	療養機能強化型A	療養機能強化型B
		ユニット型個室・ユニット型個室的多床室	ユニット型個室・ユニット型個室的多床室
要介護1	748単位	775単位	766単位
要介護2	797単位	827単位	816単位
要介護3	845単位	877単位	866単位
要介護4	893単位	927単位	915単位
要介護5	942単位	978単位	965単位

老人性認知症疾患療養病棟を有する病院における介護療養施設サービス費／日

●認知症疾患型介護療養施設サービス費（大学病院等）看護〈3:1〉介護〈6:1〉

要介護度	従来型個室	多床室
要介護1	967単位	1,072単位
要介護2	1,031単位	1,137単位
要介護3	1,095単位	1,200単位
要介護4	1,159単位	1,265単位
要介護5	1,223単位	1,328単位

・排泄に支援を要する入所者に対し、支援計画に基づき支援した場合の新たな評価が設けられました。排せつ支援加算100単位／月（新設）。
・身体拘束廃止未実施減算について、身体的拘束等の適正化のための対策を検討する委員会の開催等を義務づけ、未実施の場合の減算率が見直されました。

●認知症疾患型介護療養施設サービス費（一般病院）

要介護度	看護〈4:1〉介護〈4:1〉		看護〈4:1〉介護〈5:1〉		看護〈4:1〉介護〈6:1〉		経過措置型	
	従来型個室	多床室	従来型個室	多床室	従来型個室	多床室	従来型個室	多床室
要介護1	912単位	1,018単位	884単位	990単位	869単位	974単位	810単位	916単位
要介護2	979単位	1,085単位	950単位	1,055単位	933単位	1,039単位	874単位	979単位
要介護3	1,047単位	1,151単位	1,015単位	1,121単位	997単位	1,102単位	938単位	1,044単位
要介護4	1,114単位	1,220単位	1,080単位	1,186単位	1,061単位	1,167単位	1,002単位	1,108単位
要介護5	1,180単位	1,286単位	1,145単位	1,250単位	1,125単位	1,230単位	1,066単位	1,171単位

●認知症疾患型経過型介護療養施設サービス費

要介護度	従来型個室	多床室
要介護1	717単位	823単位
要介護2	780単位	886単位
要介護3	845単位	950単位
要介護4	909単位	1,015単位
要介護5	973単位	1,078単位

●ユニット型認知症疾患型介護療養施設サービス費

大学病院等 ユニット型個室・ユニット型個室的多床室	一般病院 ユニット型個室・ユニット型個室的多床室
1,093単位	1,038単位
1,157単位	1,105単位
1,221単位	1,173単位
1,285単位	1,240単位
1,349単位	1,306単位

●主な加算・減算

一定の要件を満たす入院患者の数が規準に満たない場合（療養機能強化型A·Bを除く） ▲5%

身体拘束廃止未実施減算 ▲10%

外泊時費用
居宅における外泊を認めた場合、所定単位数に代えて　362単位／日（1カ月6日を限度）

試行的退所サービス費（療養病床を有する病院のみ） 800単位／日（1カ月に6日を限度）

他科受診時費用
他医療機関において診療が行われた場合、所定単位数に代えて　362単位／日（1カ月に4日を限度）

初期加算　30単位／日（30日以内）

退院前訪問指導加算
460単位（入院中1～2回を限度）

退院後訪問指導加算
460単位（退院後1回を限度）

退院時指導加算　400単位

退院時情報提供加算　500単位

退院前連携加算　500単位

（退院時）訪問看護指示加算
300単位（1回を限度）

栄養マネジメント加算　14単位／日

低栄養リスク改善加算　300単位／月

経口移行加算　28単位／日

経口維持加算　（Ⅰ）　400単位／月
（Ⅱ）　100単位／月

口腔衛生管理体制加算　30単位／月

口腔衛生管理加算　90単位／月

療養食加算　6単位／回（1日3回を限度）

在宅復帰支援機能加算　10単位／日

認知症専門ケア加算（Ⅰ）（※）　3単位／日

認知症専門ケア加算（Ⅱ）（※）　4単位／日

認知症行動・心理症状緊急対応加算（※）
200単位／日（入院後7日を限度）

若年性認知症患者受入加算（※）
120単位／日

排せつ支援加算　100単位／月

※老人性認知症疾患療養病棟を有する病院における介護療養施設サービス費を除く

介護医療院

サービスの概要　日常的な医療管理などの医療ニーズに対応し、療養施設としての機能も備えた新しい施設サービス（23ページ参照）

●医療と介護のニーズに対応する新たな介護保険施設

介護保険施設の1つである「介護療養型医療施設」は、医療保険が適用される医療施設と機能が近いことから、これまで何度も廃止の決定がなされましたが、受け皿となる介護保険施設への転換がスムーズに進まなかったため、その都度延期され、2017年度末に決まっていた廃止期限も経過措置期間として6年間延長されました。ただ、廃止した場合、今後、増加が見込まれる医療・介護のニーズに対応できる施設サービスが不足すると考えられます。

そこで、「**長期療養のための医療**」と「**日常生活上の世話（介護）**」を一体的に提供する新たな介護保険施設として介護医療院が創設されました（介護保険法上は介護保険施設で、医療法上は医療提供施設）。介護療養病床と同水準の医療提供と、介護療養病床よりも充実した療養環境が求められる施設になります。タイプとしては、これまでの介護療養型医療施設（療養機能強化型）相当の「サービス（Ⅰ型）」と介護老人保健施設相当以上の「サービス（Ⅱ型）」が提供されることになります。また、介護療養型医療施設と同様に、短期入所療養介護、通所・訪問リハビリテーションを提供することも可能な施設です。

なお、入所の利用者負担や食費、部屋代などの費用負担のしくみについては、介護老人保健施設などと同様です。

介護報酬・基準改定の主なポイント

・介護療養病床（療養機能強化型）相当のサービス（Ⅰ型）と、老人保健施設相当以上のサービス（Ⅱ型）の2つのサービスが提供されるよう、人員・設備・運営基準等が定められました。
・介護保険施設の入所者が医療機関に入院し、経管栄養など施設入所時とは大きく異なる栄養管理が必要になった場合、再入所後の栄養管理について双方の管理栄養士間の連携・調整の評価が創設されました。再入所時栄養連携加算400単位／月（新設）。

介護医療院サービス費／日

●Ⅰ型介護医療院サービス費

要介護度	Ⅰ型介護医療院サービス費（Ⅰ）		Ⅰ型介護医療院サービス費（Ⅱ）		Ⅰ型介護医療院サービス費（Ⅲ）	
	従来型個室	多床室	従来型個室	多床室	従来型個室	多床室
要介護1	694単位	803単位	684単位	791単位	668単位	775単位
要介護2	802単位	911単位	790単位	898単位	774単位	882単位
要介護3	1,035単位	1,144単位	1,020単位	1,127単位	1,004単位	1,111単位
要介護4	1,134単位	1,243単位	1,117単位	1,224単位	1,101単位	1,208単位
要介護5	1,223単位	1,332単位	1,205単位	1,312単位	1,189単位	1,296単位

●Ⅱ型介護医療院サービス費

要介護度	Ⅱ型介護医療院サービス費（Ⅰ）		Ⅱ型介護医療院サービス費（Ⅱ）		Ⅱ型介護医療院サービス費（Ⅲ）	
	従来型個室	多床室	従来型個室	多床室	従来型個室	多床室
要介護1	649単位	758単位	633単位	742単位	622単位	731単位
要介護2	743単位	852単位	727単位	836単位	716単位	825単位
要介護3	947単位	1,056単位	931単位	1,040単位	920単位	1,029単位
要介護4	1,034単位	1,143単位	1,018単位	1,127単位	1,007単位	1,116単位
要介護5	1,112単位	1,221単位	1,096単位	1,205単位	1,085単位	1,194単位

●特別介護医療院サービス費（※1）

要介護度	Ⅰ型特別介護医療院サービス費		Ⅱ型特別介護医療院サービス費	
	従来型個室	多床室	従来型個室	多床室
要介護1	635単位	736単位	590単位	694単位
要介護2	735単位	838単位	680単位	784単位
要介護3	954単位	1,055単位	874単位	978単位
要介護4	1,046単位	1,148単位	957単位	1,060単位
要介護5	1,130単位	1,231単位	1,031単位	1,134単位

介護報酬・基準改定の主なポイント

・排泄障害等への支援に関し、ほかの施設系サービスと同様に評価されます。排せつ支援加算100単位／月（新設）。
・身体拘束廃止未実施減算が新設され、身体的拘束等の適正化のための対策を検討する委員会の開催等を義務づけ、未実施の場合は減算されます。

●ユニット型Ⅰ型介護医療院サービス費

要介護度	ユニット型Ⅰ型介護医療院サービス費（Ⅰ） ユニット型個室・ユニット型個室的多床室	ユニット型Ⅰ型介護医療院サービス費（Ⅱ） ユニット型個室・ユニット型個室的多床室
要介護1	820単位	810単位
要介護2	928単位	916単位
要介護3	1,161単位	1,146単位
要介護4	1,260単位	1,243単位
要介護5	1,349単位	1,331単位

●ユニット型Ⅱ型介護医療院サービス費

要介護度	ユニット型個室・ユニット型個室的多床室
要介護1	819単位
要介護2	919単位
要介護3	1,135単位
要介護4	1,227単位
要介護5	1,310単位

●ユニット型特別介護医療院サービス費（※1）

要介護度	ユニット型Ⅰ型特別介護医療院サービス費 ユニット型個室・ユニット型個室的多床室	ユニット型Ⅱ型特別介護医療院サービス費 ユニット型個室・ユニット型個室的多床室
要介護1	770単位	778単位
要介護2	870単位	873単位
要介護3	1,089単位	1,078単位
要介護4	1,181単位	1,166単位
要介護5	1,264単位	1,244単位

●主な加算・減算

夜勤を行う職員の勤務条件基準を満たさない場合
▲25単位／日
身体拘束廃止未実施減算　▲10%
夜間勤務等看護加算（Ⅰ）　23単位／日
夜間勤務等看護加算（Ⅱ）　14単位／日
夜間勤務等看護加算（Ⅲ）　14単位／日
夜間勤務等看護加算（Ⅳ）　7単位／日
若年性認知症入所者受入加算　120単位／日
外泊時費用
居宅における外泊を認めた場合、所定単位数に代えて362単位／日（1カ月6日を限度）
試行的退所サービス費
800単位／日（1カ月に6日を限度）
他科受診時費用
他医療機関において診療が行われた場合、所定単位数に代えて362単位／日（1カ月に4日を限度）
初期加算　30単位／日
再入所時栄養連携加算（※1を除く）（栄養マネジメント加算をしている場合）
400単位（1回を限度）
退所時指導等加算（※1を除く）
退所前訪問指導加算
460単位（入所中1回～2回を限度）
退所後訪問指導加算
460単位（退所後1回を限度）
退所時指導加算　400単位
退所時情報提供加算　500単位
退所前連携加算　500単位
訪問看護指示加算　300単位（1回を限度）
栄養マネジメント加算　14単位／日
経口移行加算（※1を除く）　28単位／日
経口維持加算（Ⅰ）（※1を除く）　400単位
経口維持加算（Ⅱ）（※1を除く）　100単位
低栄養リスク改善加算（※1を除く）
300単位／月
口腔衛生管理体制加算（※1を除く）
30単位／月
口腔衛生管理加算（※1を除く）　90単位／月
療養食加算　6単位／回（1日3回を限度）
在宅復帰支援機能加算（※1を除く）　10単位／日
緊急時治療管理
511単位／日（1カ月に1回3日を限度）
認知症専門ケア加算（Ⅰ）　3単位／日
認知症専門ケア加算（Ⅱ）　4単位／日
認知症行動・心理症状緊急対応加算
200単位／日（入所後7日を限度）
重度認知症疾患療養体制加算（Ⅰ）
要介護1・2　140単位／日
要介護3・4・5　40単位／日
重度認知症疾患療養体制加算（Ⅱ）
要介護1・2　200単位／日
要介護3・4・5　100単位／日
移行定着支援加算（※1を除く）　93単位／日
排せつ支援加算（※1を除く）　100単位／月

介護報酬改定の改定率について

改定時期	改定にあたっての主な視点	改定率
平成15年度改定	○自立支援の観点に立った居宅介護支援（ケアマネジメント）の確立 ○自立支援を指向する在宅サービスの評価 ○施設サービスの質の向上と適正化	▲2.3%
平成17年10月改定	○居住費（滞在費）に関連する介護報酬の見直し ○食費に関連する介護報酬の見直し ○居住費（滞在費）及び食費に関連する運営基準等の見直し	
平成18年度改定	○中重度者への支援強化 ○介護予防、リハビリテーションの推進 ○地域包括ケア、認知症ケアの確立 ○サービスの質の向上 ○医療と介護の機能分担・連携の明確化	▲0.5% [▲2.4%] ※[ ]は平成17年10月改定分を含む。
平成21年度改定	○介護従事者の人材確保・処遇改善 ○医療との連携や認知症ケアの充実 ○効率的なサービスの提供や新たなサービスの検証	3.0%
平成24年度改定	○在宅サービスの充実と施設の重点化 ○自立支援型サービスの強化と重点化 ○医療と介護の連携・機能分担 ○介護人材の確保とサービスの質の評価	1.2%
平成26年度改定	○消費税の引き上げ（8%）への対応 ・基本単位数等の引き上げ ・区分支給限度基準額の引き上げ	0.63%
平成27年度改定	○中重度の要介護者や認知症高齢者への対応の更なる強化 ○介護人材確保対策の推進 ○サービス評価の適正化と効率的なサービス提供体制の構築	▲2.27%
平成29年度改定	○介護人材の処遇改善	1.14%
平成30年度改定	○地域包括ケアシステムの推進 ○自立支援・重度化防止に資する質の高い介護サービスの実現 ○多様な人材の確保と生産性の向上 ○介護サービスの適正化・重点化を通じた制度の安定性・持続可能性の確保	0.54%

出典：社会保障審議会介護給付費分科会　資料1（第158回／平成30年1月26日）

第3部

介護保険のしくみとケアプラン

介護保険制度の概要

介護保険の運営は市区町村が行い、要介護・要支援の認定を受ければ介護に必要なサービスが、かかった費用全体の1～3割負担で利用できる

●介護保険制度は2000年にスタートし、社会情勢を見て改正される

2000年4月1日にスタートした介護保険制度は、3年を1期に介護保険事業計画を策定し、各期ごとに見直しが行われます。2018年度からの第7期では、第5期・第6期の重点施策であった「地域包括ケアシステム」のさらなる深化・推進が図られるとともに、介護保険制度の持続可能性の確保が大きなテーマとなっています。介護保険法の改正を受けて行われた介護報酬の改定によっても、団塊の世代が75歳以上となる2025年に向けて、国民一人ひとりが要支援・要介護状態に応じた適切なサービスを受けられるよう、質が高く効率的な介護の提供体制の整備が図られています。

●介護保険制度のしくみ

介護保険の基本は自立生活の支援であり、運営は市区町村単位で行われています。介護保険の財源は50％が税金で、残りの50％は65歳以上の人（第1号被保険者）の保険料と40～64歳の人（第2号被保険者）の保険料が充てられます。もっとも市区町村によって介護保険サービスの総事業費が異なるため、納める保険料は市区町村によって、また納める人の所得によっても異なります。介護保険制度はこうした財源をもとに運用され、介護（介護予防）サービスを利用する人は費用全体の1割または2割（2018年8月より2割負担者のうち、さらに高額所得者は3割）を自己負担し、残りは介護保険から支払われます。介護保険を利用できるのは保険料を納めている40歳以上の人で、40～64歳の第2号被保険者は**特定疾病**により介護・支援が必要になったとき、介護に関わるサービスが利用できます。介護・介護予防サービスを利用するには、原則、利用者となる人が住んでいる市区町村の担当窓口に、本人または家族などが要介護認定を申請し、訪問調査員による訪問調査を受けたうえで「日常生活に介護や支援が必要」と認定されると、はじめてサービスが利用できるしくみです。

介護保険のしくみ

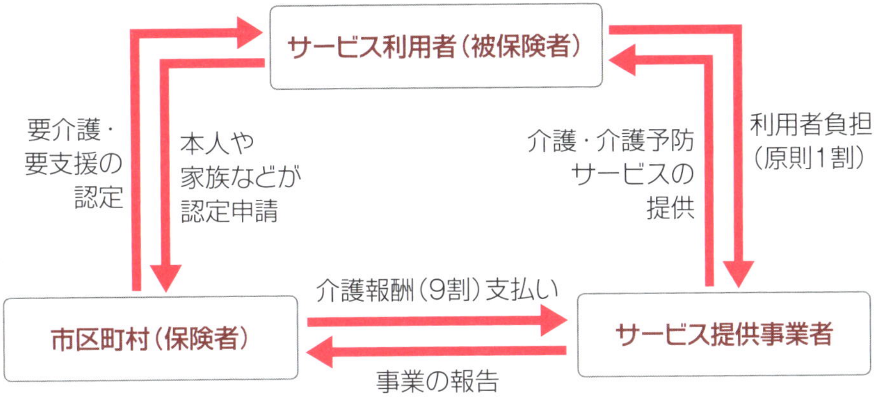

第1号保険料の全国平均の推移

事業運営期間	保険料
第1期（2000～2002年度）	2,911円（全国平均）
第2期（2003～2005年度）	3,293円（全国平均）
第3期（2006～2008年度）	4,090円（全国平均）
第4期（2009～2011年度）	4,160円（全国平均）
第5期（2012～2014年度）	4,972円（全国平均）
第6期（2015～2017年度）	5,514円（全国平均）
第7期（2018～2020年度）	約6,700円程度になる見込み（全国平均）
2025年度	8,200円程度（全国平均）

特定疾病

- 脳血管疾患
- パーキンソン病関連疾患
- 両側の膝関節又は股関節に著しい変形を伴う変形性関節症
- 初老期における認知症
- 慢性閉塞性肺疾患《まんせいへいそくせいはいしっかん》
- 閉塞性動脈硬化《へいそくせいどうみゃくこうか》症
- 筋萎縮性側索硬化症《きんいしゅくせいそくさくこうかしょう》
- 脊髄小脳変性症《せきずいしょうのうへんせいしょう》
- ガン末期
- 早老症《そうろうしょう》
- 多系統萎縮症《たけいとういしゅくしょう》
- 関節リウマチ
- 骨折を伴う骨粗しょう症
- 後縦靭帯骨化症《こうじゅうじんたいこっかしょう》
- 脊柱管狭窄症《せきちゅうかんきょうさくしょう》
- 糖尿病による合併症（糖尿病性腎症・神経障害・網膜症）

申請からサービス開始まで

介護保険は、申請すれば状態によって「要介護」「要支援」「非該当（自立）」のいずれかに認定され、それぞれに合ったサービスが利用できる

●サービスには大きく「介護サービス」と「介護予防サービス」がある

介護保険を申請すると、日常的な生活動作のレベルによって「**要介護**」「**要支援**」「**非該当（自立）**」のいずれかに認定されます。要介護と認定された人は「**介護給付**」、要支援と認定された人は「**予防給付**」のサービスが利用できます。また、非該当と認定された人でも介護保険制度による「**地域支援事業**」を利用し、介護予防のためのサービスを受けることができます。

●申請からサービスが始まるまでの流れ

①**要介護認定申請**　市区町村の窓口や地域包括支援センターなどで受け付けています。民生委員などに申請の代行を頼むこともできます。

②**訪問調査**　市区町村職員の訪問調査員が家庭を訪れ、心身の状況や環境などを調査し、調査票に記入します。

③**第一次判定**　調査票をもとに、コンピュータで判定を行います。

④**第二次判定**　市区町村が保健、医療、福祉等の学識経験者から任命した「介護認定審査会」が「主治医の意見」などを参考に、要介護度などを定めます。

⑤**要介護状態区分の認定**　認定審査会の判定を受けて市区町村が要介護度の認定を行い、本人に通知します。ただし、利用者の状況によっては通知を待たずにサービス（みなしサービス）を利用することもできます。

⑥**介護（介護予防）サービス計画の作成**　要介護は居宅介護支援事業者、要支援は地域包括支援センターに利用者の負担なしで依頼できます。

●**介護（介護予防）サービスの利用**　費用の1または2割（2018年8月より2割負担者のうち、さらに高額所得者は3割）を利用者がサービス事業者等に支払います。

⑦**要介護認定の見直し**　高齢者は短期間で体調が変化することもあり､認定は有効期間ごとに見直されます。ケアプランも状態に合わせて変更が可能です。

介護保険利用の流れ

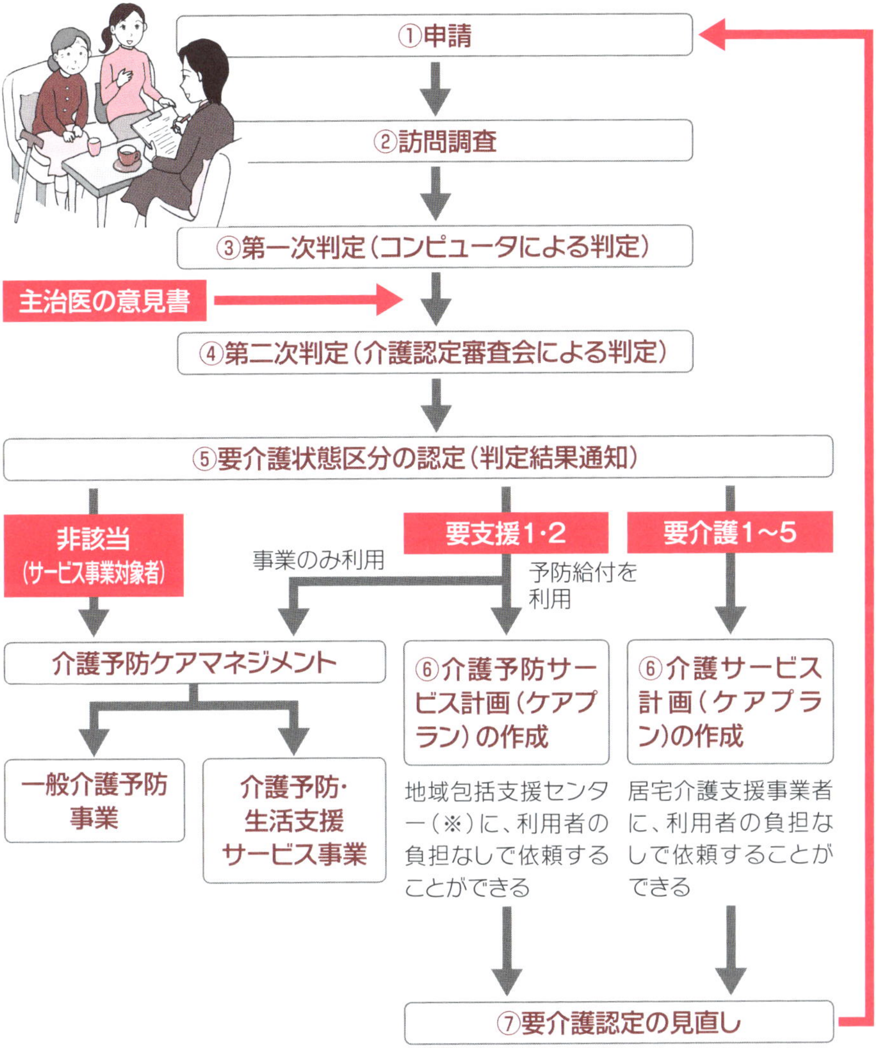

地域包括支援センター

市区町村あるいは市区町村が委託した社会福祉法人が運営する地域包括ケアの拠点となっている施設で、原則中学校通学区域（人口2〜3万人）に1カ所の設置が図られています。保健師・社会福祉士・主任ケアマネジャーなどの専門職が配置され、総合相談の窓口、介護予防ケアマネジメント、地域支援事業による二次予防事業対象者の支援、高齢者の権利擁護などの事業を行います。

ケアプランとはどういうもの?

介護保険のサービスは、本人の自立や家族の負担軽減などを目的とした介護(予防)サービス計画(ケアプラン)を作成したうえで行われる

●ケアプランの作成方法と考え方

要介護・要支援の認定を受ければ、それぞれのサービスを利用することができます。といっても、無計画にサービスを利用できるわけではなく、ケアプランを作成し、それに沿ってサービスが行われます。ケアプランとは、心身状態や家庭環境などに応じ、どのような介護サービスを受ければ本人がより自立した生活が送れるようになるか、介護サービスを組み合わせた計画書です。

要介護者の場合、居宅介護支援事業者に、要支援者の場合、地域包括支援センターに作成を依頼できますが、本人や家族が作成することもできます。費用は介護保険から支給されるので利用者の負担はありません。

ケアプランの作成をケアマネジャーなどに依頼する場合でも、主体はあくまで本人や家族ですから「お任せプラン」は避けましょう。今、直面している困ったことや、こういう生活をしたいといった希望をケアマネジャーなどに率直に話し、本人の状態や家族の環境に合ったサービスをケアプランに反映させましょう。

●改正介護保険のメリットを生かしたケアプランを検討しましょう

2018年4月からスタートする改正介護保険制度は、重度の要介護者を含め、どこに住んでいても適切な医療・介護サービスが切れ間なく利用できる体制の整備が推進されています。加えて「自立支援・重度化防止」「認知症対策の推進」なども大きなテーマとなっています。増え続ける一人暮らしの高齢者や高齢夫婦のみの世帯の人が安心して暮らしていけるよう、細かいサービスの提供がなされています。そうしたサービスを上手に利用するために、本書を参考に適切なケアプランを作成しましょう。

●ケアプランの作成を依頼するときの流れ

ケアプランはケアマネジャーに作成を依頼するのが一般的です。ほとんどの

利用者は認定を受けてからケアマネジャーに依頼しますが、本人の状態によって認定まで待てないケースもあります。そうした場合、まずケアプランを作成してもらい、認定を待たずにサービスをスタートさせる方法もあります。「**暫定**《ざんてい》**プラン**」というプランで、サービスの費用は一時的に全額支払わなくてはいけませんが、後日認定され、利用したサービスが要支援・要介護度別の支給限度額内であれば、自己負担を除いた費用は戻ります。

●ケアプランを依頼するときのポイント

ケアマネジャーにケアプランを依頼する際、利用者や家族は「こうしてほし

一般的ケアマネジメントの流れ

認定結果の通知

「要支援1・2」と認定された場合

①**地域包括支援センターに利用を申し込む**

↓

②**地域包括支援センターと契約する**

↓

③**介護予防サービス計画（ケアプラン）を依頼する**

↓

④**ケアプランの原案が作成される**

予防を重視した介護予防ケアプランの原案が作成される（必要に応じ、総合事業のサービスと予防給付を組み合わせる）。

↓

⑤**ケアプランの検討**

利用者や家族が納得できるまで、原案の見直し調整、確認が行われる。

↓

⑥**介護予防サービス事業者とサービスごとに契約**

↓

⑦**介護予防サービスがスタートする**

↓

⑧**地域包括支援センターによる継続的なマネジメント**

利用者の状態や要望を反映したケアプランの見直しが継続的に行われる。

「要介護1～5」と認定された場合

①**居宅介護支援事業者を選ぶ**

市区町村が配付するリストなどから居宅介護支援事業者を選ぶ。

↓

②**ケアマネジャーに介護サービス計画（ケアプラン）を依頼する**

↓

③**ケアマネジャーによってケアプランの原案が作成される**

生活の質（QOL）を維持するための介護ケアプランの原案が作成される。

↓

④**ケアプランの検討**

利用者や家族が納得できるまで、原案の見直し調整、確認が行われる。

↓

⑤**介護サービス事業者とサービスごとに契約する**

↓

⑥**介護サービスがスタートする**

↓

⑦**ケアマネジャーによる継続的なマネジメント**

利用者の状態や要望を反映したケアプランの見直しが継続的に行われる。

い」というニーズをはっきり伝えることが大切です。それには、サービスの内容と費用の説明をケアマネジャーからしっかり受けることです。説明を聞き流したまま要望を十分に伝えられないと、ムダや無理が目立つケアプランになってしまいます。それには、現在どのようなことに困っていて、どのように解決したいか具体的なイメージを持ちましょう。費用の相談も、各サービス費用を聞くと同時に、本人と家族が1カ月どの程度までなら出費できるのか、ケアマネジャーに率直に伝えることが大切です。

●サービス事業者の選び方

ケアプランが作成され、そのケアプランに沿って事業者を選びますが、ケアマネジャーに頼る以外に、行政などの窓口やインターネットなどで調べられるほか、直接訪問したり、口コミでの評判を参考にしたりする方法もあります。

さらに国で一元的に管理している「**介護サービス情報公表システム**」を利用すれば、全国の「①介護事業者の情報」が閲覧できます。2017年10月からは介護事業者情報に加えて、各地域の「②地域包括支援センターの情報」、「③生活支援等の情報」「④在宅医療機関の情報」やその他の関連情報（サービス付き高齢者向け住宅など）も公表されています。

①介護事業者の情報

◆**基本情報**　事業者の概要・運営状況、床面積/機能訓練施設の整備/職員の体制/サービスの内容/利用料金　など

◆**調査情報**　介護サービスについてのマニュアルの有無/サービス提供時間の記録の管理の有無/身体拘束を廃止する取り組みの有無　など

②地域包括支援センター情報

各地域の地域包括支援センターの所在地、地域包括支援センターを利用する際の基礎的な情報　など

③生活支援等サービス情報

各市区町村が実施する見守りや安否確認、配食、家事援助、交流の場・通いの場、外出支援情報　など

④在宅医療機関の情報

地域の「訪問診療「歯科訪問診療」「訪問薬剤管理指導」を行う医療機関に関する情報　など

事例1

要介護3　男性 86歳

通所介護・訪問介護を利用して遠距離介護

●本人と家族の現在

長男と長女は学生時代から都会に移り住み、地方の実家には夫婦二人。3年前に妻が亡くなり、一人暮しのAさんは妻の死後、脳梗塞を患い要介護状態に。通所と訪問サービスを利用して在宅生活を続けている。

●本人の希望

長男や長女の家に転居するつもりはなく、今の家に死ぬまで住み続けたい。ただ、遠方にもかかわらず、毎週、子どもたちが交代で介護に来てくれるのには気が引ける。

●家族の希望

遠方なので心配だが、1日でも長く住み慣れた自宅で暮らしたいという父の気持ちをかなえるために、居宅サービスを上手に利用したい。

	月	火	水	木	金	土	日
早朝	身体介護20以上30分未満						
午前	訪問介護	訪問介護	訪問介護	訪問介護	訪問介護	長男・長女の訪問	
午前～午後	通所介護 7時間以上 8時間未満	訪問介護	通所介護 7時間以上 8時間未満	訪問介護	通所介護 7時間以上 8時間未満		
午後	訪問介護	訪問介護	訪問介護	訪問介護	訪問介護		
夜間		生活援助 ※身体介護に引き続き					
深夜							

●サービスと費用（1カ月）

①通所介護

・7時間以上8時間未満（通常規模・要介護3）
週3回（月12回）　883単位×12回＝10,596単位

・入浴介助加算　50単位×12日=600単位
※通所介護の食事代は含まず

②訪問介護

・身体介護20分以上30分未満　週10回（月40回）　248単位×40回=9,920単位

・生活援助50分　週2回（月8回）
132単位×8回=1,056単位

※身体介護に引き続き生活援助（25分ごとに66単位増）を行った場合

●サービス利用料(1カ月)

利用単位　①+②=22,172単位

合計　**221,720円**（1単位10円で算定）

●自己負担額

1割負担　22,172円

※要介護3支給限度額26,931単位以内

ポイント

子どもが都会で暮らし、親だけが地方に残る家族は多いでしょう。その親が一人になったとき、子どもとの同居あるいは近隣に転居すれば、身近な介護が可能ですが、転居を拒む場合、子どもたちの遠距離の介護が始まります。通所や訪問サービスを利用する例ですが、ケアマネジャーやホームヘルパーとの連絡を密にして、本人の状態に合った細かい介護支援を行いましょう。

※2018年度改定の介護報酬による概算の参考事例です。「入浴介助加算」以外の加算減算は含みません。

事例2

要介護4　女性 90歳

多忙な年末は短期入所生活介護を利用

●本人と家族の現在

商店街で肉屋を営むBさんは、年末はクリスマスから大晦日にかけて大忙し。毎年、家族総出でやりくりしている。90歳になる母親は要介護状態だが、年末はだれも世話をすることができない。そこで短期入所生活介護を希望した。

●本人の希望

自分も長年、商売をしてきたので年末の忙しさは十分承知している。長男や嫁、孫たちの手をわずらわせたくないので、ホテルのつもりで一時、移っていたい。

●家族の希望

最も忙しい歳末は手が足りないので、一時、預かってもらえると安心。大晦日には戻ってもらって家族・親戚と一緒にお正月を祝いたい。

月	火	水	木	金	土	日
1日	2日	3日 通所介護	4日	5日	6日 通所介護	7日
8日	9日	10日 通所介護	11日	12日	13日 通所介護	14日
15日	16日	17日 通所介護	18日	19日	20日 通所介護	21日
22日	23日	24日	25日	26日	27日	28日
29日	30日	31日	短所入所生活介護			

●サービスと費用（1カ月）

①通所介護

・6時間以上7時間未満（通常規模・要介護4）
　週2回（月6回）　884単位×6回=5,304単位
　※通所介護の食事代は含まず

②短期入所生活介護

・8日間（併設型・ユニット型個室的多床室）
　889単位×8日間=7,112単位

●サービス利用料(1カ月)

利用単位　①+②=12,416単位
合計124,160円（1単位10円で算定）

●自己負担額

1割負担　12,416円
　※要介護4の支給限度額30,806単位以内

ポイント

年末忙しい肉屋のBさんはこの時期、家族全員、店に出るので母親の介護が心配。ケアマネジャーに相談し、週2回利用している通所介護に加え、繁忙期の8日間、近くの特別養護老人ホームが提供する短期入所生活介護を利用することにしました。

※2018年度改定の介護報酬による概算の参考事例です。部屋代・食費や各種の加算減算は含みません。

事例3

要介護5　男性 84歳

一定以上の所得のある人の3割負担の例

●本人と家族の現在

3年前に妻を亡くした84歳のCさんは長男家族と同居。要介護状態だが、昼間は家族全員仕事があり世話ができないので、現在は通所介護を利用している。男性には不動産収入があり、2018年度の介護保険制度の改正で利用料の負担が2割から3割に変わった。

●家族の希望

朝食・夕食の世話や夜間のトイレの世話もできるが、日中はだれも家にいないので、その間通所介護を利用できるのはとても助かっている。

●毎月の利用料

年金に加え不動産収入のある男性は「現役並み」の所得がある。自己負担は利用料の3割だが、高額介護サービス費の上限が適用されるので、そこまでの負担はない。

	月	火	水	木	金	土	日
早朝							
午前	通所介護	通所介護	通所介護（入浴）	通所介護	通所介護		
午後							
夜間							
深夜							

●サービスと費用（1カ月）

①通所介護

・8時間以上9時間未満（通常規模・要介護5）
　週5回(月20回)
　1,144単位×20回=22,880単位
・入浴介助加算　50単位×4日=200単位
　※通所介護の食事代は含まず

②福祉用具貸与（介護用ベッド・車いすほか）

　月レンタル料　24,000円

●サービス利用料（1カ月）

利用単位①=23,080単位
（1単位10円として算定）230,800円
利用料合計（①+②）　合計　254,800円

●自己負担額

1割　25,480円
2割　50,960円
3割　76,440円
※要介護5支給限度額36,065単位以内
↓
高額介護サービスの適用
44,400円（現役並み所得の世帯）

ポイント

年金のほかに駐車場などの不動産収入のあるCさんは、単身で年間所得が500万円以上あり、介護保険サービスの利用者負担は2018年8月から3割に引き上げられます。ただし、高額介護サービス費の自己負担限度額の制度により月額44,400円が上限となります。

※2018年度改定の介護報酬による概算の参考事例です。「入浴介助加算」以外の加算減算は含みません。

介護保険施設などの食費・部屋代と負担限度額

介護保険4施設（介護老人福祉施設、介護老人保健施設、介護療養型医療施設、介護医療院）や短期入所生活・療養介護を利用するときの食費・部屋代については、本人による負担が原則ですが、低所得者については、食費・部屋代の負担軽減が行われます。

2015年8月から「配偶者が市区町村民税を課税されている場合は軽減の対象外」「預貯金等の金額が基準値を超えている場合には軽減の対象外」といった見直しが行われ、2016年8月からは「非課税年金（遺族年金と障害年金）収入も含めて判定する」という見直しが行われています。

※預貯金の基準値　夫婦の場合＝合計2,000万円　単身の場合＝1,000万円

利用者負担段階と負担限度額

利用者負担段階	対象者		負担限度額（日額）		
			部屋代		食費
第1段階	・世帯の全員（世帯を分離している配偶者を含む）が市区町村民税を課税されていない人で老齢福祉年金を受給している人 ・生活保護等を受給している人	かつ、預貯金等が単身で1、000万円（夫婦で2、000万円）以下	多床室 0円		300円
			従来型個室	（特養等）320円	
				（老健・療養等）490円	
			ユニット型個室的多床室 490円		
			ユニット型個室 820円		
第2段階	・世帯の全員（世帯を分離している配偶者を含む）が市区町村民税を課税されていない人で合計所得金額と課税年金収入額と非課税年金収入額の合計が年間80万円以下の人		多床室 370円		390円
			従来型個室	（特養等）420円	
				（老健・療養等）490円	
			ユニット型個室的多床室 490円		
			ユニット型個室 820円		
第3段階	・世帯の全員（世帯を分離している配偶者を含む）が市区町村民税を課税されていない人で上記第２段階以外の人		多床室 370円		650円
			従来型個室	（特養等）820円	
				（老健・療養等）1,310円	
			ユニット型個室的多床室 1,310円		
			ユニット型個室 1,310円		
第4段階 （基準費用額）	・上記以外の人（負担限度額なし）		多床室	（特養等）840円	1,380円
				（老健・療養等）370円	
			従来型個室	（特養等）1,150円	
				（老健・療養等）1,640円	
			ユニット型個室的多床室 1,640円		
			ユニット型個室 1,970円		

平成30年度介護報酬改定の主な事項について

本資料は改定の主な事項をお示しするものであり、算定要件等は主なものを掲載しています。
詳細については、関連の告示等を御確認ください。

出典：社会保障審議会介護給付費分科会　資料1（第158回／平成30年1月26日）

平成30年度介護報酬改定の概要

○ 団塊の世代が75歳以上となる2025年に向けて、国民１人１人が状態に応じた適切なサービスを受けられるよう、平成30年度介護報酬改定により、質が高く効率的な介護の提供体制の整備を推進。

平成30年度介護報酬改定　改定率：＋0．54％

Ⅰ　地域包括ケアシステムの推進

■ **中重度の要介護者も含め、**どこに住んでいても適切な医療・介護サービスを切れ目なく受けることができる**体制を整備**

【主な事項】

- ○ 中重度の在宅要介護者や、居住系サービス利用者、特別養護老人ホーム入所者の医療ニーズへの対応
- ○ 医療・介護の役割分担と連携の一層の推進
- ○ 医療と介護の複合的ニーズに対応する介護医療院の創設
- ○ ケアマネジメントの質の向上と公正中立性の確保
- ○ 認知症の人への対応の強化
- ○ 口腔衛生管理の充実と栄養改善の取組の推進
- ○ 地域共生社会の実現に向けた取組の推進

Ⅱ　自立支援・重度化防止に資する質の高い介護サービスの実現

■ **介護保険の理念や目的を踏まえ、**安心・安全で、自立支援・重度化防止に資する質の高い介護サービス**を実現**

【主な事項】

- ○ リハビリテーションに関する医師の関与の強化
- ○ リハビリテーションにおけるアウトカム評価の拡充
- ○ 外部のリハビリ専門職等との連携の推進を含む訪問介護等の自立支援・重度化防止の推進
- ○ 通所介護における心身機能の維持に係るアウトカム評価の導入
- ○ 褥瘡の発生予防のための管理や排泄に介護を要する利用者への支援に対する評価の新設
- ○ 身体的拘束等の適正化の推進

Ⅲ　多様な人材の確保と生産性の向上

■ 人材の有効活用・機能分化、ロボット技術等を用いた負担軽減、各種基準の緩和等**を通じた効率化を推進**

【主な事項】

- ○ 生活援助の担い手の拡大
- ○ 介護ロボットの活用の促進
- ○ 定期巡回型サービスのオペレーターの専任要件の緩和
- ○ ICTを活用したリハビリテーション会議への参加
- ○ 地域密着型サービスの運営推進会議等の開催方法・開催頻度の見直し

Ⅳ　介護サービスの適正化・重点化を通じた制度の安定性・持続可能性の確保

■ **介護サービスの適正化・重点化を図ることにより、**制度の安定性・持続可能性**を確保**

【主な事項】

- ○ 福祉用具貸与の価格の上限設定等
- ○ 集合住宅居住者への訪問介護等に関する減算及び区分支給限度基準額の計算方法の見直し等
- ○ サービス提供内容を踏まえた訪問看護の報酬体系の見直し
- ○ 通所介護の基本報酬のサービス提供時間区分の見直し等
- ○ 長時間の通所リハビリの基本報酬の見直し

Ⅰ－① 中重度の在宅要介護者や、居住系サービス利用者、特別養護老人ホーム入所者の医療ニーズへの対応（その１）

○ ターミナルケアの実施数が多い訪問看護事業所、看護職員を手厚く配置しているグループホーム、たんの吸引などを行う特定施設に対する評価を設ける。

訪問看護

○ 看護体制強化加算について、ターミナルケア加算の算定者数が多い場合を新たな区分として評価する。

＜現行＞
看護体制強化加算　300単位／月
（※ターミナルケア加算の算定者が年１名以上）

➡

＜改定後＞
看護体制強化加算（Ⅰ）　600単位／月（新設）
（※ターミナルケア加算の算定者が年５名以上）
看護体制強化加算（Ⅱ）　300単位／月
（※ターミナルケア加算の算定者が年１名以上）

認知症対応型共同生活介護

○ 医療連携体制加算について、協力医療機関との連携を確保しつつ、手厚い看護体制の事業所を新たな区分として評価する。

＜現行＞
医療連携体制加算　39単位／日
（※ＧＨ職員として又は病院等や訪問看護ＳＴとの連携により看護師１名以上確保）

➡

＜改定後＞
医療連携体制加算（Ⅰ）　39単位／日
（※ＧＨ職員として又は病院等や訪問看護ＳＴとの連携により看護師１名以上確保）
医療連携体制加算（Ⅱ）　49単位／日（新設）
（※ＧＨ職員として看護職員を常勤換算で１名以上配置
ただし、准看護師の場合は、別途病院等や訪問看護ＳＴの看護師との連携体制が必要
※たんの吸引などの医療的ケアを提供している実績があること）
医療連携体制加算（Ⅲ）　59単位／日（新設）
（※ＧＨ職員として看護師を常勤換算で１名以上配置
※たんの吸引などの医療的ケアを提供している実績があること）

特定施設入居者生活介護

○ たんの吸引などのケアの提供に対する評価を創設する。
○ 医療提供施設を退院・退所して入居する際の医療提供施設との連携等に対する評価を創設する。

入居継続支援加算　36単位／日（新設）

退院・退所時連携加算　30単位／日（新設）
※入居から30日以内に限る

Ⅰ－①　中重度の在宅要介護者や、居住系サービス利用者、特別養護老人ホーム入所者の医療ニーズへの対応（その２）

○　ターミナル期に頻回に利用者の状態変化の把握等を行い、主治の医師等や居宅サービス事業者へ情報提供するケアマネ事業所に対する評価を設ける。

居宅介護支援

○　著しい状態の変化を伴う末期の悪性腫瘍の利用者については、主治の医師等の助言を得ることを前提として、サービス担当者会議の招集を不要とすること等によりケアマネジメントプロセスを簡素化する。

○　末期の悪性腫瘍の利用者又はその家族の同意を得た上で、主治の医師等の助言を得つつ、ターミナル期に通常よりも頻回な訪問により利用者の状態変化やサービス変更の必要性を把握するとともに、そこで把握した利用者の心身の状況等の情報を記録し、主治の医師等や居宅サービス事業者へ提供した場合を新たに評価する。

ターミナルケアマネジメント加算　400単位／月（新設）

現行

末期の悪性腫瘍と診断

利用者の状態変化のタイミングに合わせてケアプランを作成

状態変化Ａ → アセスメント →サービス担当者会議 →利用者の同意・交付 → ケアプランＡに変更

状態変化Ｂ → アセスメント →サービス担当者会議 →利用者の同意・交付 → ケアプランＢに変更

死亡

改定後（以下の方法も可能とする）

末期の悪性腫瘍と診断

末期の悪性腫瘍と診断された場合であって、日常生活上の障害が１ヶ月以内に出現すると主治の医師等が判断した場合

→ アセスメント →サービス担当者会議 →利用者の同意・交付 → 主治の医師等の助言を得た上で状態変化を想定し、今後必要と見込まれるサービス事業者を含めた会議を実施

予測される状態変化と支援の方向性について確認の上、ケアプランを作成

状態変化Ａ

状態変化Ｂ

利用者の状態変化を踏まえ、主治の医師等の助言を得た上で、介護保険サービスの修正について、①サービス担当者、②利用者又は家族の了解を得る。

サービス担当者会議の招集は不要

死亡

通常より頻回になる訪問、状態変化やサービス変更の必要性の把握、支援等を新たな加算で評価

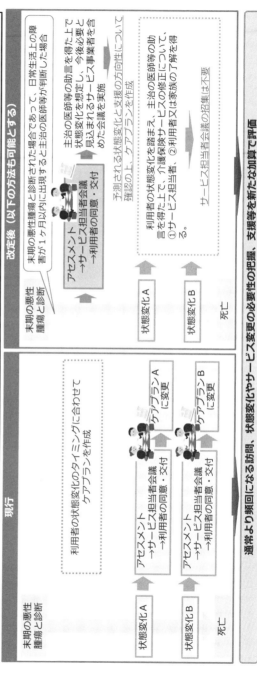

Ⅰ－① 中重度の在宅要介護者や、居住系サービス利用者、特別養護老人ホーム入所者の医療ニーズへの対応（その３）

○ 特養の配置医師が施設の求めに応じ、早朝・夜間又は深夜に施設を訪問し入所者の診療を行ったことに対する評価を設ける。
○ 特養内での看取りを進めるため、一定の医療提供体制を整えた特養内で、実際に利用者を看取った場合の評価を充実させる。

介護老人福祉施設

○ 複数の医師を配置するなどの体制を整備した特養について、配置医師が施設の求めに応じ、早朝・夜間又は深夜に施設を訪問し入所者の診療を行った場合を新たに評価する。

配置医師緊急時対応加算	650単位／回（早朝・夜間の場合）（新設）
	1300単位／回（深夜の場合）（新設）

○ 看取り介護加算について、上記の配置医師緊急時対応加算の算定に係る体制を整備し、さらに施設内で実際に看取った場合、より手厚く評価する。

<現行>

看取り介護加算	
死亡日以前４日以上30日以下	144単位／日
死亡日の前日又は前々日	680単位／日
死亡日	1280単位／日

<改定後>

看取り介護加算（Ⅰ）	
死亡日以前４日以上30日以下	144単位／日
死亡日の前日又は前々日	680単位／日
死亡日	1280単位／日
看取り介護加算（Ⅱ）（新設）	
死亡日以前４日以上30日以下	144単位／日
死亡日の前日又は前々日	780単位／日
死亡日	1580単位／日

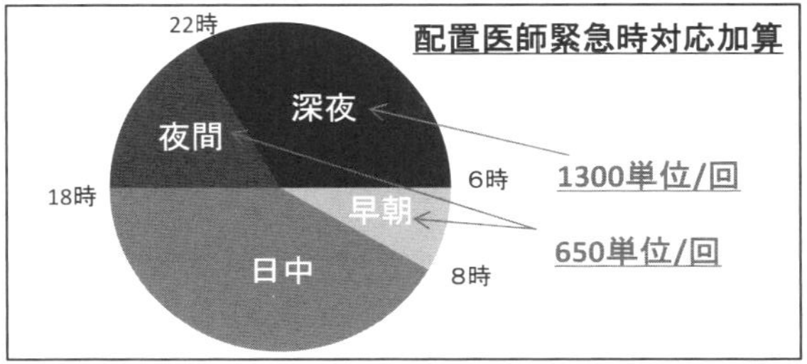

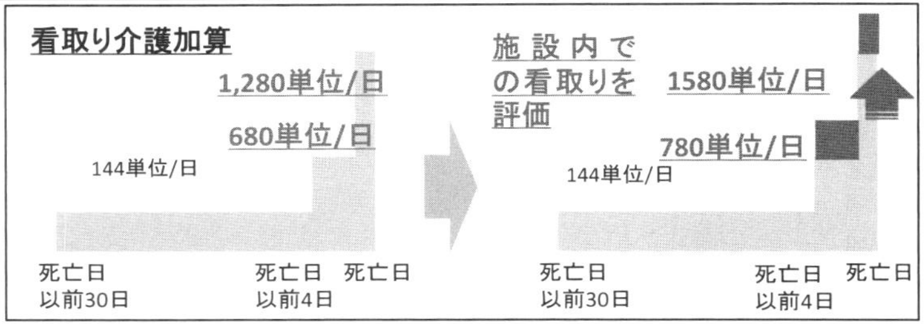

Ⅰ－②　医療・介護の役割分担と連携の一層の推進（その１）

○　医療機関との連携により積極的に取り組むケアマネ事業所について、入退院時連携に関する評価を充実するとともに、新たな加算を創設する。
○　訪問介護事業所等から伝達された利用者の口腔や服薬の状態等について、ケアマネから主治の医師等に必要な情報伝達を行うことを義務づける。

居宅介護支援

○　入院時情報連携加算について、入院後３日以内の情報提供を新たに評価する。

＜現行＞
入院時情報連携加算（Ⅰ）　200単位／月
・入院後７日以内に医療機関を訪問して情報提供
入院時情報連携加算（Ⅱ）　100単位／月
・入院後７日以内に訪問以外の方法で情報提供

＜改定後＞
入院時情報連携加算（Ⅰ）　200単位／月
・入院後３日以内に情報提供（提供方法は問わない）
入院時情報連携加算（Ⅱ）　100単位／月
・入院後７日以内に情報提供（提供方法は問わない）

○　退院・退所加算について、退院・退所時におけるケアプランの初回作成の手間を明確に評価するとともに、医療機関等との連携回数に応じた評価とする。加えて、医療機関等におけるカンファレンスに参加した場合を上乗せで評価する。

＜現行＞退院・退所加算

	カンファレンス参加 無	カンファレンス参加 有
連携1回	300単位	300単位
連携2回	600単位	600単位
連携3回	×	900単位

＜改定後＞退院・退所加算

	カンファレンス参加 無	カンファレンス参加 有
連携1回	450単位	600単位
連携2回	600単位	750単位
連携3回	×	900単位

○　特定事業所加算について、医療機関等と総合的に連携する事業所（※）を更に評価する。（平成31年度から施行）

特定事業所加算（Ⅳ）　125単位／月（新設）

※　特定事業所加算（Ⅰ）～（Ⅲ）のいずれかを取得し、かつ、退院・退所加算の算定に係る医療機関等との連携を年間35回以上行うとともに、ターミナルケアマネジメント加算を年間５回以上算定している事業所

○　訪問介護事業所等から伝達された利用者の口腔に関する問題や服薬状況、モニタリング等の際にケアマネジャー自身が把握した利用者の状態等について、ケアマネジャーから主治の医師や歯科医師、薬剤師に必要な情報伝達を行うことを義務づける。

Ⅰ－② 医療・介護の役割分担と連携の一層の推進（その２）

○ リハビリテーションに関し、医療から介護への円滑移行を図るため、面積・人員等の要件を緩和するほか、リハビリテーション計画書の様式を互換性を持ったものにする。

通所リハビリテーション

○ 診療報酬改定における対応を鑑みながら、医療保険のリハビリテーションを提供している病院、診療所が、新たに介護保険のリハビリテーションの提供を開始する場合に、新たな設備や人員、器具の確保等が極力不要となるよう、医療保険と介護保険のリハビリテーションを同一のスペースにおいて行う場合の面積・人員・器具の共用に関する要件を見直し、適宜緩和することとする。

	現行	見直しの方向（注1、注2）
面積要件	介護保険の利用定員と医療保険の患者数の合計数 × 3㎡ 以上 を満たしていること	常時、介護保険の利用者数 × 3㎡ 以上 を満たしていること
人員要件	同一職種の従業者と交代する場合は、医療保険のリハビリテーションに従事することができる。	同じ訓練室で実施する場合には、医療保険のリハビリテーションに従事することができる。
器具の共有	1時間以上2時間未満の通所リハビリテーションの場合は、必要な器具の共用が認められる。	サービス提供の時間にかかわらず、医療保険・介護保険のサービスの提供に支障が生じない場合は、必要な器具の共用が認められる。

注1　最終的な見直し内容は、今後、解釈通知で規定する予定

注2　面積要件・人員要件の見直しは、1時間以上2時間未満の通所リハビリテーションに限る。

Ⅰ－②　医療・介護の役割分担と連携の一層の推進（その３）

○ リハビリテーションに関し、医療から介護への円滑移行を図るため、面積・人員等の要件を緩和するほか、リハビリテーション計画書の様式を互換性を持ったものにする。

訪問リハビリテーション、通所リハビリテーション

○　医療保険と介護保険のそれぞれのリハビリテーション計画書の共通する事項について互換性を持った様式を設けることとする。

○　指定（介護予防）訪問・通所リハビリテーション事業所が、医療機関から当該様式をもって情報提供を受けた際、当該事業所の医師が利用者を診療するとともに、当該様式に記載された内容について、その是非を確認し、リハビリテーションの提供を開始しても差し支えないと判断した場合には、当該様式を根拠として介護保険のリハビリテーションの算定を開始可能とする。

医療保険　疾患別リハビリテーション

目標設定等支援・管理料
「目標設定等支援・管理シート」

○算定要件：要介護被保険者等に対し、多職種が共同して、患者の特性に応じたリハビリテーションの目標設定と方向付け等を行った場合に算定
○文書の内容：発症からの経過、ADL評価、リハビリテーションの目標、心身機能・活動及び社会参加に関する見通し（医師の説明、患者の受け止め）、介護保険のリハビリテーションの利用の見通し　等

介護保険　通所リハビリテーション

リハビリテーションマネジメント加算
「リハビリテーション計画書」

○算定要件：多職種が協働し、継続的にリハビリテーションの質を管理した場合に算定

○文書の内容：利用者と家族の希望、健康状態（原疾患名、経過）、参加の状況、心身機能の評価、活動の評価（改善の可能性）、リハビリテーションの目標と具体的支援内容、他職種と共有すべき事項　等

Ⅰ－③ 医療と介護の複合的ニーズに対応する介護医療院の創設

- ○ 現行の「療養機能強化型」と「転換老健」に相当する2つの類型を設ける。
- ○ 床面積要件や、併設の場合の人員基準の緩和、転換した場合の加算など、各種の転換支援・促進策を設ける。

介護医療院

○ 介護医療院については、介護療養病床（療養機能強化型）相当のサービス（Ⅰ型）と、老人保健施設相当以上のサービス（Ⅱ型）の２つのサービスが提供されるよう、人員・設備・運営基準等については以下のとおりとする。

ア サービス提供単位	介護医療院のⅠ型とⅡ型のサービスについては、療養棟単位とする。ただし、規模が小さい場合については、療養室単位でのサービス提供を可能とする。
イ 人員配置	開設に伴う人員基準については、 ⅰ 医師、薬剤師、看護職員、介護職員は、Ⅰ型とⅡ型に求められる医療・介護ニーズを勘案して設定し、 ⅱ リハビリテーション専門職、栄養士、放射線技師、その他の従業者は施設全体として配置をすることを念頭に設定する。
ウ 設備	療養室については、定員4名以下、床面積を8.0㎡/人以上とし、プライバシーに配慮した環境になるよう努めることとする。療養室以外の設備基準については、診察室、処置室、機能訓練室、臨床検査設備、エックス線装置等を求めることとする。
エ 運営	運営基準については、介護療養型医療施設の基準と同様としつつ、他の介護保険施設との整合性や長期療養を支えるサービスという観点も鑑みて設定する。医師の宿直については求めるが、一定の条件を満たす場合等に一定の配慮を行う。

※ 医療機関と併設する場合、宿直医師の兼任を可能とする等の人員基準の緩和や設備共用を可能とする。
※ 介護医療院でもユニット型を設定する。

介護医療院の人員配置

		指定基準		報酬上の基準	
		類型（Ⅰ）	類型（Ⅱ）	類型（Ⅰ）	類型（Ⅱ）
人員基準（雇用人員）	医師	48:1（施設で3以上）	100:1（施設で1以上）	−	−
	薬剤師	150:1	300:1	−	−
	看護職員	6:1	6:1	6:1 うち看護師2割以上	6:1
	介護職員	5:1	6:1	5:1〜4:1	6:1〜4:1
	リハビリ専門職	PT/OT/ST:適当数		−	−
	栄養士	定員100以上で1以上		−	−
	介護支援専門員	100:1（1名以上）		−	−
	放射線技師	適当数		−	−
	他の従業者	適当数		−	−

介護医療院の施設設備

		指定基準
施設設備	診察室	医師が診察を行うのに適切なもの
	療養室	定員4名以下、床面積8.0m²/人以上 ※転換の場合、大規模改修まで6.4m²/人以上で可
	機能訓練室	40m²以上
	談話室	談話を楽しめる広さ
	食堂	入所定員1人あたり1m²以上
	浴室	身体の不自由な者が入浴するのに適したもの
	レクリエーションルーム	十分な広さ
	その他医療設備	処置室、臨床検査施設、エックス線装置、調剤所
	他設備	洗面所、便所、サービスステーション、調理室、洗濯室又は洗濯場、汚物処理室

○ 介護療養型医療施設等から介護医療院への転換については、以下のとおりとする。

ア 基準の緩和等	介護療養型医療施設又は医療療養病床から介護医療院に転換する場合について、療養室の床面積や廊下幅等の基準緩和等、現行の介護療養型医療施設又は医療療養病床が転換するにあたり配慮が必要な事項については、基準の緩和等を行う。
イ 転換後の加算	介護療養型医療施設又は医療療養病床から介護医療院への転換後、転換前後におけるサービスの変更内容を利用者及びその家族や地域住民等に丁寧に説明する等の取組みについて、最初に転換した時期を起算日として、1年間に限り算定可能な加算を創設する。ただし、当該加算については平成33年3月末までの期限を設ける。

Ⅰ－④　ケアマネジメントの質の向上と公正中立性の確保

○　ケアマネ事業所の管理者要件を見直し、主任ケアマネジャーであることを管理者の要件とする。（一定の経過措置期間を設ける）

○　利用者は複数の事業所の紹介を求めることができる旨説明することを、ケアマネ事業所の義務とし、これに違反した場合は報酬を減額する。

居宅介護支援

○　ケアマネ事業所における人材育成の取組を促進するため、主任ケアマネジャーであることを管理者の要件とする。その際、３年間の経過措置期間を設ける。

○　利用者の意思に基づいた契約であることを確保するため、利用者やその家族に対して、利用者はケアプランに位置付ける居宅サービス事業所について、複数の事業所の紹介を求めることが可能であることや、当該事業所をケアプランに位置付けた理由を求めることが可能であることを説明することを義務づけ、これらに違反した場合は報酬を減額（所定単位数の50／100に相当する単位数（運営基準減算））する。

※　なお、例えば、集合住宅居住者において、特定の事業者のサービス利用が入居条件とされ、利用者の意思、アセスメント等を勘案せずに、利用者にとって適切なケアプランの作成が行われていない実態があるとの指摘も踏まえ、利用者の意思に反して、集合住宅と同一敷地内等の居宅サービス事業所のみをケアプランに位置付けることは適切ではないことを明確化する。

Ⅰ－⑤　認知症の人への対応の強化

○　看護職員を手厚く配置しているグループホームに対する評価を設ける。
○　どのサービスでも認知症の方に適切なサービスが提供されるように、認知症高齢者への専門的なケアを評価する加算や、若年性認知症の方の受け入れを評価する加算について、現在加算が設けられていないサービス（ショートステイ、小多機、看多機、特定施設等）にも創設する。

認知症対応型共同生活介護

○　医療連携体制加算について、協力医療機関との連携を確保しつつ、手厚い看護体制の事業所を新たな区分として評価する。

＜現行＞
医療連携体制加算　39単位／日
（※ＧＨ職員として又は病院等や訪問看護ＳＴとの連携により看護師１名以上確保）

＜改定後＞
医療連携体制加算（Ⅰ）　39単位／日
（※ＧＨ職員として又は病院等や訪問看護ＳＴとの連携により看護師１名以上確保）

医療連携体制加算（Ⅱ）　49単位／日（新設）
（※ＧＨ職員として看護職員を常勤換算で１名以上配置
ただし、准看護師の場合は、別途病院等や訪問看護ＳＴの看護師との連携体制が必要
※たんの吸引などの医療的ケアを提供している実績があること）

医療連携体制加算（Ⅲ）　59単位／日（新設）
（※ＧＨ職員として看護師を常勤換算で１名以上配置
※たんの吸引などの医療的ケアを提供している実績があること）

短期入所生活介護、短期入所療養介護

○　認知症介護について、国や自治体が実施又は指定する認知症ケアに関する専門研修を修了した者が介護サービスを提供することについて評価を行う。

認知症専門ケア加算（Ⅰ）　３単位／日（新設）　認知症専門ケア加算（Ⅱ）　４単位／日（新設）

小規模多機能型居宅介護、看護小規模多機能型居宅介護、特定施設入居者生活介護

○　若年性認知症の人やその家族に対する支援を促進する観点から、若年性認知症の人を受け入れ、本人やその家族の希望を踏まえた介護サービスを提供することについて評価を行う。

小規模多機能型居宅介護、看護小規模多機能型居宅介護：若年性認知症利用者受入加算　800単位／月（新設）
特定施設入居者生活介護：若年性認知症入居者受入加算　120単位／日（新設）

Ⅰ－⑥　口腔衛生管理の充実と栄養改善の取組の推進

○　各介護サービスにおける口腔衛生管理の充実や栄養改善の取組の推進を図る。

各種の居住系サービス

○　歯科医師又は歯科医師の指示を受けた歯科衛生士による介護職員に対する口腔ケアに係る技術的助言及び指導を評価した口腔衛生管理体制加算について、現行の施設サービスに加え、居住系サービスも対象とする。

口腔衛生管理体制加算　30単位／月（新設）

各種の施設系サービス

○　歯科医師の指示を受けた歯科衛生士が、入所者に対して口腔ケアを行うことを評価した口腔衛生管理加算について、以下の見直しを行う。
①歯科衛生士が行う口腔ケアの実施回数は、現行の月４回以上を月２回以上に見直す。
②歯科衛生士が、当該入所者に係る口腔ケアについて介護職員へ具体的な技術的助言及び指導を行い、当該入所者の口腔に関する相談等に必要に応じ対応することを新たな要件に加える。

	＜現行＞		＜改定後＞
口腔衛生管理加算	110単位／月	➡	90単位／月

各種の通所系サービス、居住系サービス、多機能型サービス

○　管理栄養士以外の介護職員等でも実施可能な栄養スクリーニングを行い、介護支援専門員に栄養状態に係る情報を文書で共有した場合の評価を創設する。

栄養スクリーニング加算　５単位／回（新設）
※６月に１回を限度とする

各種の施設系サービス

○　低栄養リスクの高い入所者に対して、多職種が協働して低栄養状態を改善するための計画を作成し、この計画に基づき、定期的に食事の観察を行い、当該入所者ごとの栄養状態、嗜好等を踏まえた栄養・食事調整等を行うなど、低栄養リスクの改善に関する新たな評価を創設する。

低栄養リスク改善加算　300単位／月（新設）

Ⅰ－⑦　地域共生社会の実現に向けた取組の推進

○　障害福祉の指定を受けた事業所について、介護保険の訪問介護、通所介護、短期入所生活介護の指定を受ける場合の基準の特例を設ける。

○　療養通所介護事業所の定員数を引き上げる。

訪問介護、通所介護、短期入所生活介護

【基準】

○　障害福祉制度の指定を受けた事業所であれば、基本的に介護保険（共生型）の指定を受けられるものとする。

【報酬】

○　介護保険の基準を満たしていない障害福祉制度の事業所の報酬については、

①　障害者が高齢となる際の対応という制度趣旨を踏まえ、概ね障害福祉における報酬の水準を担保し、

②　介護保険の事業所としての人員配置基準等を満たしていないことから、通常の介護保険の事業所の報酬単位とは区別する

観点から、単位設定する。

【例】障害福祉制度の生活介護事業所が、要介護者へのデイサービスを行う場合
所定単位数に93/100を乗じた単位数（新設）

○　その上で、共生型通所介護事業所と共生型短期入所生活介護事業所について、生活相談員（社会福祉士等）を配置し、かつ、地域に貢献する活動（地域交流の場の提供等）を実施している場合を評価する。

生活相談員配置等加算　13単位／日（新設）

療養通所介護

○　療養通所介護事業所において、障害福祉サービス等である重症心身障害児・者を通わせる児童発達支援等を実施している事業所が多いことを踏まえ、定員数を引き上げる。

＜現行＞
定員数９名

＜対応案＞
定員数18名

Ⅱ－①　リハビリテーションに関する医師の関与の強化

○ リハビリテーションに関する医師の詳細な指示について、リハビリテーションのマネジメントに関する加算の要件とした上で、別途評価する。
○ 要支援者のリハビリテーションについて、要介護者のリハビリテーションに設けられている、リハビリテーションのマネジメントに関する加算を設ける。

訪問リハビリテーション、通所リハビリテーション

○ リハビリテーションマネジメントについて、医師の詳細な指示に基づくリハビリテーションの提供等を要件とし、より手厚く評価する。

訪問リハビリテーション

＜現行＞				＜改定案＞		
ﾘﾊﾋﾞﾘﾃｰｼｮﾝﾏﾈｼﾞﾒﾝﾄ加算（Ⅰ）		60単位／月	→	ﾘﾊﾋﾞﾘﾃｰｼｮﾝﾏﾈｼﾞﾒﾝﾄ加算（Ⅰ）		230単位／月
				ﾘﾊﾋﾞﾘﾃｰｼｮﾝﾏﾈｼﾞﾒﾝﾄ加算（Ⅱ）		280単位／月
ﾘﾊﾋﾞﾘﾃｰｼｮﾝﾏﾈｼﾞﾒﾝﾄ加算（Ⅱ）		150単位／月		ﾘﾊﾋﾞﾘﾃｰｼｮﾝﾏﾈｼﾞﾒﾝﾄ加算（Ⅲ）		320単位／月
				ﾘﾊﾋﾞﾘﾃｰｼｮﾝﾏﾈｼﾞﾒﾝﾄ加算（Ⅳ）		420単位／月

通所リハビリテーション

＜現行＞				＜改定案＞		
ﾘﾊﾋﾞﾘﾃｰｼｮﾝﾏﾈｼﾞﾒﾝﾄ加算（Ⅰ）		230単位／月	→	ﾘﾊﾋﾞﾘﾃｰｼｮﾝﾏﾈｼﾞﾒﾝﾄ加算（Ⅰ）		330単位／月
				ﾘﾊﾋﾞﾘﾃｰｼｮﾝﾏﾈｼﾞﾒﾝﾄ加算（Ⅱ）	６月以内	850単位／月
					６月以降	530単位／月
ﾘﾊﾋﾞﾘﾃｰｼｮﾝﾏﾈｼﾞﾒﾝﾄ加算（Ⅱ）	６月以内	1020単位／月		ﾘﾊﾋﾞﾘﾃｰｼｮﾝﾏﾈｼﾞﾒﾝﾄ加算（Ⅲ）	６月以内	1120単位／月
	６月以降	700単位／月			６月以降	800単位／月
				ﾘﾊﾋﾞﾘﾃｰｼｮﾝﾏﾈｼﾞﾒﾝﾄ加算（Ⅳ）	６月以内	1220単位／月
					６月以降	900単位／月

○ 要支援者のリハビリテーションについて、質の高いリハビリテーションを実現するためのリハビリテーション計画の策定と活用等のプロセス管理の充実、多職種連携の取組の評価を創設する。

介護予防訪問リハビリテーション
　リハビリテーションマネジメント加算：230単位／月（新設）

介護予防通所リハビリテーション
　リハビリテーションマネジメント加算：330単位／月（新設）

Ⅱ－②　リハビリテーションにおけるアウトカム評価の拡充(その１)

○ 現在、介護予防通所リハビリテーションに設けられているアウトカム評価（事業所評価加算：要支援状態の維持・改善率を評価）を介護予防訪問リハビリテーションにも設ける。

訪問リハビリテーション

○　介護予防訪問リハビリテーションにおいて、自立支援・重度化防止の観点から、アウトカム評価（要支援状態の維持・改善率を評価）を設け、評価対象期間（前々年度の１月から12月までの１年間）終了後の４月から３月までの１年間、新たな加算の算定を認める。

○　評価対象期間に、次に掲げる基準に適合すること

①　定員利用・人員基準に適合しているものとして都道府県知事に届け出てリハビリテーションマネジメント加算を算定していること。

②　利用実人員数が10名以上であること。

③　利用実人員数の60％以上にリハビリテーションマネジメント加算を算定していること。

④　（要支援状態区分の維持者数＋改善者数×２）÷（評価対象期間内（前年の1月～12月）に、リハビリテーションマネジメント加算を３か月以上算定し、その後に更新・変更認定を受けた者の数）≧0.7　を満たすこと（リハビリテーションマネジメント加算を３月以上算定した者の要支援状態の維持・改善率）

事業所評価加算　120単位／月（新設）

Ⅱ－②　リハビリテーションにおけるアウトカム評価の拡充（その２）

○ 現在、通所リハビリテーションに設けられている生活行為の向上のためのリハビリテーションに関する加算（6月で目標を達成できない場合は減算）を、介護予防通所リハビリテーションにも設ける。

通所リハビリテーション

○　介護予防通所リハビリテーションにおいて、活動と参加に資するリハビリテーションを更に推進する観点から、次に掲げる基準に適合した場合に、生活行為の向上に焦点を当てたリハビリテーションの提供を新たに評価する。

①　生活行為の内容の充実を図るための専門的な知識若しくは経験を有する作業療法士又は生活行為の内容の充実を図るための研修を修了した理学療法士若しくは言語聴覚士が配置されていること

②　生活行為の内容の充実を図るための目標及び当該目標を踏まえたリハビリテーションの実施頻度、実施場所及び実施時間等が記載されたリハビリテーション実施計画をあらかじめ定めて、リハビリテーションを提供すること。

③　当該計画で定めた指定介護予防通所リハビリテーションの実施期間中に指定介護予防通所リハビリテーションの提供を終了した日前１月以内にリハビリテーション会議を開催し、リハビリテーションの目標の達成状況を報告すること。

④　介護予防通所リハビリテーション費におけるリハビリテーションマネジメント加算を算定していること。

生活行為向上リハビリテーション実施加算	３月以内	900単位／月（新設）
	３月超、６月以内	450単位／月（新設）

※　ただし、当該加算を算定後に介護予防通所リハビリテーションを継続利用する場合は、翌月から６月間に限り所定単位数の100分の15に相当する単位数を所定単位数から減算する。

【介護予防通所リハビリテーションにおける生活行為向上リハビリテーション実施加算のイメージ】

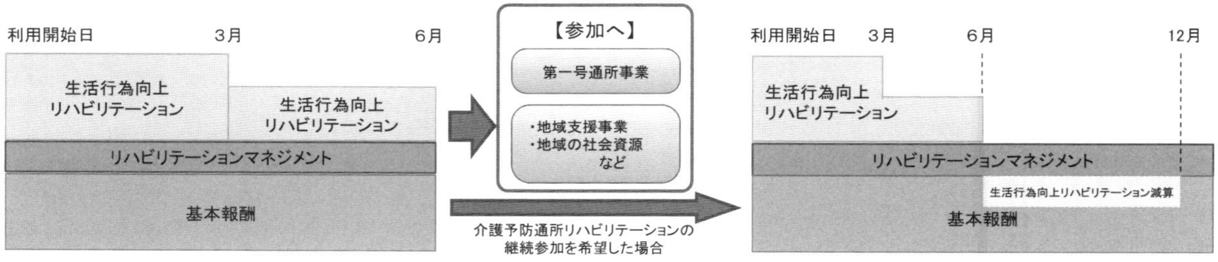

Ⅱ－③　外部のリハビリ専門職等との連携の推進を含む訪問介護等の自立支援・重度化防止の推進（その１）

○ 訪問介護、通所介護、特別養護老人ホーム等において、通所リハ事業所等のリハビリ専門職等と連携して作成した計画に基づく介護を評価する。

訪問介護、定期巡回・随時対応型訪問介護看護、小規模多機能型居宅介護

○　訪問介護の生活機能向上連携加算について、自立支援・重度化防止に資する介護を推進するため、現行の訪問リハビリテーション・通所リハビリテーションの理学療法士・作業療法士・言語聴覚士が利用者宅を訪問して行う場合に加えて、リハビリテーションを実施している医療提供施設のリハビリテーション専門職や医師が訪問して行う場合についても評価するとともに、評価を充実する（生活機能向上連携加算（Ⅱ））。

○　加えて、リハビリテーション専門職等が利用者宅を訪問することが難しい場合においても、自立支援・重度化防止に資する介護を推進するため、
・　外部の通所リハ事業所等のリハビリテーション専門職等からの助言（アセスメント・カンファレンス）を受けることができる体制を構築し、助言を受けた上で、訪問介護計画を作成すること
・　当該リハビリテーション専門職等は、通所リハ等のサービス提供の場において、又はＩＣＴを活用した動画等により、利用者の状態を把握した上で、助言を行うこと
を定期的に行うことを評価する（生活機能向上連携加算（Ⅰ））。

<現行>		<改定後>
生活機能向上連携加算　100単位／月	➡	生活機能向上連携加算（Ⅰ）　100単位／月（新設） 生活機能向上連携加算（Ⅱ）　200単位／月

○　定期巡回・随時対応型訪問介護看護、小規模多機能型居宅介護に、見直し後の訪問介護と同様の生活機能向上連携加算を創設する。

生活機能向上連携加算（Ⅰ）　100単位／月（新設）
生活機能向上連携加算（Ⅱ）　200単位／月（新設）

通所介護、認知症対応型通所介護、短期入所生活介護、特定施設入居者生活介護、認知症対応型共同生活介護、介護老人福祉施設

○　外部の通所リハ事業所等のリハビリテーション専門職や医師が通所介護事業所等を訪問し、共同でアセスメントを行い、個別機能訓練計画等を作成することを評価する。

生活機能向上連携加算　200単位／月（新設）
※個別機能訓練加算を算定している場合は100単位／月

Ⅱ－③　外部のリハビリ専門職等との連携の推進を含む訪問介護等の自立支援・重度化防止の推進（その２）

○　訪問介護の身体介護として行われる「自立生活支援のための見守り的援助」を明確化するとともに、身体介護に重点を置くなど、身体介護・生活援助の報酬にメリハリをつける。

訪問介護

【「自立生活支援のための見守り的援助」の明確化】

○　訪問介護の自立支援の機能を高める観点から、身体介護と生活援助の内容を規定している通知（老計第10号（訪問介護におけるサービス行為ごとの区分等について））について、身体介護として行われる「自立生活支援のための見守り的援助」を明確化する。

【身体介護と生活援助の報酬】

○　自立支援・重度化防止に資する訪問介護を推進・評価する観点から、訪問介護事業所の経営実態を踏まえた上で、身体介護に重点を置くなど、身体介護・生活援助の報酬にメリハリをつける。

		＜現行＞		＜改定後＞
身体介護中心型	20分未満	165単位	➡	165単位
	20分以上30分未満	245単位		248単位
	30分以上1時間未満	388単位		394単位
	１時間以上１時間30分未満	564単位		575単位
	以降30分を増すごとに算定	80単位		83単位
生活援助中心型	20分以上45分未満	183単位	➡	181単位
	45分以上	225単位		223単位

Ⅱ－③　外部のリハビリ専門職等との連携の推進を含む訪問介護等の自立支援・重度化防止の推進（その３）

○ 統計的に見て通常のケアプランとかけ離れた回数（※）の訪問介護（生活援助中心型）を位置付ける場合には、ケアマネジャーは市町村にケアプランを届け出ることとする。市町村は地域ケア会議の開催等により、届け出られたケアプランの検証を行い、必要に応じ、ケアマネジャーに対し、利用者の自立支援・重度化防止や地域資源の有効活用等の観点から、サービス内容の是正を促す。　※「全国平均利用回数＋2標準偏差」を基準として平成30年4月に国が定め、10月から施行。

訪問介護、居宅介護支援

○ 訪問回数の多いケアプランについては、利用者の自立支援・重度化防止や地域資源の有効活用等の観点から、市町村が確認し、必要に応じて是正を促していくことが適当であり、ケアマネジャーが、統計的に見て通常のケアプランよりかけ離れた回数の訪問介護（生活援助中心型）を位置付ける場合には、市町村にケアプランを届け出ることとする。

○ 地域ケア会議の機能として、届け出られたケアプランの検証を位置付け、市町村は地域ケア会議の開催等により、届け出られたケアプランの検証を行うこととする。また市町村は、必要に応じ、ケアマネジャーに対し、利用者の自立支援・重度化防止や地域資源の有効活用等の観点から、サービス内容の是正を促す。

【イメージ図】ケアプランの適正化に向けた対策の強化

	訪問回数の多い訪問介護対策	集合住宅向け対策
検証対象の抽出	訪問介護（生活援助中心型）の回数が「全国平均利用回数＋２標準偏差（２SD）」に該当するケアプランの保険者届出	集合住宅等に居住する利用者のケアプランで不適切と疑われる事案を抽出するスクリーニングポイントの作成
検証方法の強化	「ケアプラン点検支援マニュアル」の改訂・再周知	「ケアプラン点検支援マニュアル」の改訂・再周知 集合住宅等に居住する利用者のケアプラン点検結果を活用したチェックポイント
検証の実施	保険者によるケアプラン点検 地域ケア会議によるケアプランの検証	保険者によるケアプラン点検 地域ケア会議によるケアプランの検証

必要に応じて、利用者の自立支援・重度化防止や地域資源の有効活用の観点から、サービス内容の是正を促す

Ⅱ－④　通所介護への心身機能の維持に係るアウトカム評価の導入

○　通所介護事業所において、自立支援・重度化防止の観点から、一定期間内に当該事業所を利用した者のうち、ADL（日常生活動作）の維持又は改善の度合いが一定の水準を超えた場合を新たに評価する。

通所介護

○　以下の要件を満たす通所介護事業所の利用者全員について、評価期間（前々年度の１月から12月までの１年間）終了後の４月から３月までの１年間、新たな加算の算定を認める。

○　評価期間に連続して６月以上利用した期間（注１）（以下、評価対象利用期間）のある要介護者（注２）の集団について、以下の要件を満たすこと。
①　総数が20名以上であること
②　①について、以下の要件を満たすこと。
　a　評価対象利用期間中の最初の月において要介護度が３、４または５である利用者が15%以上含まれること
　b　評価対象利用期間の最初の月の時点で、初回の要介護・要支援認定があった月から起算して12月以内であった者が15%以下であること。
　c　評価対象利用期間の最初の月と、当該最初の月から起算して６月目に、事業所の機能訓練指導員がBarthel Index（注３）を測定しており、その結果がそれぞれの月に報告されている者が90%以上であること
　d　cの要件を満たす者のうちBI利得（注４）が上位85%（注５）の者について、各々のBI利得が０より大きければ１、０より小さければ－１、０ならば０として合計したものが、０以上であること。

注１　複数ある場合には最初の月が最も早いもの。
注２　評価対象利用期間中、５時間以上の通所介護費の算定回数が５時間未満の通所介護費の算定回数を上回るものに限る。
注３　ADLの評価にあたり、食事、車椅子からベッドへの移動、整容、トイレ動作、入浴、歩行、階段昇降、着替え、排便コントロール、排尿コントロールの計１０項目を５点刻みで点数化し、その合計点を100点満点として評価するもの。
注４　最初の月のBarthel Indexを「事前BI」、６月目のBarthel Indexを「事後BI」、事後BIから事前BIを控除したものを「BI利得」という。
注５　端数切り上げ

ＡＤＬ維持等加算（Ⅰ）　３単位／月（新設）

○　また、上記の要件を満たした通所介護事業所において、評価期間の終了後にもBarthel Indexを測定、報告した場合、より高い評価を行う。（（Ⅰ）（Ⅱ）は各月でいずれか一方のみ算定可。）

ＡＤＬ維持等加算（Ⅱ）　６単位／月（新設）

Ⅱ－⑤　褥瘡の発生予防のための管理や排泄に介護を要する利用者への支援に対する評価の新設

○　特別養護老人ホーム等の入所者の褥瘡（床ずれ）発生を予防するため、褥瘡の発生と関連の強い項目について、定期的な評価を実施し、その結果に基づき計画的に管理することに対し新たな評価を設ける。

○　排泄障害等のため、排泄に介護を要する特別養護老人ホーム等の入所者に対し、多職種が協働して支援計画を作成し、その計画に基づき支援した場合の新たな評価を設ける。

介護老人福祉施設、介護老人保健施設

○　介護老人福祉施設、介護老人保健施設において、以下の要件を満たす場合、新たに評価を行う。

①　入所者全員に対する要件

入所者ごとの褥瘡の発生に係るリスクについて、「介護保険制度におけるサービスの質の評価に関する調査研究事業」において明らかになったモニタリング指標を用いて、施設入所時に評価するとともに、少なくとも３月に１回、評価を行い、その評価結果を提出すること。

②　①の評価の結果、褥瘡の発生に係るリスクがあるとされた入所者に対する要件

・関連職種の者が共同して、入所者ごとに褥瘡管理に関する褥瘡ケア計画を作成すること。
・褥瘡ケア計画に基づき、入所者ごとに褥瘡管理を実施すること。
・①の評価に基づき、少なくとも３月に１回、褥瘡ケア計画を見直すこと。

褥瘡マネジメント加算　10単位／月（新設）
※３月に１回を限度とする

各種の施設系サービス

○　施設系サービスにおいて、排泄に介護を要する利用者（※１）のうち、身体機能の向上や環境の調整等によって排泄にかかる要介護状態を軽減できる（※２）と医師、または適宜医師と連携した看護師（※３）が判断し、利用者もそれを希望する場合、多職種が排泄にかかる各種ガイドライン等を参考として、

・排泄に介護を要する原因等についての分析
・分析結果を踏まえた支援計画の作成及びそれに基づく支援

を実施することについて、一定期間、高い評価を行う。

（※１）要介護認定調査の「排尿」または「排便」が「一部介助」または「全介助」である場合等。
（※２）要介護認定調査の「排尿」または「排便」の項目が「全介助」から「一部介助」以上に、または「一部介助」から「見守り等」以上に改善することを目安とする。
（※３）看護師が判断する場合は、当該判断について事前又は事後の医師への報告を要することとし、利用者の背景疾患の状況を勘案する必要がある場合等は、事前の医師への相談を要することとする。

排せつ支援加算　100単位／月（新設）

Ⅱ－⑥　身体的拘束等の適正化の推進

○　身体的拘束等の適正化を図るため、居住系サービス及び施設系サービスについて、身体的拘束等の適正化のための指針の整備や、身体的拘束等の適正化のための対策を検討する委員会の定期的な開催などを義務づけるとともに、義務違反の施設の基本報酬を減額する。

各種の施設系サービス、居住系サービス

○　身体拘束廃止未実施減算について、身体的拘束等のさらなる適正化を図る観点から、身体的拘束等の適正化のための対策を検討する委員会の開催等を義務づけ、その未実施の場合の減算率を見直す。

	＜現行＞		＜改定後＞（※居住系サービスは「新設」）
身体拘束廃止未実施減算	５単位／日減算	➡	10%／日減算

【見直し後の基準（追加する基準は下線部）】

身体的拘束等の適正化を図るため、次の各号に掲げる措置を講じなければならない。

1．身体的拘束等を行う場合には、その態様及び時間、その際の入所者の心身の状況並びに緊急やむを得ない理由を記録すること。

2．身体的拘束等の適正化のための対策を検討する委員会を３月に１回以上開催するとともに、その結果について、介護職員その他従業者に周知徹底を図ること。

3．身体的拘束等の適正化のための指針を整備すること。

4．介護職員その他の従業者に対し、身体的拘束等の適正化のための研修を定期的に実施すること。

※　地域密着型介護老人福祉施設、認知症対応型共同生活介護、地域密着型特定施設入居者生活介護における上記の委員会については、運営推進会議を活用することができる。

Ⅲ－① 生活援助の担い手の拡大

○ 訪問介護について、介護福祉士等は身体介護を中心に担う（機能分化）とともに、生活援助については、人材確保の裾野を拡大するとともに、新研修を創設して質を担保する。

訪問介護

○ 訪問介護事業所における更なる人材確保の必要性を踏まえ、介護福祉士等は身体介護を中心に担うこととし、生活援助中心型については、人材の裾野を広げて担い手を確保しつつ、質を確保するため、現在の訪問介護員の要件である130時間以上の研修は求めないが、生活援助中心型のサービスに必要な知識等に対応した研修を修了した者が担うこととする。

○ このため、新たに生活援助中心型のサービスに従事する者に必要な知識等に対応した研修課程を創設することとする。その際、研修のカリキュラムについては、初任者研修のカリキュラムも参考に、観察の視点や認知症高齢者に関する知識の習得を重点とする。（カリキュラムの具体的な内容は今年度中に決定する予定）

○ なお、この場合、訪問介護事業所には多様な人材が入ることとなるが、引き続き、利用者の状態等に応じて、身体介護、生活援助を総合的に提供していくこととする。

（参考）介護人材確保の目指す姿 ～「まんじゅう型」から「富士山型」へ～

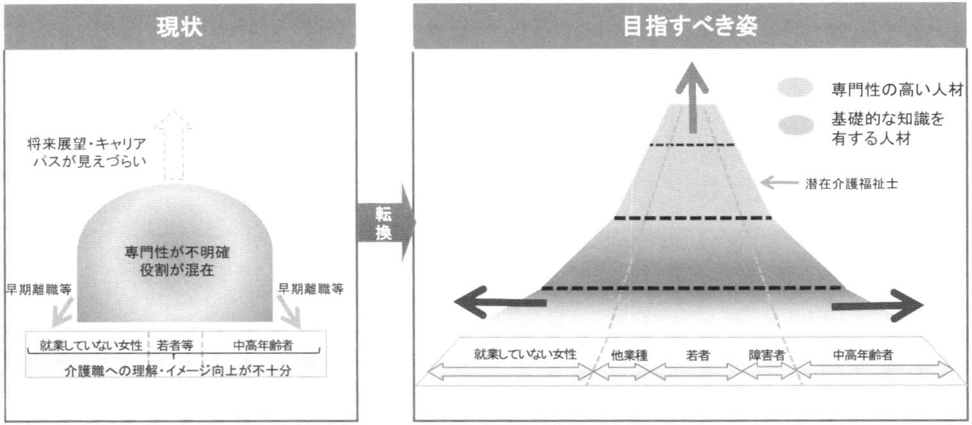

参入促進	1. すそ野を拡げる	人材のすそ野の拡大を進め、多様な人材の参入促進を図る
労働環境・処遇の改善	2. 道を作る	本人の能力や役割分担に応じたキャリアパスを構築する
	3. 長く歩み続ける	いったん介護の仕事についた者の定着促進を図る
資質の向上	4. 山を高くする	専門性の明確化・高度化で、継続的な質の向上を促す
	5. 標高を定める	限られた人材を有効活用するため、機能分化を進める

国・地域の基盤整備

Ⅲ－②　介護ロボットの活用の促進

○ 特別養護老人ホーム等の夜勤について、業務の効率化等を図る観点から、見守り機器の導入により効果的に介護が提供できる場合に関する評価を設ける。

介護老人福祉施設、短期入所生活介護

○　夜勤職員配置加算について、業務の効率化等を図る観点から、見守り機器の導入により効果的に介護が提供できる場合について見直しを行う。

現行の夜勤職員配置加算の要件	見守り機器を導入した場合の夜勤職員配置加算の要件
・ 夜勤時間帯の夜勤職員数： 夜勤職員の最低基準＋1名分の人員を多く配置していること。	・ 夜勤時間帯の夜勤職員数： 夜勤職員の最低基準＋0.9名分の人員を多く配置していること。 ・ 入所者の動向を検知できる見守り機器を入所者数の15%以上に設置していること。 ・ 施設内に見守り機器を安全かつ有効に活用するための委員会を設置し、必要な検討等が行われていること。

Ⅲ－③　定期巡回型サービスのオペレーターの専任要件等の緩和

○ 定期巡回型サービスのオペレーターについて、夜間・早朝に認められている以下の事項を、日中についても認めることとする。
ア 利用者へのサービス提供に支障がない場合には、オペレーターと「随時訪問サービスを行う訪問介護員」及び指定訪問介護事業所、指定夜間対応型訪問介護事業所以外の「同一敷地内の事業所の職員」の兼務を認める。
イ 夜間・早朝と同様の事業所間の連携が図られているときは、オペレーターの集約を認める。

定期巡回・随時対応型訪問介護看護、夜間対応型訪問介護

○ 日中（８時から18時）と夜間・早朝（18時から８時）におけるコール件数等の状況に大きな差は見られないことを踏まえ、日中についても、
・ 利用者へのサービス提供に支障がない場合には、オペレーターと「随時訪問サービスを行う訪問介護員」及び指定訪問介護事業所、指定夜間対応型訪問介護事業所以外の「同一敷地内の事業所の職員」の兼務を認めることとする。
・ 夜間・早朝と同様の事業所間の連携が図られているときは、オペレーターの集約を認めることとする。

○ ただし、利用者へのサービス提供に支障がない場合とは、
・ ICT等の活用により、事業所外においても、利用者情報（具体的なサービスの内容、利用者の心身の状況や家族の状況等）の確認ができるとともに、
・ 適切なコール対応ができない場合に備えて、電話の転送機能等を活用することにより、利用者からのコールに即時に対応できる
体制を構築し、コール内容に応じて、必要な対応を行うことができると認められる場合を言うこととする。

Ⅲ－④　ＩＣＴを活用したリハビリテーション会議への参加

○ **リハビリテーション会議**(※)**への医師の参加について、テレビ電話等を活用してもよいこととする。**
※関係者間でリハビリテーションの内容等について話し合うとともに、医師が、利用者やその家族に対して、その内容を説明する会議

訪問リハビリテーション、通所リハビリテーション

○　リハビリテーションマネジメントで求められているリハビリテーション会議への医師の参加が困難との声があることから、テレビ電話等を活用してもよいこととする。

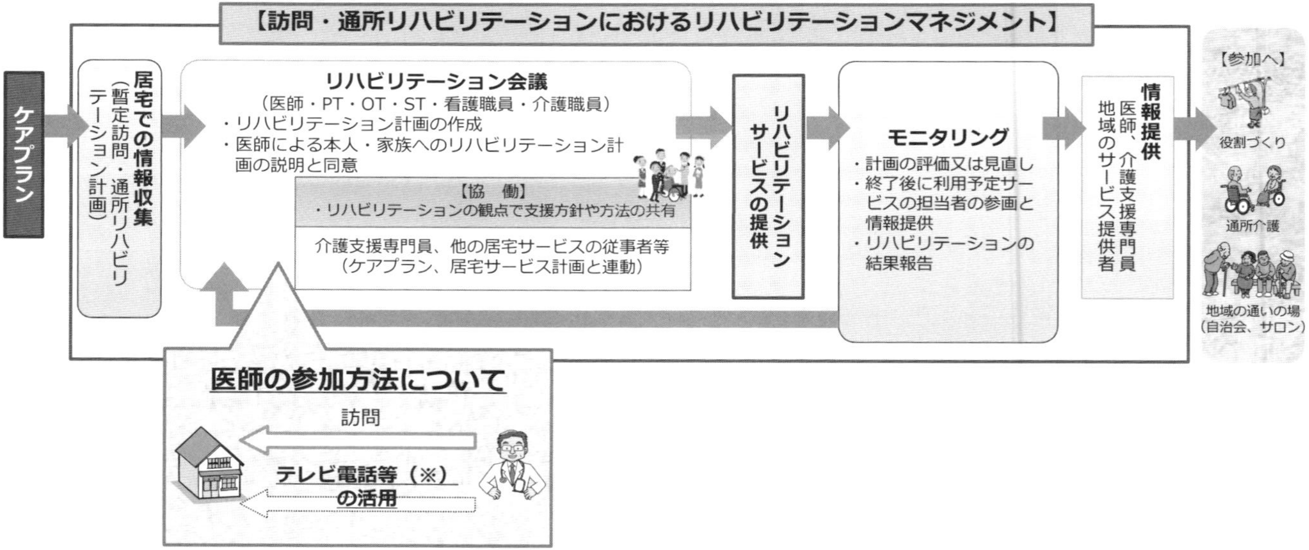

※　テレビ電話会議システムの他、携帯電話等でのテレビ電話を含む。

Ⅲ－⑤ 地域密着型サービスの運営推進会議等の開催方法・開催頻度の見直し

○ 地域密着型サービスの運営推進会議等の効率化や、事業所間のネットワーク形成の促進等の観点から、以下の見直しを行う。
ア 個人情報・プライバシーの保護等を条件に、現在認められていない複数の事業所での合同開催を認める。
イ 定期巡回・随時対応型訪問介護看護の介護・医療連携推進会議の開催頻度について、他の宿泊を伴わないサービスに合わせて、年4回から年2回とする。

各種の地域密着型サービス

○ 介護・医療連携推進会議や運営推進会議の開催方法や開催頻度について以下の見直しを行う。
ア 現在認められていない複数の事業所の合同開催について、以下の要件を満たす場合に認める。
ⅰ 利用者及び利用者家族については匿名とするなど、個人情報・プライバシーを保護すること。
ⅱ 同一の日常生活圏域内に所在する事業所であること。
ⅲ 合同して開催する回数が、１年度に開催すべき介護・医療連携推進会議や運営推進会議の開催回数の半数を超えないこと。（地域密着型通所介護、認知症対応型通所介護は除く。）
ⅳ 外部評価を行う介護・医療連携推進会議や運営推進会議は、単独開催で行うこと。

イ 定期巡回・随時対応型訪問介護看護の介護・医療連携推進会議の開催頻度について、他の宿泊を伴わないサービス（地域密着型通所介護、認知症対応型通所介護）に合わせて、年４回から年２回とする。

対象サービス（介護予防を含む）（※1）	定期巡回・随時対応型訪問介護看護	小規模多機能型居宅介護 看護小規模多機能型居宅介護 認知症対応型共同生活介護 地域密着型特定施設入居者生活介護 地域密着型介護老人福祉施設入所者生活介護	地域密着型通所介護 療養通所介護（※2） 認知症対応型通所介護
会議の名称	介護・医療連携推進会議	運営推進会議	
開催頻度	概ね3月に1回以上	概ね2月に1回以上	概ね6月に1回以上（※2）

※1 夜間対応型訪問介護は、対象サービスではない。 ※2 療養通所介護の開催頻度は、概ね12月に1回。

Ⅳ－①　福祉用具貸与の価格の上限設定等

○　福祉用具貸与について、商品ごとの全国平均貸与価格の公表や、貸与価格の上限設定を行う（平成30年10月）。
○　福祉用具専門相談員に対して、商品の特徴や貸与価格、当該商品の全国平均貸与価格を説明することや、機能や価格帯の異なる複数の商品を提示することを義務づける。

福祉用具貸与

○　福祉用具貸与について、平成30年10月から全国平均貸与価格の公表や貸与価格の上限設定を行う。また、詳細について、以下の取扱いとする。
・　上限設定は商品ごとに行うものとし、「全国平均貸与価格＋１標準偏差（１ＳＤ）」を上限とする。
・　平成31年度以降、新商品についても、３ヶ月に１度の頻度で同様の取扱いとする。
・　公表された全国平均貸与価格や設定された貸与価格の上限については、平成31年度以降も、概ね１年に１度の頻度で見直しを行う。
・　全国平均貸与価格の公表や貸与価格の上限設定を行うに当たっては、月平均100件以上の貸与件数がある商品について適用する。
なお、上記については、施行後の実態も踏まえつつ、実施していくこととする。

○　利用者が適切な福祉用具を選択する観点から、運営基準を改正し、福祉用具専門相談員に対して、以下の事項を義務づける。
・　貸与しようとする商品の特徴や貸与価格に加え、当該商品の全国平均貸与価格を利用者に説明すること。
・　機能や価格帯の異なる複数の商品を利用者に提示すること。
・　利用者に交付する福祉用具貸与計画書をケアマネジャーにも交付すること。

Ⅳ－②　集合住宅居住者への訪問介護等に関する減算及び区分支給限度基準額の計算方法の見直し等（その１）

○　集合住宅居住者に関する訪問介護等の減算の対象を、有料老人ホーム等以外の建物にも拡大する。
○　事業所と同一敷地内又は隣接する敷地内に所在する建物について、当該建物に居住する利用者の人数が一定以上の場合は、減算幅を見直す。
○　定期巡回サービス事業者は、正当な理由がある場合を除き、地域の利用者に対してもサービス提供を行わなければならないことを明確化する。

各種の訪問系サービス

○　同一建物等居住者にサービス提供する場合の報酬について建物の範囲等を見直すとともに、一定の要件を満たす場合の減算幅を見直す。

［訪問介護、夜間対応型訪問介護、訪問入浴介護、訪問看護、訪問リハビリテーション］

＜現行＞

減算等の内容	算定要件
10%減算	①事業所と同一敷地内又は隣接する敷地内に所在する建物（養護老人ホーム、軽費老人ホーム、有料老人ホーム、サービス付き高齢者向け住宅に限る）に居住する者 ②上記以外の範囲に所在する建物（建物の定義は同上）に居住する者 （当該建物に居住する利用者の人数が1月あたり20人以上の場合）

＜改定後＞

減算等の内容	算定要件
①・③10%減算 ②15%減算	①事業所と同一敷地内又は隣接する敷地内に所在する建物に居住する者（②に該当する場合を除く。） ②上記の建物のうち、当該建物に居住する利用者の人数が1月あたり50人以上の場合 ③上記①以外の範囲に所在する建物に居住する者 （当該建物に居住する利用者の人数が1月あたり20人以上の場合）

［定期巡回・随時対応型訪問介護看護］

＜現行＞

減算等の内容	算定要件
600単位/月減算	・事業所と同一敷地内又は隣接する敷地内に所在する建物（養護老人ホーム、軽費老人ホーム、有料老人ホーム、サービス付き高齢者向け住宅に限る）に居住する者

＜改定後＞

減算等の内容	算定要件
①600単位/月減算 ②900単位/月減算	①事業所と同一敷地内又は隣接する敷地内に所在する建物に居住する者 ②事業所と同一敷地内又は隣接する敷地内に所在する建物に居住する者のうち、当該建物に居住する利用者の人数が1月あたり50人以上の場合

○　一部の事業所において、利用者の全てが同一敷地内又は隣接する敷地内に所在する建物に居住しているような実態があることを踏まえ、定期巡回・随時対応型訪問介護看護事業者は、正当な理由がある場合を除き、地域の利用者に対してもサービス提供を行わなければならないことを明確化する。

Ⅳ－② 集合住宅居住者への訪問介護等に関する減算及び区分支給限度基準額の計算方法の見直し等（その２）

○ 集合住宅居住者の区分支給限度基準額を計算する際には、減算前の単位数を用いることとする。

各種の訪問系サービス

○　訪問系サービスにおける同一建物等居住者に係る減算の適用を受ける者と当該減算の適用を受けない者との公平性の観点から、当該減算について区分支給限度基準額の対象外に位置付けることとし、当該減算の適用を受ける者の区分支給限度基準額を計算する際には、減算前の単位数を用いることとする。

（参考）有料老人ホーム等の入居者が利用する訪問介護に係る介護給付費の算定について（抜粋）
（平成29年10月19日付　会計検査院による意見表示）

<会計検査院が表示する意見（抜粋）>

○　介護給付費の算定に当たり、限度額の設定方法及び同一建物減算の趣旨を踏まえて保険給付の公平性が確保されるようにするために、**<u>同一建物減算の適用の有無により介護保険として利用できる訪問介護の回数に差違が生ずることのないようにするための措置を講ずるよう意見を表示する</u>**。

<概念図>

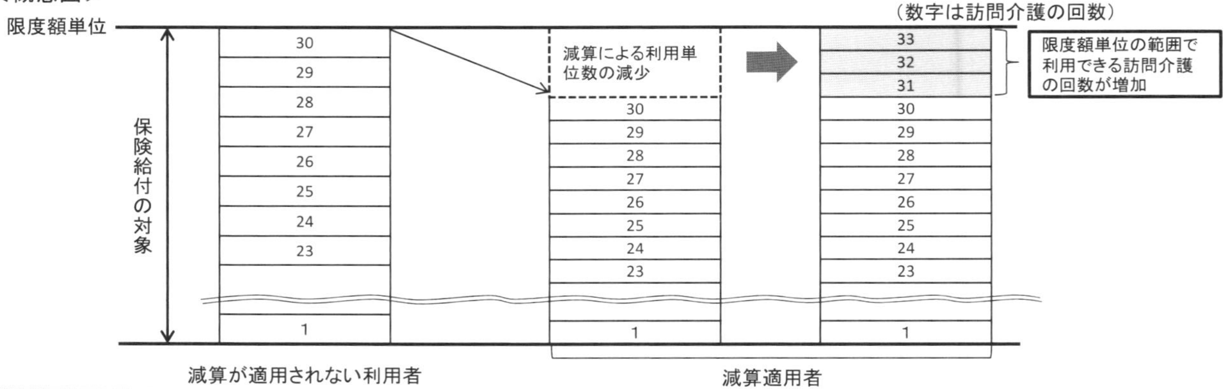

Ⅳ－③　サービス提供内容を踏まえた訪問看護の報酬体系の見直し

○ 訪問看護ステーションからのリハビリ専門職の訪問について、看護職員との連携が確保できる仕組みを導入するとともに、基本サービス費を見直す。
○ 要支援者と要介護者に対する訪問看護については、サービスの提供内容が異なることから、基本サービス費に一定の差を設けることとする。

訪問看護

○ 訪問看護ステーションにおける理学療法士、作業療法士又は言語聴覚士による訪問について、サービスの利用開始時や利用者の状態の変化等に合わせた定期的な看護職員による訪問により利用者の状態の適切な評価を行うことなどを算定要件に加えるとともに、基本報酬を以下のとおり見直す。

＜現行＞

訪問看護	302単位／回
介護予防訪問看護	302単位／回

＜改定後＞

訪問看護	296単位／回
介護予防訪問看護	286単位／回

○ 訪問看護及び介護予防訪問看護の基本報酬を以下のとおり見直す。

＜現行＞訪問看護及び介護予防訪問看護

	訪問看護ステーション	病院又は診療所
20分未満	310単位／回	262単位／回
30分未満	463単位／回	392単位／回
30分以上 １時間未満	814単位／回	567単位／回
１時間以上 １時間30分未満	1117単位／回	835単位／回

＜改定後＞訪問看護

	訪問看護ステーション	病院又は診療所
20分未満	311単位／回	263単位／回
30分未満	467単位／回	396単位／回
30分以上 １時間未満	816単位／回	569単位／回
１時間以上 １時間30分未満	1118単位／回	836単位／回

＜改定後＞介護予防訪問看護

	訪問看護ステーション	病院又は診療所
20分未満	300単位／回	253単位／回
30分未満	448単位／回	379単位／回
30分以上 １時間未満	787単位／回	548単位／回
１時間以上 １時間30分未満	1080単位／回	807単位／回

Ⅳ－④　通所介護の基本報酬のサービス提供時間区分の見直し等

○　2時間ごとの設定としている基本報酬について、サービス提供時間の実態を踏まえて1時間ごとの設定に見直す。
○　基本報酬について、介護事業経営実態調査による収支差率等の実態を踏まえた上で、規模ごとにメリハリをつけて見直す。

通所介護、認知症対応型通所介護

○　２時間ごとの設定としている基本報酬を以下のとおり見直す。

【例】要介護１、７時間以上９時間未満の場合

	＜現行＞		＜改定後＞	
地域密着型	７時間以上９時間未満	735単位／日	７時間以上８時間未満	735単位／日
			８時間以上９時間未満	764単位／日
通常規模型	７時間以上９時間未満	656単位／日	７時間以上８時間未満	645単位／日
			８時間以上９時間未満	656単位／日
大規模型（Ⅰ）	７時間以上９時間未満	645単位／日	７時間以上８時間未満	617単位／日
			８時間以上９時間未満	634単位／日
大規模型（Ⅱ）	７時間以上９時間未満	628単位／日	７時間以上８時間未満	595単位／日
			８時間以上９時間未満	611単位／日

※　認知症対応型通所介護の基本報酬のサービス提供時間区分についても、通所介護の見直しと同様の見直しを行う。

Ⅳ－⑤　長時間の通所リハビリの基本報酬の見直し

○ 3時間以上の通所リハビリテーションの基本報酬について、同じ時間、同等規模の事業所で通所介護を提供した場合の基本報酬との均衡を考慮しつつ見直す。

通所リハビリテーション

○ 基本報酬を以下のとおり見直す。

【例】要介護３の場合

	＜現行＞			＜改定後＞	
通常規模型	３時間以上４時間未満	596単位／回	→	３時間以上４時間未満	596単位／回
	４時間以上６時間未満	772単位／回		４時間以上５時間未満	681単位／回
				５時間以上６時間未満	799単位／回
	６時間以上８時間未満	1022単位／回		６時間以上７時間未満	924単位／回
				７時間以上８時間未満	988単位／回
大規模型（Ⅰ）	３時間以上４時間未満	587単位／回	→	３時間以上４時間未満	587単位／回
	４時間以上６時間未満	759単位／回		４時間以上５時間未満	667単位／回
				５時間以上６時間未満	772単位／回
	６時間以上８時間未満	1007単位／回		６時間以上７時間未満	902単位／回
				７時間以上８時間未満	955単位／回
大規模型（Ⅱ）	３時間以上４時間未満	573単位／回	→	３時間以上４時間未満	573単位／回
	４時間以上６時間未満	741単位／回		４時間以上５時間未満	645単位／回
				５時間以上６時間未満	746単位／回
	６時間以上８時間未満	982単位／回		６時間以上７時間未満	870単位／回
				７時間以上８時間未満	922単位／回

巻末資料②

平成30年度介護報酬改定における各サービス毎の改定事項について（抜粋）

平成30年度介護報酬改定について、サービスの報酬・基準に係る見直しが行われています。利用頻度の高いサービスの概要・単位数・算定要件等を紹介しています。

訪問介護

①生活機能向上連携加算の見直し

生活機能向上連携加算について、自立支援・重度化防止に資する介護を推進するため、見直しを行う。

〈現行〉		〈改定後〉
生活機能向上連携加算100単位／月	➡	生活機能向上連携加算（Ⅰ）100単位／月（新設）
		生活機能向上連携加算（Ⅱ）200単位／月

●算定要件等

○生活機能向上連携加算(Ⅱ)

現行の訪問リハビリテーション・通所リハビリテーションの理学療法士・作業療法士・言語聴覚士が利用者宅を訪問して行う場合に加えて、リハビリテーションを実施している医療提供施設（原則として許可病床数200床未満のものに限る。）の理学療法士・作業療法士・言語聴覚士・医師が訪問して行う場合

○生活機能向上連携加算(Ⅰ)

・訪問リハビリテーション若しくは通所リハビリテーションを実施している事業所又はリハビリテーションを実施している医療提供施設（原則として許可病床数200床未満のものに限る。）の理学療法士・作業療法士・言語聴覚士・医師からの助言（アセスメント・カンファレンス）を受けることができる体制を構築し、助言を受けた上で、サービス提供責任者が生活機能の向上を目的とした訪問介護計画を作成（変更）すること

・当該理学療法士・作業療法士・言語聴覚士・医師は、通所リハビリテーション等のサービス提供の場において、又はＩＣＴを活用した動画等により、利用者の状態を把握した上で、助言を行うこと

を定期的に行うこと

②「自立生活支援のための見守り的援助」の明確化

訪問介護の自立支援の機能を高める観点から、身体介護と生活援助の内容を規定している通知（老計第10号（訪問介護におけるサービス行為ごとの区分等について））について、身体介護として行われる「自立生活支援のための見守り的援助」を明確化する。【通知改正】

③身体介護と生活援助の報酬

自立支援・重度化防止に資する訪問介護を推進・評価する観点から、訪問介護事業所の経営実態を踏まえた上で、身体介護に重点を置くなど、身体介護・生活援助の報酬にメリハリをつける。

		〈現行〉		〈改定後〉
身体介護中心型	20分未満	165単位	➡	165単位
	20分以上30分未満	245単位		248単位
	30分以上1時間未満	388単位		394単位
	1時間以上1時間30分未満	564単位		575単位
	以降30分を増すごとに算定	80単位		83単位
	生活援助加算※	67単位		66単位

		〈現行〉		〈改定後〉
生活援助中心型	20分以上45分未満	183単位	➡	181単位
	45分以上	225単位		223単位

		〈現行〉		〈改定後〉
通院等乗降介助		97単位	➡	98単位

※引き続き生活援助を行った場合の加算（20分から起算して25分ごとに加算、70分以上を限度）

④生活援助中心型の担い手の拡大

訪問介護事業所における更なる人材確保の必要性を踏まえ、介護福祉士等は身体介護を中心に担うこととし、生活援助中心型については、人材の裾野を広げて担い手を確保しつつ、質を確保するため、現在の訪問介護員の要件である130時間以上の研修は求めないが、生活援助中心型のサービスに必要な知識等に対応した研修を修了した者が担うこととする。

このため、新たに生活援助中心型のサービスに従事する者に必要な知識等に対応した研修課程を創設することとする。その際、研修のカリキュラムについては、初任者研修のカリキュラムも参考に、観察の視点や認知症高齢者に関する知識の習得を重点とする。（カリキュラムの具体的な内容は今年度中に決定する予定）【省令改正、告示改正、通知改正】

また、訪問介護事業所ごとに訪問介護員を常勤換算方法で2.5以上置くこととされているが、上記の新しい研修修了者もこれに含めることとする。この場合、生活援助中心型サービスは介護福祉士等が提供する場合と新研修修了者が提供する場合とが生じるが、両者の報酬は同様とする。なお、この場合、訪問介護事業所には多様な人材が入ることとなるが、引き続き、利用者の状態等に応じて、身体介護、生活援助を総合的に提供していくこととする。

⑤同一建物等居住者にサービス提供する場合の報酬

同一建物等居住者にサービス提供する場合の報酬について以下の見直しを行う。

ア　訪問介護のサービス提供については、以下に該当する場合に10%減算とされているが、建物の範囲等を見直し、いずれの場合も有料老人ホーム等（※）以外の建物も対象とする。

i　事業所と同一敷地内又は隣接する敷地内に所在する建物（有料老人ホーム等（※）に限る）に居住する者

ii　上記以外の範囲に所在する建物（有料老人ホーム等（※）に限る）に居住する者（当該建物に居住する利用者の人数が1月あたり20人以上の場合）

イ　またiについて、事業所と同一敷地内又は隣接する敷地内に所在する建物のうち、当該建物に居住する利用者の人数が1月あたり50人以上の場合は、減算幅を見直す。

※ 養護老人ホーム、軽費老人ホーム、有料老人ホーム、サービス付き高齢者向け住宅

ウ　上記ア又はイによる減算を受けている者と、当該減算を受けていない者との公平性の観点から、上記ア又はイによる減算を受けている者の区分支給限度基準額を計算する際には、減算前の単位数を用いることとする。

●単位数・算定要件等

（現行）

減算等の内容	算定要件
10％減算	①事業所と同一敷地内又は隣接する敷地内に所在する建物（養護老人ホーム、軽費老人ホーム、有料老人ホーム、サービス付き高齢者向け住宅に限る）に居住する者 ②上記以外の範囲に所在する建物（建物の定義は同上）に居住する者 （当該建物に居住する利用者の人数が１月あたり20人以上の場合）

➡

（改定後）

減算等の内容	算定要件
①・③10％減算 ②15％減算	①事業所と同一敷地内又は隣接する敷地内に所在する建物に居住する者（②に該当する場合を除く。） ②上記の建物のうち、当該建物に居住する利用者の人数が１月あたり50人以上の場合 ③上記①以外の範囲に所在する建物に居住する者 （当該建物に居住する利用者の人数が１月あたり20人以上の場合）

⑥訪問回数の多い利用者への対応

ア　訪問回数の多いケアプランについては、利用者の自立支援・重度化防止や地域資源の有効活用等の観点から、市町村が確認し、必要に応じて是正を促していくことが適当であり、ケアマネジャーが、統計的に見て通常のケアプランよりかけ離れた回数（※）の訪問介護（生活援助中心型）を位置付ける場合には、市町村にケアプランを届け出ることとする。【省令改正】

（※）「全国平均利用回数＋２標準偏差」を基準として平成30年４月に国が定め、６ヶ月の周知期間を設けて10月から施行する。

イ　地域ケア会議の機能として、届け出られたケアプランの検証を位置付け、市町村は地域ケア会議の開催等により、届け出られたケアプランの検証を行うこととする。また市町村は、必要に応じ、ケアマネジャーに対し、利用者の自立支援・重度化防止や地域資源の有効活用等の観点から、サービス内容の是正を促す。【省令改正】

⑦サービス提供責任者の役割や任用要件等の明確化

サービス提供責任者の役割や任用要件等について以下の見直しを行う。

ア　サービス提供責任者のうち、初任者研修課程修了者及び旧２級課程修了者は任用要件から廃止する。ただし、現に従事している者については１年間の経過措置を設ける。【告示改正】また、初任者研修課程修了者又は旧２級課程修了者であるサービス提供責任者を配置している場合に係る減算についても、上記に合わせて、平成30年度は現に従事している者に限定し、平成31年度以降は廃止する。

イ　訪問介護の現場での利用者の口腔に関する問題や服薬状況等に係る気付きをサービス提供責任者から居宅介護支援事業者等のサービス関係者に情報共有することについて、

サービス提供責任者の責務として明確化する。【省令改正】

ウ　訪問介護の所要時間については、実際の提供時間ではなく、標準的な時間を基準としてケアプランが作成される。一方で、標準時間と実際の提供時間が著しく乖離している場合には、実際の提供時間に応じた時間にプランを見直すべきであることから、サービス提供責任者は、提供時間を記録するとともに、著しくプラン上の標準時間と乖離している場合にはケアマネジャーに連絡し、ケアマネジャーは必要に応じたプランの見直しをすることを明確化する。【通知改正】

エ　訪問介護事業者は、居宅介護支援事業所のケアマネジャー（セルフケアプランの場合には当該被保険者）に対して、自身の事業所のサービス利用に係る不当な働きかけを行ってはならない旨を明確化する。【省令改正】

⑧共生型訪問介護

ア　共生型訪問介護の基準

共生型訪問介護については、障害福祉制度における居宅介護、重度訪問介護の指定を受けた事業所であれば、基本的に共生型訪問介護の指定を受けられるものとして、基準を設定する。【省令改正】

イ　共生型訪問介護の報酬

報酬は、以下の基本的な考え方を踏まえて設定する。また、訪問介護事業所に係る加算は、各加算の算定要件を満たした場合に算定できることとする。

（報酬設定の基本的な考え方）

ⅰ　本来的な介護保険事業所の基準を満たしていないため、本来報酬単価と区分。

ⅱ　障害者が高齢者（65歳）に到達して介護保険に切り替わる際に事業所の報酬が大きく減ることは、65歳問題への対応という制度趣旨に照らして適切ではないことから、概ね障害福祉制度における報酬の水準を担保する。

○障害福祉制度の居宅介護事業所が、要介護者へのホームヘルプサービスを行う場合

〈現行〉		〈改定後〉
なし（基本報酬）	➡	訪問介護と同様（新設）

ただし、障害者居宅介護従業者基礎研修課程修了者等については、65歳に至るまでに、これらの研修修了者に係る障害福祉事業所において障害福祉サービスを利用していた高齢障害者に対してのみ、サービスを提供できる。この場合には、所定単位数に70／100等を乗じた単位数（新設）

○障害福祉制度の重度訪問介護事業所が、要介護者へのホームヘルプサービスを行う場合

〈現行〉		〈改定後〉
なし（基本報酬）	➡	所定単位数に93／100を乗じた単位数（新設）

ただし、重度訪問介護従業者養成研修修了者等については、65歳に至るまでに、これら

の研修修了者に係る障害福祉事業所において障害福祉サービスを利用していた高齢障害者に対してのみ、サービスを提供できる。

⑨介護職員処遇改善加算の見直し

介護職員処遇改善加算（Ⅳ）及び（Ⅴ）については、要件の一部を満たさない事業者に対し、減算された単位数での加算の取得を認める区分であることや、当該区分の取得率や報酬体系の簡素化の観点を踏まえ、これを廃止することとする。その際、一定の経過措置期間を設けることとする。その間、介護サービス事業所に対してはその旨の周知を図るとともに、より上位の区分の取得について積極的な働きかけを行うこととする。

●算定要件等
○介護職員処遇改善加算（Ⅳ）及び（Ⅴ）については、別に厚生労働大臣が定める期日（※）までの間に限り算定することとする。
※平成30年度予算案に盛り込まれた「介護職員処遇改善加算の取得促進支援事業」により、加算の新規の取得や、より上位の区分の取得に向けて、事業所への専門的な相談員（社会保険労務士など）の派遣をし、個別の助言・指導等の支援を行うとともに、本事業の実施状況等を踏まえ、今後決定。

（参考）介護職員処遇改善加算の区分

	加算（Ⅰ）（月額3万7千円相当）	加算（Ⅱ）（月額2万7千円相当）	加算（Ⅲ）（月額1万5千円相当）	加算（Ⅳ）（加算（Ⅲ）×0.9）	加算（Ⅴ）（加算（Ⅲ）×0.8）
算定要件	キャリアパス要件Ⅰ及びⅡ及びⅢ ＋ 職場環境等要件を満たす（平成27年4月以降実施する取組）	キャリアパス要件Ⅰ及びⅡ ＋ 職場環境等要件を満たす（平成27年4月以降実施する取組）	キャリアパス要件Ⅰ又はⅡ ＋ 職場環境等要件を満たす	キャリアパス要件Ⅰ キャリアパス要件Ⅱ 職場環境等要件のいずれかを満たす	キャリアパス要件Ⅰ キャリアパス要件Ⅱ 職場環境等要件のいずれも満たさず

（注）「キャリアパス要件Ⅰ」…職位・職責・職務内容等に応じた任用要件と賃金体系を整備すること
「キャリアパス要件Ⅱ」…資質向上のための計画を策定して研修の実施又は研修の機会を確保すること
「キャリアパス要件Ⅲ」…経験若しくは資格等に応じて昇給する仕組み又は一定の基準に基づき定期に昇給を判定する仕組みを設けること
「職場環境等要件」…賃金改善以外の処遇改善を実施すること
※就業規則等の明確な書面での整備・全ての介護職員への周知を含む。

通所介護・地域密着型通所介護

①生活機能向上連携加算の創設

自立支援・重度化防止に資する介護を推進するため、生活機能向上連携加算を創設し、通所介護事業所の職員と外部のリハビリテーション専門職が連携して、機能訓練のマネジメントをすることを評価する。

〈現行〉		〈改定後〉
なし	➡	生活機能向上連携加算200単位／月（新設）

※個別機能訓練加算を算定している場合は100単位／月

●算定要件等

○訪問リハビリテーション若しくは通所リハビリテーションを実施している事業所又はリハビリテーションを実施している医療提供施設（原則として許可病床数200床未満のものに限る。）の理学療法士・作業療法士・言語聴覚士、医師が、通所介護事業所を訪問し、通所介護事業所の職員と共同で、アセスメントを行い、個別機能訓練計画を作成すること。

○リハビリテーション専門職と連携して、個別機能訓練計画の進捗状況を３月ごとに１回以上評価し、必要に応じて計画・訓練内容等の見直しを行うこと。

②心身機能に係るアウトカム評価の創設

自立支援・重度化防止の観点から、一定期間内に当該事業所を利用した者のうち、ＡＤＬ（日常生活動作）の維持又は改善の度合いが一定の水準を超えた場合を新たに評価する。

〈現行〉		〈改定後〉
なし	➡	ADL維持等加算（Ⅰ）３単位／月（新設） ADL維持等加算（Ⅱ）６単位／月（新設）

●算定要件等

○以下の要件を満たす通所介護事業所の利用者全員について、評価期間（前々年度の１月から12月までの１年間）終了後の４月から３月までの１年間、新たな加算の算定を認める。

○評価期間に連続して６月以上利用した期間（注１）（以下、評価対象利用期間）のある要介護者（注２）の集団について、以下の要件を満たすこと。

①総数が20名以上であること

②①について、以下の要件を満たすこと。

ａ評価対象利用期間の最初の月において要介護度が３、４または５である利用者が15％以上含まれること

ｂ評価対象利用期間の最初の月の時点で、初回の要介護・要支援認定があった月から起算して12月以内であった者が15％以下であること。

ｃ評価対象利用期間の最初の月と、当該最初の月から起算して６月目に、事業所の機能訓練指導員がBarthel Index（注３）を測定しており、その結果がそれぞれの月に報告されている者が90％以上であること

ｄｃの要件を満たす者のうちBI利得（注４）が上位85％（注５）の者について、各々のBI利得が０より大きければ１、０より小さければ－１、０ならば０として合計したものが、０以上であること。

注１ 複数ある場合には最初の月が最も早いもの。

注２ 評価対象利用期間中、５時間以上の通所介護費の算定回数が５時間未満の通所介護費の算定回数を上回るものに限る。

注３ ADLの評価にあたり、食事、車椅子からベッドへの移動、整容、トイレ動作、入浴、歩行、階段昇降、着替え、排便コントロール、排尿コントロールの計10項目を５点刻みで点数化し、その合計点を100点満点として評価するもの。

注４ 最初の月のBarthel Indexを「事前BI」、６月目のBarthel Indexを「事後BI」、事後BIから事前BIを控除したものを「BI利得」という。

注５ 端数切り上げ

○また上記の要件を満たした通所介護事業所において評価期間の終了後にもBarthel Indexを測定、報告した場合、より高い評価を行う（（Ⅰ）（Ⅱ）は各月でいずれか一方のみ算定可。）。

③機能訓練指導員の確保の促進

機能訓練指導員の確保を促進し、利用者の心身の機能の維持を促進する観点から、機能訓練指導員の対象資格（※）に一定の実務経験を有するはり師、きゅう師を追加する。個別機能訓練加算における機能訓練指導員の要件についても、同様の対応を行う。

※理学療法士、作業療法士、言語聴覚士、看護職員、柔道整復師又はあん摩マッサージ指圧師

●算定要件等

○一定の実務経験を有するはり師、きゅう師とは、理学療法士、作業療法士、言語聴覚士、看護職員、柔道整復師又はあん摩マッサージ指圧師の資格を有する機能訓練指導員を配置した事業所で６月以上勤務し、機能訓練指導に従事した経験を有する者とする。

④栄養改善の取組の推進

ア　栄養改善加算の見直し

○栄養改善加算について、管理栄養士１名以上の配置が要件とされている現行の取扱いを改め、外部の管理栄養士の実施でも算定を認めることとする。

イ　栄養スクリーニングに関する加算の創設

○管理栄養士以外の介護職員等でも実施可能な栄養スクリーニングを行い、介護支援専門員に栄養状態に係る情報を文書で共有した場合の評価を創設する。

○アについて

〈現行〉		〈改定後〉
栄養改善加算150単位／回	➡	変更なし

○イについて

〈現行〉		〈改定後〉
なし	➡	栄養スクリーニング加算５単位／回（新設）

※６月に１回を限度とする

●算定要件等

ア　栄養改善加算

○当該事業所の職員として、又は外部（他の介護事業所・医療機関・栄養ケア・ステーション）との連携により管理栄養士を１名以上配置していること。

イ　栄養スクリーニング加算

○サービス利用者に対し、利用開始時及び利用中６か月ごとに栄養状態について確認を行い、当該利用者の栄養状態に係る情報（医師・歯科医師・管理栄養士等への相談提言を含む。）を介護支援専門員に文書で共有した場合に算定する。

⑤基本報酬のサービス提供時間区分の見直し

⑥規模ごとの基本報酬の見直し

通所介護の基本報酬は、２時間ごとの設定としているが、事業所のサービス提供時間の実態を踏まえて、基本報酬のサービス提供時間区分を１時間ごとに見直すこととする。

通所介護の基本報酬は、事業所規模（地域密着型、通常規模型、大規模型（Ⅰ）・（Ⅱ））に応じた設定としており、サービス提供1人当たりの管理的経費を考慮し、大規模型は報酬単価が低く設定されている。しかし、直近の通所介護の経営状況について、規模別に比較すると、規模が大きくなるほど収支差率も大きくなっており、また、管理的経費の実績を見ると、サービス提供1人当たりのコストは、通常規模型と比較して、大規模型は低くなっている。これらの実態を踏まえて、基本報酬について、介護事業経営実態調査の結果を踏まえた上で、全体として事業所の規模の拡大による経営の効率化に向けた努力を損なうことがないようにするとの観点も考慮しつつ、規模ごとにメリハリをつけて見直しを行うこととする。

［例1］通常規模型事業所

所要時間７時間以上９時間未満	
要介護1	656単位
要介護2	775単位
要介護3	898単位
要介護4	1,021単位
要介護5	1,144単位

➡

所要時間７時間以上8時間未満	
要介護1	645単位
要介護2	761単位
要介護3	883単位
要介護4	1,003単位
要介護5	1,124単位
所要時間８時間以上９時間未満	
要介護1	656単位
要介護2	775単位
要介護3	898単位
要介護4	1,021単位
要介護5	1,144単位

［例2］大規模型事業所（Ⅰ）

所要時間７時間以上９時間未満	
要介護1	645単位
要介護2	762単位
要介護3	883単位
要介護4	1,004単位
要介護5	1,125単位

➡

所要時間７時間以上8時間未満	
要介護1	617単位
要介護2	729単位
要介護3	844単位
要介護4	960単位
要介護5	1,076単位
所要時間８時間以上９時間未満	
要介護1	634単位
要介護2	749単位
要介護3	868単位
要介護4	987単位
要介護5	1,106単位

［例3］大規模型事業所（Ⅱ）

所要時間７時間以上９時間未満	
要介護1	628単位
要介護2	742単位
要介護3	859単位
要介護4	977単位
要介護5	1,095単位

➡

所要時間７時間以上8時間未満	
要介護1	595単位
要介護2	703単位
要介護3	814単位
要介護4	926単位
要介護5	1,038単位
所要時間８時間以上９時間未満	
要介護1	611単位
要介護2	722単位
要介護3	835単位
要介護4	950単位
要介護5	1,065単位

［例4］地域密着型事業所

所要時間７時間以上９時間未満	
要介護1	735単位
要介護2	868単位
要介護3	1,006単位
要介護4	1,144単位
要介護5	1,281単位

➡

所要時間７時間以上8時間未満	
要介護1	735単位
要介護2	868単位
要介護3	1,006単位
要介護4	1,144単位
要介護5	1,281単位
所要時間８時間以上９時間未満	
要介護1	764単位
要介護2	903単位
要介護3	1,046単位
要介護4	1,190単位
要介護5	1,332単位

⑦運営推進会議の開催方法の緩和

運営推進会議の効率化や、事業所間のネットワーク形成の促進等の観点から、現在認められていない複数の事業所の合同開催について、以下の要件を満たす場合に認めることとする。【通知改正】

ⅰ利用者及び利用者家族については匿名とするなど、個人情報・プライバシーを保護すること。

ⅱ同一の日常生活圏域内に所在する事業所であること。

⑧設備に係る共用の明確化

通所介護と訪問介護が併設されている場合に、利用者へのサービス提供に支障がない場合は、

・基準上両方のサービスに規定がある事務室については、共用が可能

・基準上規定がない玄関、廊下、階段などの設備についても、共用が可能

であることを明確にする。その際、併設サービスが訪問介護である場合に限らず、共用が認められない場合を除き、共用が可能であることを明確にすることとする。【通知改正】

⑨共生型通所介護

ア　共生型通所介護の基準

共生型通所介護については、障害福祉制度における生活介護、自立訓練、児童発達支援、放課後等デイサービスの指定を受けた事業所であれば、基本的に共生型通所介護の指定を受けられるものとして、基準を設定する。【省令改正】

イ　共生型通所介護の報酬

報酬は、以下の基本的な考え方に基づき設定するとともに、生活相談員（社会福祉士等）を配置し、かつ、地域との関わりを持つために地域に貢献する活動（地域の交流の場の提供、認知症カフェ等）を実施している場合に評価する加算を設定する。また、通所介護事業所に係る加算は、各加算の算定要件を満たした場合に算定できることとする。

（報酬設定の基本的な考え方）

ⅰ 本来的な介護保険事業所の基準を満たしていないため、本来報酬単価と区分。

ⅱ 障害者が高齢者（65歳）に到達して介護保険に切り替わる際に事業所の報酬が大きく減ることは、65歳問題への対応という制度趣旨に照らして適切ではないことから、概ね障害福祉制度における報酬の水準を担保する。

【例】障害福祉制度の生活介護事業所が、要介護者へのデイサービスを行う場合

〈現行〉		〈改定後〉
なし	➡	基本報酬　所定単位数に93／100を乗じた単位数（新設）
なし	➡	生活相談員配置等加算13単位／日（新設）

●算定要件等

〈生活相談員配置等加算〉

○共生型通所介護事業所について、生活相談員（社会福祉士等）を配置し、かつ、地域に貢献する活動（地域交流の場の提供、認知症カフェ等）を実施していること。

⑩介護職員処遇改善加算の見直し

訪問介護⑨と同様。

短期入所生活介護

基本報酬（以下の単位数はすべて1日あたり）

○単独型：従来型個室の場合

	〈現行〉		〈改定後〉
要支援1	461単位	➡	465単位
要支援2	572単位	➡	577単位
要介護1	620単位	➡	625単位
要介護2	687単位	➡	693単位
要介護3	755単位	➡	763単位
要介護4	822単位	➡	831単位
要介護5	887単位	➡	897単位

○単独型：ユニット型の場合

	〈現行〉	〈改定後〉
要支援1	539単位	543単位
要支援2	655単位	660単位
要介護1	718単位	723単位
要介護2	784単位	790単位
要介護3	855単位	863単位
要介護4	921単位	930単位
要介護5	987単位	997単位

○併設型：従来型個室の場合

	〈現行〉	〈改定後〉
要支援1	433単位	437単位
要支援2	538単位	543単位
要介護1	579単位	584単位
要介護2	646単位	652単位
要介護3	714単位	722単位
要介護4	781単位	790単位
要介護5	846単位	856単位

○併設型：ユニット型の場合

	〈現行〉	〈改定後〉
要支援1	508単位	512単位
要支援2	631単位	636単位
要介護1	677単位	682単位
要介護2	743単位	749単位
要介護3	814単位	822単位
要介護4	880単位	889単位
要介護5	946単位	956単位

※多床室の基本報酬の見直しは、項目⑧参照

①看護体制の充実 ※介護予防短期入所生活介護は含まない

中重度の高齢者の積極的な受け入れを促進する等の観点から、現行の看護体制加算（Ⅰ）・（Ⅱ）の算定要件である体制要件に加えて、利用者のうち要介護３以上の利用者を70％以上受け入れる事業所について、新たに評価することとする。その際、定員ごとにきめ細かく単位数を設定することとする。

〈現行〉

看護体制加算（Ⅰ）４単位／日
看護体制加算（Ⅱ）８単位／日

〈改定後〉

看護体制加算（Ⅰ）４単位／日
看護体制加算（Ⅱ）８単位／日
看護体制加算（Ⅲ）イ12単位／日（新設）
看護体制加算（Ⅲ）ロ６単位／日（新設）
看護体制加算（Ⅳ）イ23単位／日（新設）
看護体制加算（Ⅳ）ロ13単位／日（新設）

●算定要件等

	看護体制加算（Ⅲ）		看護体制加算（Ⅳ）	
	イ	ロ	イ	ロ
看護体制要件	看護体制加算（Ⅰ）の算定要件を満たすこと		看護体制加算（Ⅱ）の算定要件を満たすこと	
中重度者受入要件	前年度又は算定日が属する月の前３月間の利用者の総数のうち、要介護３以上の利用者の占める割合が100分の70以上であること			
定員要件	29人以下	30人以上50人以下	29人以下	30人以上50人以下

※看護体制加算（Ⅲ）及び看護体制加算（Ⅳ）を同時に算定することは可能
看護体制加算（Ⅰ）及び看護体制加算（Ⅲ）を同時に算定することは不可。
看護体制加算（Ⅱ）及び看護体制加算（Ⅳ）を同時に算定することは不可。

②夜間の医療処置への対応の強化　※介護予防短期入所生活介護は含まない

夜間の医療処置への対応を強化する観点から、夜勤職員配置加算について、現行の要件に加えて、夜勤時間帯を通じて、看護職員を配置していること又は喀痰吸引等の実施ができる介護職員を配置していること（この場合、登録喀痰吸引等事業者として都道府県の登録が必要）について、これをより評価することとする。

〈現行〉		〈改定後〉
		従来型の場合（Ⅰ）：13単位／日
従来型の場合（Ⅰ）：13単位／日	➡	ユニット型の場合（Ⅱ）：18単位／日
ユニット型の場合（Ⅱ）：18単位／日		従来型の場合（Ⅲ）：15単位／日（新設）
		ユニット型の場合（Ⅳ）：20単位／日（新設）

③生活機能向上連携加算の創設　※介護予防短期入所生活介護を含む

自立支援・重度化防止に資する介護を推進するため、生活機能向上連携加算を創設し、短期入所生活介護の事業所の職員と外部のリハビリテーション専門職が連携して、機能訓練のマネジメントをすることを評価する。

〈現行〉		〈改定後〉
なし	➡	生活機能向上連携加算200単位／月

※個別機能訓練加算を算定している場合は100単位／月

●算定要件等

○訪問リハビリテーション若しくは通所リハビリテーションを実施している事業所又はリハビリテーションを実施している医療提供施設（原則として許可病床数200床未満のものに限る。）の理学療法士・作業療法士・言語聴覚士、医師が、短期入所生活介護の事業所を訪問し、短期入所生活介護の事業所の職員と共同で、アセスメントを行い、個別機能訓練計画を作成すること。

○リハビリテーション専門職と連携して、個別機能訓練計画の進捗状況を３月ごとに１回以上評価し、必要に応じて計画・訓練内容等の見直しを行うこと。

④機能訓練指導員の確保の促進　※介護予防短期入所生活介護を含む

機能訓練指導員の確保を促進し、利用者の心身の機能の維持を促進する観点から、機能訓練指導員の対象資格（※）に一定の実務経験を有するはり師、きゅう師を追加する。個別機能訓練加算、機能訓練体制加算における機能訓練指導員の要件についても、同様の対応を行う。

※理学療法士、作業療法士、言語聴覚士、看護職員、柔道整復師又はあん摩マッサージ指圧師

●算定要件等

○一定の実務経験を有するはり師、きゅう師とは、理学療法士、作業療法士、言語聴覚士、看護職員、柔道整復師又はあん摩マッサージ指圧師の資格を有する機能訓練指導員を配置した事業所で６月以上勤務し、機能訓練指導に従事した経験を有する者とする。

⑤認知症専門ケア加算の創設　※介護予防短期入所生活介護を含む

どのサービスでも認知症の方に適切なサービスが提供されるように、現在、介護老人福祉施設や介護老人保健施設に設けられている認知症専門ケア加算について、短期入所生活介護にも創設する。

〈現行〉		〈改定後〉
なし	➡	認知症専門ケア加算（Ⅰ）３単位／日（新設）
		認知症専門ケア加算（Ⅱ）４単位／日（新設）

●算定要件等

○認知症専門ケア加算（Ⅰ）

・施設における利用者の利用者の総数のうち、日常生活に支障を来すおそれのある症状若しくは行動が認められることから介護を必要とする認知症の者の占める割合が２分の１以上。

・認知症介護に係る専門的な研修を修了している者を、対象者の数が20人未満である場合にあっては、１以上、当該対象者の数が20人以上である場合にあっては、１に、当該対象者の数が19を超えて10又はその端数を増すごとに１を加えて得た数以上配置し、チームとして専門的な認知症ケアを実施していること。

○認知症専門ケア加算（Ⅱ）

・加算（Ⅰ）の基準のいずれにも適合すること。

・認知症介護の指導に係る専門的な研修を修了している者を１名以上配置し、事業所又は施設全体の認知症ケアの指導等を実施していること。

・当該施設における介護職員、看護職員ごとの認知症ケアに関する研修計画を作成し、当該計画に従い、研修を実施又は実施を予定していること。

⑥特養併設型における夜勤職員の配置基準の緩和　※介護予防短期入所生活介護を含む

介護人材が不足する中で、効率的な人員配置を進める観点から、利用者の処遇に支障がなく、一定の要件を満たす場合には、短期入所生活介護事業所（ユニット型以外）と特養（ユニット型）が併設している場合の夜勤職員の兼務を認めることとする。

●算定要件等

○以下の要件を満たす場合には、夜勤職員の兼務を認める。

・短期入所生活介護事業所と特別養護老人ホームが併設されていること

・夜勤職員１人あたりの短期入所生活介護事業所（ユニット型以外）と特養（ユニット型）の利用者数の合計が20人以内であること

※逆の場合（短期入所生活介護事業所（ユニット型）と特養（ユニット型以外））も同様とする。

⑦介護ロボットの活用の推進　※介護予防短期入所生活介護は含まない

夜勤職員配置加算について、業務の効率化等を図る観点から、見守り機器の導入により効果的に介護が提供できる場合について、新たに評価する。

単位数は変更なし。

※夜勤職員配置加算

従来型の場合（Ⅰ）：13単位／日
ユニット型の場合（Ⅱ）：18単位／日

●算定要件等

〈現行の夜勤職員配置加算の要件〉

・夜勤時間帯の夜勤職員数：夜勤職員の最低基準＋１名分の人員を多く配置していること。

〈見守り機器を導入した場合の夜勤職員配置加算の要件〉

・夜勤時間帯の夜勤職員数：夜勤職員の最低基準＋0.9名分の人員を多く配置していること。

・入所者の動向を検知できる見守り機器を入所者数の15%以上に設置していること。

・施設内に見守り機器を安全かつ有効に活用するための委員会を設置し、必要な検討等が行われていること。

⑧多床室の基本報酬の見直し　※介護予防短期入所生活介護を含む

短期入所生活介護の基本報酬について、特別養護老人ホームの従来型個室と多床室の基本報酬は同じとなっていることとの整合性の観点から、従来型個室と多床室との間の報酬の差を適正化することとする。

※以下の単位数はすべて1日あたり

○単独型の場合

	〈現行〉		〈改定後〉
要支援1	460単位		465単位
要支援2	573単位		577単位
要介護1	640単位		625単位
要介護2	707単位	➡	693単位
要介護3	775単位		763単位
要介護4	842単位		831単位
要介護5	907単位		897単位

○併設型の場合

	〈現行〉		〈改定後〉
要支援1	438単位		437単位
要支援2	539単位		543単位
要介護1	599単位		584単位
要介護2	666単位	➡	652単位
要介護3	734単位		722単位
要介護4	801単位		790単位
要介護5	866単位		856単位

⑨療養食加算の見直し　※介護予防短期入所生活介護を含む

療養食加算について、１日単位で評価を行っている現行の取扱いを改め、１日３食を限度とし、１食を１回として、１回単位の評価とする。

〈現行〉		〈改定後〉
療養食加算　23単位／日	➡	８単位／回

⑩共生型短期入所生活介護　※介護予防短期入所生活介護を含む

ア　共生型短期入所生活介護の基準

共生型短期入所生活介護については、障害福祉制度における短期入所（障害者支援施設の併設型及び空床利用型に限る。）の指定を受けた事業所であれば、基本的に共生型短期入所生活介護の指定を受けられるものとして、基準を設定する。【省令改正】

イ　共生型短期入所生活介護の報酬

報酬は、以下の基本的な考え方に基づき設定するとともに、生活相談員（社会福祉士等）を配置し、かつ、地域との関わりを持つために地域に貢献する活動（地域の交流の場の提供、認知症カフェ等）を実施している場合に評価する加算を設定する。また、短期入所生活介護事業所に係る加算は、各加算の算定要件を満たした場合に算定できることとする。

（報酬設定の基本的な考え方）

ⅰ 本来的な介護保険事業所の基準を満たしていないため、本来報酬単価と区分。

ⅱ 障害者が高齢者（６５歳）に到達して介護保険に切り替わる際に事業所の報酬が大きく減ることは、６５歳問題への対応という制度趣旨に照らして適切ではないことから、概ね障害福祉制度における報酬の水準を担保する。

○障害福祉制度の短期入所事業所が、要介護者へのショートステイを行う場合

〈現行〉		〈改定後〉
なし	➡	基本報酬　所定単位数に92／100を乗じた単位数（新設）
なし	➡	生活相談員配置等加算13単位／日（新設）

●算定要件等

〈生活相談員配置等加算〉

○共生型短期入所生活介護事業所について、生活相談員（社会福祉士等）を配置し、かつ、地域に貢献する活動（地域交流の場の提供、認知症カフェ等）を実施していること。

⑪介護職員処遇改善加算の見直し

訪問介護⑨と同様（介護予防短期入所生活介護を含む）。

⑫居室とケア

ユニット型準個室について、実態を踏まえ、その名称を「ユニット型個室的多床室」に変更する。

居宅介護支援

基本報酬

○居宅介護支援（Ⅰ）

・ケアマネジャー１人当たりの取扱件数が40未満である場合又は40以上である場合において、40未満の部分

	〈現行〉		〈改定後〉
（一）要介護１又は要介護２	1042単位／月	➡	1053単位／月
（二）要介護３、要介護４又は要介護５	1353単位／月	➡	1368単位／月

○居宅介護支援（Ⅱ）

・ケアマネジャー１人当たりの取扱件数が40以上である場合において、40以上60未満の部分

	〈現行〉		〈改定後〉
（一）要介護１又は要介護２	521単位／月	➡	527単位／月
（二）要介護３、要介護４又は要介護５	677単位／月	➡	684単位／月

○居宅介護支援（Ⅲ）

・ケアマネジャー１人当たりの取扱件数が40以上である場合において、60以上の部分

	〈現行〉		〈改定後〉
（一）要介護１又は要介護２	313単位／月	➡	316単位／月
（二）要介護３、要介護４又は要介護５	406単位／月	➡	410単位／月

①医療と介護の連携の強化（入院時情報連携加算の見直し）

※ⅰは介護予防支援を含み、ⅱ及びⅲは介護予防支援を含まない

ア　入院時における医療機関との連携促進

入院時における医療機関との連携を促進する観点から、以下の見直しを行う。

ⅰ　居宅介護支援の提供の開始に当たり、利用者等に対して、入院時に担当ケアマネジャーの氏名等を入院先医療機関に提供するよう依頼することを義務づける。【省令改正】

ⅱ　入院時情報連携加算について、入院後３日以内の情報提供を新たに評価するとともに、情報提供の方法による差は設けないこととする。

ⅲ　より効果的な連携となるよう、入院時に医療機関が求める利用者の情報を様式例として示すこととする。【通知改正】

【ⅱについて】

〈現行〉		〈改定後〉
入院時情報連携加算（Ⅰ）200単位／月	➡	入院時情報連携加算（Ⅰ）200単位／月
入院時情報連携加算（Ⅱ）100単位／月	➡	入院時情報連携加算（Ⅱ）100単位／月

●算定要件等

〈現行〉		〈改定後〉
入院時情報連携加算（Ⅰ） ・入院後７日以内に医療機関を訪問して情報提供 入院時情報連携加算（Ⅱ） ・入院後７日以内に訪問以外の方法で情報提供 ※（Ⅰ）（Ⅱ）の同時算定不可	➡	入院時情報連携加算（Ⅰ） ・入院後３日以内に情報提供（提供方法は問わない） 入院時情報連携加算（Ⅱ） ・入院後７日以内に情報提供（提供方法は問わない） ※（Ⅰ）（Ⅱ）の同時算定不可

①医療と介護の連携の強化（退院・退所加算の見直し） ※介護予防支援は含まない

イ　退院・退所後の在宅生活への移行に向けた医療機関等との連携促進

退院・退所後の在宅生活への移行に向けた医療機関や介護保険施設等との連携を促進する観点から、退院・退所加算を以下のとおり見直す。

ⅰ　退院・退所時におけるケアプランの初回作成の手間を明確に評価する。

ⅱ　医療機関等との連携回数に応じた評価とする。

ⅲ　加えて、医療機関等におけるカンファレンスに参加した場合を上乗せで評価する。

また、退院・退所時にケアマネジャーが医療機関等から情報収集する際の聞き取り事項を整理した様式例について、退院・退所後に必要な事柄を充実させる等、必要な見直しを行うこととする。【通知改正】

〈現行〉退院･退所加算

	カンファレンス参加 無	カンファレンス参加 有
連携1回	300単位	300単位
連携2回	600単位	600単位
連携3回	×	900単位

➡

〈改定後〉退院･退所加算

	カンファレンス参加 無	カンファレンス参加 有
連携1回	450単位	600単位
連携2回	600単位	750単位
連携3回	×	900単位

●算定要件等

○医療機関や介護保険施設等を退院・退所し、居宅サービス等を利用する場合において、退院・退所にあたって医療機関等の職員と面談を行い、利用者に関する必要な情報を得た上でケアプランを作成し、居宅サービス等の利用に関する調整を行った場合に算定する。ただし、「連携３回」を算定できるのは、そのうち１回以上について、入院中の担当医等との会議（退院時カンファレンス等）に参加して、退院・退所後の在宅での療養上必要な説明を行った上でケアプランを作成し、居宅サービス等の利用に関する調整を行った場合に限る。

※入院又は入所期間中につき１回を限度。また、初回加算との同時算定不可。

①医療と介護の連携の強化（特定事業所加算の見直し）

※ウは介護予防支援を含み、エは介護予防支援は含まない

ウ　平時からの医療機関との連携促進

ⅰ　利用者が医療系サービスの利用を希望している場合等は、利用者の同意を得て主治の医師等の意見を求めることとされているが、この意見を求めた主治の医師等に対してケアプランを交付することを義務づける。【省令改正】

ⅱ　訪問介護事業所等から伝達された利用者の口腔に関する問題や服薬状況、モニタリング等の際にケアマネジャー自身が把握した利用者の状態等について、ケアマネジャーから主治の医師や歯科医師、薬剤師に必要な情報伝達を行うことを義務づける。【省令改正】

エ　医療機関等との総合的な連携の促進

特定事業所加算について、医療機関等と総合的に連携する事業所を更に評価する。(平成31年度から施行)

○エについて

〈現行〉		〈改定後〉
なし	➡	特定事業所加算(Ⅳ)125単位/月(新設)

●算定要件等

〈エについて〉

○特定事業所加算（Ⅰ）～（Ⅲ）のいずれかを取得し、かつ、退院・退所加算の算定に係る医療機関等との連携を年間35回以上行うとともに、ターミナルケアマネジメント加算（新設）を年間５回以上算定している事業所

②末期の悪性腫瘍の利用者に対するケアマネジメント　※介護予防支援は含まない

ア　ケアマネジメントプロセスの簡素化

著しい状態の変化を伴う末期の悪性腫瘍の利用者については、主治の医師等の助言を得ることを前提として、サービス担当者会議の招集を不要とすること等によりケアマネジメントプロセスを簡素化する。【省令改正】

イ　頻回な利用者の状態変化等の把握等に対する評価の創設

末期の悪性腫瘍の利用者又はその家族の同意を得た上で、主治の医師等の助言を得つつ、ターミナル期に通常よりも頻回な訪問により利用者の状態変化やサービス変更の必要性を把握するとともに、そこで把握した利用者の心身の状況等の情報を記録し、主治の医師等や居宅サービス事業者へ提供した場合を新たに評価する。

○イについて

〈現行〉		〈改定後〉
なし	➡	ターミナルケアマネジメント加算 400単位/月(新設)

●算定要件等

〈イについて〉

○対象利用者

・末期の悪性腫瘍であって、在宅で死亡した利用者（在宅訪問後、24時間以内に在宅以外で死亡した場合を含む）

○算定要件

・24時間連絡がとれる体制を確保し、かつ、必要に応じて、指定居宅介護支援を行うことができる体制を整備

・利用者又はその家族の同意を得た上で、死亡日及び死亡日前14日以内に２日以上在宅を訪問し、主治の医師等の助言を得つつ、利用者の状態やサービス変更の必要性等の把握、利用者への支援を実施
・訪問により把握した利用者の心身の状況等の情報を記録し、主治の医師等及びケアプランに位置付けた居宅サービス事業者へ提供

③質の高いケアマネジメントの推進　※介護予防支援は含まない

ア　管理者要件の見直し

居宅介護支援事業所における人材育成の取組を促進するため、主任ケアマネジャーであることを管理者の要件とする。その際､３年間の経過措置期間を設けることとする。【省令改正】

イ　地域における人材育成を行う事業者に対する評価

特定事業所加算について、他法人が運営する居宅介護支援事業所への支援を行う事業所など、地域のケアマネジメント機能を向上させる取組を評価することとする。

○イについて

〈現行〉		〈改定後〉
特定事業所加算（Ⅰ）500単位／月	➡	変更なし
特定事業所加算（Ⅱ）400単位／月	➡	変更なし
特定事業所加算（Ⅲ）300単位／月	➡	変更なし

●算定要件等
〈イについて〉
○特定事業所加算（Ⅰ）～（Ⅲ）共通
・他法人が運営する居宅介護支援事業者と共同の事例検討会・研究会等の実施を要件に追加する。
○特定事業所加算（Ⅱ）（Ⅲ）
・地域包括支援センター等が実施する事例検討会等への参加を要件に追加する。（現行は（Ⅰ）のみ）

④公正中立なケアマネジメントの確保（契約時の説明等）　※一部を除き介護予防支援を含む

ア　契約時の説明等

利用者の意思に基づいた契約であることを確保するため、利用者やその家族に対して、利用者はケアプランに位置付ける居宅サービス事業所について、複数の事業所の紹介を求めることが可能であることや当該事業所をケアプランに位置付けた理由を求めることが可能であることを説明することを義務づけ、これらに違反した場合は報酬を減額する。

なお、例えば、集合住宅居住者において、特定の事業者のサービス利用が入居条件とされ、利用者の意思、アセスメント等を勘案せずに、利用者にとって適切なケアプランの作成が行われていない実態があるとの指摘も踏まえ、利用者の意思に反して、集合住宅と同一敷地内等の居宅サービス事業所のみをケアプランに位置付けることは適切ではないことを明確化する。【通知改正】

〈現行〉		〈改定後〉
運営基準減算　所定単位数の50／100に相当する単位数	➡	変更なし

●算定要件等
○以下の要件を追加する。
利用者やその家族に対して、利用者はケアプランに位置付ける居宅サービス事業所について、
・複数の事業所の紹介を求めることが可能であること
・当該事業所をケアプランに位置付けた理由を求めることが可能であること
の説明を行わなかった場合。

④公正中立なケアマネジメントの確保（特定事業所集中減算の見直し）

※介護予防支援は含まない

イ　特定事業所集中減算の対象サービスの見直し

特定事業所集中減算について、請求事業所数の少ないサービスや、主治の医師等の指示により利用するサービス提供事業所が決まる医療系サービスは対象サービスから除外する。なお、福祉用具貸与については、事業所数にかかわらずサービスを集中させることも可能であることから対象とする。

〈現行〉		〈改定後〉
特定事業所集中減算200単位／月減算	➡	変更なし

●算定要件等
○対象となる「訪問介護サービス等」を以下のとおり見直す。
〈現行〉
訪問介護、訪問入浴介護、訪問看護、訪問リハビリテーション、通所介護、通所リハビリテーション、短期入所生活介護、短期入所療養介護、特定施設入居者生活介護（※）、福祉用具貸与、定期巡回・随時対応型訪問介護看護、夜間対応型訪問介護、地域密着型通所介護、認知症対応型通所介護、小規模多機能型居宅介護（※）、認知症対応型共同生活介護（※）、地域密着型特定施設入居者生活介護（※）、看護小規模多機能型居宅介護（※）
（※）利用期間を定めて行うものに限る。
〈改定後〉
訪問介護、通所介護、地域密着型通所介護、福祉用具貸与

⑤訪問回数の多い利用者への対応　※介護予防支援は含まない

ア　訪問回数の多いケアプランについては、利用者の自立支援・重度化防止や地域資源の有効活用等の観点から、市町村が確認し、必要に応じて是正を促していくことが適当であり、ケアマネジャーが、統計的に見て通常のケアプランよりかけ離れた回数（※）の訪問介護（生活援助中心型）を位置付ける場合には、市町村にケアプランを届け出ることとする。【省令改正】

（※）「全国平均利用回数＋２標準偏差」を基準として平成30年４月に国が定め、6ケ月の周知期間を設けて10月から施行する。

イ　地域ケア会議の機能として、届け出られたケアプランの検証を位置付け、市町村は地域ケア会議の開催等により、届け出られたケアプランの検証を行うこととする。また市町村は、必要に応じ、ケアマネジャーに対し、利用者の自立支援・重度化防止や地域資源の有効活用等の観点から、サービス内容の是正を促す。【省令改正】

⑥**障害福祉制度の相談支援専門員との密接な連携**　※介護予防支援を含む

障害福祉サービスを利用してきた障害者が介護保険サービスを利用する場合等における、ケアマネジャーと障害福祉制度の相談支援専門員との密接な連携を促進するため、指定居宅介護支援事業者が特定相談支援事業者との連携に努める必要がある旨を明確にする。【省令改正】

介護老人福祉施設・地域密着型介護老人福祉施設入所者生活介護

基本報酬　※以下の単位数はすべて1日あたり

○介護福祉施設サービス費（従来型個室）

	〈現行〉		〈改定後〉
要介護1	547単位	➡	557単位
要介護2	614単位	➡	625単位
要介護3	682単位	➡	695単位
要介護4	749単位	➡	763単位
要介護5	814単位	➡	829単位

○ユニット型介護福祉施設サービス費（ユニット型個室）

	〈現行〉		〈改定後〉
要介護1	625単位	➡	636単位
要介護2	691単位	➡	703単位
要介護3	762単位	➡	776単位
要介護4	828単位	➡	843単位
要介護5	894単位	➡	910単位

○地域密着型介護老人福祉施設入所者生活介護費（従来型個室）

	〈現行〉		〈改定後〉
要介護1	547単位	➡	565単位
要介護2	614単位	➡	634単位
要介護3	682単位	➡	704単位
要介護4	749単位	➡	774単位
要介護5	814単位	➡	841単位

○ユニット型地域密着型介護老人福祉施設入所者生活介護費（ユニット型個室）

	〈現行〉		〈改定後〉
要介護1	625単位	➡	644単位
要介護2	691単位	➡	712単位
要介護3	762単位	➡	785単位
要介護4	828単位	➡	854単位
要介護5	894単位	➡	922単位

①入所者の医療ニーズへの対応（配置医師緊急時対応加算の創設）

ア　配置医師が施設の求めに応じ、早朝・夜間又は深夜に施設を訪問し入所者の診療を行ったことを新たに評価することとする。

イ　常勤医師配置加算の加算要件を緩和し、同一建物内でユニット型施設と従来型施設が併設され、一体的に運営されている場合であって、1名の医師により双方の施設で適切な健康管理及び療養上の指導が実施されている場合には、双方の施設で加算を算定できることとする。

ウ　入所者の病状の急変等に備えるため、施設に対して、あらかじめ配置医師による対応その他の方法による対応方針を定めなければならないことを義務づける。【省令改正】

○アについて

〈現行〉		〈改定後〉	
なし	➡	配置医師緊急時対応加算	早朝･夜間の場合650単位／回（新設）
			深夜の場合1300単位／回（新設）

●算定要件等

ア　配置医師緊急時対応加算

○入所者に対する緊急時の注意事項や病状等についての情報共有の方法及び曜日や時間帯ごとの医師との連絡方法や診察を依頼するタイミングなどについて、配置医師と施設の間で、具体的な取り決めがなされていること。

○複数名の配置医師を置いていること、若しくは配置医師と協力医療機関の医師が連携し、施設の求めに応じて24時間対応できる体制を確保していること。

○上記の内容につき、届出を行っていること。

○看護体制加算（Ⅱ）を算定していること。

○早朝・夜間又は深夜に施設を訪問し、診療を行う必要があった理由を記録すること。

①入所者の医療ニーズへの対応（夜勤職員配置加算の見直し）

エ　夜勤職員配置加算について、現行の要件に加えて、夜勤時間帯を通じて、看護職員を配置していること又は喀痰吸引等の実施ができる介護職員を配置していること（この場合、登録喀痰吸引等事業者として都道府県の登録が必要）について、これをより評価することとする。

○夜勤職員配置加算

地域密着型	〈現行〉		〈改定後〉
従来型の場合	(Ⅰ)イ：41単位／日	➡	変更なし
経過的の場合	(Ⅰ)ロ：13単位／日		
ユニット型の場合	(Ⅱ)イ：46単位／日		
ユニット型経過的の場合	(Ⅱ)ロ：18単位／日		
			(Ⅲ)イ：56単位／日（新設）
			(Ⅲ)ロ：16単位／日（新設）
			(Ⅳ)イ：61単位／日（新設）
			(Ⅳ)ロ：21単位／日（新設）

広域型	〈現行〉		〈改定後〉
従来型（30人以上50人以下）の場合	（Ⅰ）-イ：22単位／日	➡	変更なし
従来型（51人以上又は経過的小規模）の場合	（Ⅰ）ロ：13単位／日		
ユニット型（30人以上50人以下）の場合	（Ⅱ）イ：27単位／日		
ユニット型（51人以上又は経過的小規模）の場合	（Ⅱ）ロ：18単位／日		
			（Ⅲ）イ：28単位／日（新設）
			（Ⅲ）ロ：16単位／日（新設）
			（Ⅳ）イ：33単位／日（新設）
			（Ⅳ）ロ：21単位／日（新設）

①入所者の医療ニーズへの対応（看取り介護加算の見直し）

オ　施設内での看取りをさらに進める観点から、看取り介護加算の算定に当たって、医療提供体制を整備し、さらに施設内で実際に看取った場合、より手厚く評価することとする。

〈現行〉

看取り介護加算
死亡日30日前～４日前144単位／日
死亡日前々日、前日680単位／日
死亡日1280単位／日

➡

〈改定後〉

看取り介護加算（Ⅰ）
変更なし
看取り介護加算（Ⅱ）
死亡日30日前～４日前144単位／日（新設）
死亡日前々日、前日780単位／日（新設）
死亡日1580単位／日（新設）

●算定要件等

○アにおける要件のうち、１～４に示した医療提供体制を整備し、さらに施設内で実際看取った場合に算定する。

（アにおける要件の１～４）

1 入所者に対する緊急時の注意事項や病状等についての情報共有の方法及び曜日や時間帯ごとの医師との連絡方法や診察を依頼するタイミングなどについて、配置医師と施設の間で、具体的な取り決めがなされていること。

2 複数名の配置医師を置いていること、若しくは配置医師と協力医療機関の医師が連携し、施設の求めに応じて24時間対応できる体制を確保していること。

3 上記の内容につき、届出を行っていること。

4 看護体制加算（Ⅱ）を算定していること。

②生活機能向上連携加算の創設

自立支援・重度化防止に資する介護を推進するため、外部のリハビリテーション専門職等と連携する場合の評価を創設する。

〈現行〉		〈改定後〉
なし	➡	生活機能向上連携加算200単位／月（新設）

※個別機能訓練加算を算定している場合は100単位／月

●算定要件等
○訪問リハビリテーション若しくは通所リハビリテーションを実施している事業所又はリハビリテーションを実施している医療提供施設（原則として許可病床数200床未満のものに限る。）の理学療法士・作業療法士・言語聴覚士、医師が、介護老人福祉施設等を訪問し、介護老人福祉施設等の職員と共同で、アセスメントを行い、個別記の訓練計画を作成すること。
○機能訓練指導員、看護職員、介護職員、生活相談員その他職種の者が協働して、当該計画に基づき、計画的に機能訓練を実施すること。

③機能訓練指導員の確保の促進

機能訓練指導員の確保を促進し、利用者の心身の機能の維持を促進する観点から、機能訓練指導員の対象資格（※）に一定の実務経験を有するはり師、きゅう師を追加する。個別機能訓練加算における機能訓練指導員の要件についても、同様の対応を行う。

※理学療法士、作業療法士、言語聴覚士、看護職員、柔道整復師又はあん摩マッサージ指圧師

●算定要件等
○一定の実務経験を有するはり師、きゅう師とは、理学療法士、作業療法士、言語聴覚士、看護職員、柔道整復師又はあん摩マッサージ指圧師の資格を有する機能訓練指導員を配置した事業所で６月以上勤務し、機能訓練指導に従事した経験を有する者とする。

④排泄に介護を要する利用者への支援に対する評価の創設

排泄障害等のため、排泄に介護を要する特別養護老人ホーム等の入所者に対し、多職種が協働して支援計画を作成し、その計画に基づき支援した場合の新たな評価を設ける。

〈現行〉		〈改定後〉
なし	➡	排せつ支援加算100単位／月（新設）

●算定要件等
○排泄に介護を要する利用者（※１）のうち、身体機能の向上や環境の調整等によって排泄にかかる要介護状態を軽減できる（※２）と医師、または適宜医師と連携した看護師（※３）が判断し、利用者もそれを希望する場合、多職種が排泄にかかる各種ガイドライン等を参考として、
・排泄に介護を要する原因等についての分析
・分析結果を踏まえた支援計画の作成及びそれに基づく支援
を実施することについて、一定期間、高い評価を行う。
（※１）要介護認定調査の「排尿」または「排便」が「一部介助」または「全介助」である場合等。
（※２）要介護認定調査の「排尿」または「排便」の項目が「全介助」から「一部介助」以上に、または「一部介助」から「見守り等」以上に改善することを目安とする。
（※３）看護師が判断する場合は、当該判断について事前又は事後の医師への報告を要することとし、利用者の背景疾患の状況を勘案する必要がある場合等は、事前の医師への相談を要することとする。

⑤褥瘡の発生予防のための管理に対する評価

入所者の褥瘡発生を予防するため、褥瘡の発生と関連の強い項目について、定期的な評価を実施し、その結果に基づき計画的に管理することに対し新たな評価を設ける。

〈現行〉		〈改定後〉
なし	➡	褥瘡マネジメント加算10単位／月（新設）

※３月に１回を限度とする

●算定要件等
①入所者全員に対する要件
入所者ごとの褥瘡の発生に係るリスクについて、「介護保険制度におけるサービスの質の評価に関する調査研究事業」において明らかになったモニタリング指標を用いて、施設入所時に評価するとともに、少なくとも3月に1回、評価を行い、その評価結果を提出すること。
②①の評価の結果、褥瘡の発生に係るリスクがあるとされた入所者に対する要件
・関連職種の者が共同して、入所者ごとに褥瘡管理に関する褥瘡ケア計画を作成すること。
・褥瘡ケア計画に基づき、入所者ごとに褥瘡管理を実施すること。
・①の評価に基づき、少なくとも3月に1回、褥瘡ケア計画を見直すこと。

⑥外泊時に在宅サービスを利用したときの費用の取扱い

入所者に対して居宅における外泊を認め、当該入所者が、介護老人福祉施設により提供される在宅サービスを利用した場合は、1月に6日を限度として所定単位数に代えて1日につき一定の単位数を算定する。

〈現行〉		〈改定後〉
なし	➡	在宅サービスを利用したときの費用 560単位／日（新設）

●算定要件等
○外泊の初日及び最終日は算定できない。
○外泊時費用を算定している際には、併算定できない。

⑦障害者の生活支援について

ア　障害者を多く受け入れている小規模な施設を評価するため、現行の障害者生活支援体制加算の要件を緩和する。
イ　同加算について、一定の要件を満たす場合、より手厚い評価を行う。

〈現行〉		〈改定後〉
障害者生活支援体制加算26単位／日	➡	障害者生活支援体制加算（Ⅰ）26単位／日
		障害者生活支援体制加算（Ⅱ）41単位／日 （新設）

●算定要件等
〈アについて〉
視覚、聴覚若しくは言語機能に重度の障害がある者又は重度の知的障害者若しくは精神障害者の数（以下「入所障害者数」という。）が15人以上の施設に加え、入所障害者数が入所者総数の30％以上の施設も対象とする。
〈イについて（障害者生活支援体制加算（Ⅱ）の要件）〉
入所障害者数が入所者総数の50％以上、かつ、専ら障害者支援専門員としての職務に従事する常勤の職員である者を2名以上配置（障害者である入所者が50名以上の場合は、専従・常勤の障害者生活支援員を2名以上配置し、かつ、障害者生活支援員を常勤換算方法で障害者である入所者の数を50で除した数に1を加えた以上配置しているもの）

⑧口腔衛生管理の充実

歯科医師の指示を受けた歯科衛生士が、入所者に対して口腔ケアを行うことを評価した口腔衛生管理加算について、歯科衛生士が行う口腔ケアの対象者を拡大する観点から回数の緩和をするとともに、当該入所者に係る口腔ケアについて介護職員へ具体的な技術的助言及び指導を行うことで口腔衛生管理の充実を図るため、以下の見直しを行う。

i　歯科衛生士が行う口腔ケアの実施回数は、現行の月４回以上を月２回以上に見直す。

ii　歯科衛生士が、当該入所者に係る口腔ケアについて介護職員へ具体的な技術的助言及び指導を行い、当該入所者の口腔に関する相談等に必要に応じ対応することを新たな要件に加える。

〈現行〉		〈改定後〉
口腔衛生管理加算110単位／月	➡	90単位／月

●算定要件等
○口腔衛生管理体制加算が算定されている場合
○歯科医師の指示を受けた歯科衛生士が、入所者に対し、口腔ケアを月２回以上行った場合
○歯科衛生士が、当該入所者に係る口腔ケアについて、介護職員に対し、具体的な技術的助言及び指導を行った場合
○歯科衛生士が、当該入所者に係る口腔に関し、介護職員からの相談等に必要に応じ対応した場合

⑨栄養マネジメント加算の要件緩和

栄養マネジメント加算の要件を緩和し、常勤の管理栄養士１名以上の配置に関する要件について、同一敷地内の他の介護保険施設（１施設に限る。）との兼務の場合にも算定を認めることとする。【通知改正】

〈現行〉		〈改定後〉
栄養マネジメント加算14単位／日	➡	変更なし

●算定要件等
○常勤の管理栄養士１名以上の配置に関する要件について、同一敷地内の介護保険施設（１施設に限る。）との栄養ケア・マネジメントの兼務の場合にも算定を認めることとする。

⑩栄養改善の取組の推進

低栄養リスクの高い入所者に対して、多職種が協働して低栄養状態を改善するための計画を作成し、この計画に基づき、定期的に食事の観察を行い、当該入所者ごとの栄養状態、嗜好等を踏まえた栄養・食事調整等を行うなど、低栄養リスクの改善に関する新たな評価を創設する。

〈現行〉		〈改定後〉
なし	➡	低栄養リスク改善加算300単位／月（新設）

●算定要件等
○栄養マネジメント加算を算定している施設であること
○経口移行加算・経口維持加算を算定していない入所者であること

○低栄養リスクが「高」の入所者であること
○新規入所時又は再入所時のみ算定可能とすること
○月１回以上、多職種が共同して入所者の栄養管理をするための会議を行い、低栄養状態を改善するための特別な栄養管理の方法等を示した栄養ケア計画を作成すること（作成した栄養ケア計画は月１回以上見直すこと）。また当該計画については、特別な管理の対象となる入所者又はその家族に説明し、その同意を得ること
○作成した栄養ケア計画に基づき、管理栄養士等は対象となる入所者に対し食事の観察を週５回以上行い、当該入所者ごとの栄養状態、嗜好等を踏まえた食事・栄養調整等を行うこと
○当該入所者又はその家族の求めに応じ、栄養管理の進捗の説明や栄養食事相談等を適宜行うこと
○入所者又はその家族の同意を得られた日の属する月から起算して６か月以内の期間に限るものとし、それを超えた場合においては、原則として算定しないこと

⑪入院先医療機関との間の栄養管理に関する連携

介護保険施設の入所者が医療機関に入院し、経管栄養又は嚥下調整食の新規導入など、施設入所時とは大きく異なる栄養管理が必要となった場合について、介護保険施設の管理栄養士が当該医療機関の管理栄養士と連携して、再入所後の栄養管理に関する調整を行った場合の評価を創設する。

〈現行〉		〈改定後〉
なし	➡	再入所時栄養連携加算400単位／回（新設）

●算定要件等
○介護保険施設の入所者が医療機関に入院し、施設入所時とは大きく異なる栄養管理が必要となった場合（経管栄養又は嚥下調整食の新規導入）であって、介護保険施設の管理栄養士が当該医療機関での栄養食事指導に同席し、再入所後の栄養管理について当該医療機関の管理栄養士と相談の上、栄養ケア計画の原案を作成し、当該介護保険施設へ再入所した場合に、１回に限り算定できること。
○栄養マネジメント加算を算定していること。

⑫介護ロボットの活用の推進

夜勤職員配置加算について、業務の効率化等を図る観点から、見守り機器の導入により効果的に介護が提供できる場合について、新たに評価する。

単位数は変更なし。

※夜勤職員配置加算

地域密着型	
従来型の場合	（Ⅰ）イ：41単位／日
経過的の場合	（Ⅰ）ロ：13単位／日
ユニット型の場合	（Ⅱ）イ：46単位／日
ユニット型経過的の場合	（Ⅱ）ロ：18単位／日

広域型	
従来型（30人以上50人以下）の場合	（Ⅰ）イ：22単位／日
従来型（51人以上又は経過的小規模）の場合	（Ⅰ）ロ：13単位／日
ユニット型（30人以上50人以下）の場合	（Ⅱ）イ：27単位／日
ユニット型（51人以上又は経過的小規模）の場合	（Ⅱ）ロ：18単位／日

●算定要件等
〈現行の夜勤職員配置加算の要件〉
・夜勤時間帯の夜勤職員数：夜勤職員の最低基準＋１名分の人員を多く配置していること。
〈見守り機器を導入した場合の夜勤職員配置加算の要件〉
・夜勤時間帯の夜勤職員数：夜勤職員の最低基準＋0.9名分の人員を多く配置していること。
・入所者の動向を検知できる見守り機器を入所者数の15％以上に設置していること。
・施設内に見守り機器を安全かつ有効に活用するための委員会を設置し、必要な検討等が行われていること。

⑬身体的拘束等の適正化

身体拘束廃止未実施減算について、運営基準と減算幅を見直す。

〈現行〉		〈改定後〉
身体拘束廃止未実施減算５単位／日減算	➡	10％／日減算

●算定要件等
○身体的拘束等の適正化を図るため、以下の措置を講じなければならないこととする。
・身体的拘束等を行う場合には、その態様及び時間、その際の入所者の心身の状況並びに緊急やむを得ない理由を記録すること。
・身体的拘束等の適正化のための対策を検討する委員会を３月に１回以上開催するとともに、その結果について、介護職員その他従業者に周知徹底を図ること。（※）
・身体的拘束等の適正化のための指針を整備すること。
・介護職員その他の従業者に対し、身体的拘束等の適正化のための研修を定期的に実施すること。
（※）地域密着型介護老人福祉施設入所者生活介護においては、運営推進会議を活用することができることとする。

⑭運営推進会議の開催方法の緩和（地域密着型介護老人福祉施設入所者生活介護のみ）

運営推進会議の効率化や、事業所間のネットワーク形成の促進等の観点から、現在認められていない複数の事業所の合同開催について、以下の要件を満たす場合に認めることとする。【通知改正】

ⅰ　利用者及び利用者家族については匿名とするなど、個人情報・プライバシーを保護すること。

ⅱ　同一の日常生活圏域内に所在する事業所であること。

ⅲ　合同して開催する回数が、１年度に開催すべき運営推進会議の開催回数の半数を超えないこと。

⑮小規模介護福祉施設等の基本報酬の見直し

小規模介護福祉施設、経過的地域密着型介護老人福祉施設入所者生活介護及び旧措置入所者の基本報酬について、報酬体系の簡素化や報酬の均衡を図る観点から、見直しを行う。

ア　小規模介護福祉施設等の基本報酬の見直し

・小規模介護福祉施設（定員30名の施設）について、平成30年度以降に新設される施設については、通常の介護福祉施設と同様の報酬を算定することとする。

・既存の小規模介護福祉施設及び経過的地域密着型介護老人福祉施設入所者生活介護（平

成17年度以前に開設した定員26～29名の施設）と他の類型の介護福祉施設の報酬の均衡を図る観点から、別に厚生労働大臣が定める期日以降、通常の介護福祉施設の基本報酬と統合することとする。

・上記に合わせ、既存の小規模介護福祉施設や経過的地域密着型介護老人福祉施設入所者生活介護の基本報酬について一定の見直しを行う。

イ　旧措置入所者の基本報酬の統合

・旧措置入所者の基本報酬については、平成30年度から、介護福祉施設等の基本報酬に統合することとする。

※以下の単位数はすべて1日当たり

○経過的小規模介護福祉施設サービス費（従来型個室）の場合

〈現行〉

要介護1	700単位
要介護2	763単位
要介護3	830単位
要介護4	893単位
要介護5	955単位

➡

〈改定後〉

659単位
724単位
794単位
859単位
923単位

○旧措置入所者介護福祉施設サービス費（従来型個室）の場合

〈現行〉

要介護1	547単位
要介護２又は３	653単位
要介護４又は５	781単位

➡

〈改定後〉

要介護1	557単位
要介護２	625単位
要介護3	695単位
要介護4	763単位
要介護５	829単位

⑯療養食加算の見直し

療養食加算について、１日単位で評価を行っている現行の取扱いを改め、１日３食を限度とし、１食を１回として、１回単位の評価とする。

〈現行〉		〈改定後〉
療養食加算18単位／日	➡	６単位／回

⑰介護職員処遇改善加算の見直し

訪問介護⑨と同様。

⑱居室とケア

ユニット型準個室について、実態を踏まえ、その名称を「ユニット型個室的多床室」に変更する。

介護老人保健施設

①在宅復帰・在宅療養支援機能に対する評価

平成29年の制度改正で、介護老人保健施設の役割が在宅復帰･在宅療養支援であることがより明確にされたことを踏まえ、この機能を更に推進する観点から報酬体系の見直しを行う。

ア　従来型の基本報酬については、一定の在宅復帰・在宅療養支援機能を有するものを基本型として評価することとし、メリハリをつけた評価とする。

イ　在宅復帰・在宅療養支援機能については､現在､在宅復帰率､ベッド回転率､退所後の状況確認等の指標を用いて評価しているが､これらに加え､入所後の取組みやリハビリテーション専門職の配置等の指標も用いることで更にきめ細かい評価ができるようにする。

ウ　現行の在宅強化型よりも在宅復帰・在宅療養支援をより進めている施設については、更に評価することとする。

エ　併せて、退所前訪問指導加算、退所後訪問指導加算、退所時指導加算については、介護老人保健施設の退所時に必要な取組みとして、基本報酬に包括化する。

オ　ただし、退所時指導加算のうち試行的な退所に係るものについては、利用者ごとのニーズによって対応が異なることから、試行的退所時指導加算として、評価を継続することとする。

○基本報酬について(多床室の場合)(単位/日)

〈現行〉

	在宅強化型	従来型
要介護1	812	768
要介護2	886	816
要介護3	948	877
要介護4	1,004	928
要介護5	1,059	981

➡

〈改定後〉

在宅強化型	基本型	その他（新設）
818	771	756
892	819	803
954	880	862
1,010	931	912
1,065	984	964

○在宅復帰在宅療養支援機能加算について

〈現行〉

在宅復帰在宅療養支援機能加算27単位／日

➡

〈改定後〉

在宅復帰在宅療養支援機能加算（Ⅰ）
34単位／日（基本型のみ）

在宅復帰在宅療養支援機能加算（Ⅱ）
46単位／日（在宅強化型のみ）

●算定要件等

〈現行〉

在宅強化型

・在宅復帰率：50％超
・退所後の状況確認：要件あり
・ベッド回転率：10％以上
・重度者割合：要件あり
・リハ専門職：要件あり

➡

改定後

在宅強化型

・在宅復帰・在宅療養支援等指標※：60以上
・リハビリテーションマネジメント：要件あり
・退所時指導等：要件あり
・地域貢献活動：要件あり
・充実したリハ：要件あり

従来型

・上記の要件を満たさないもの

➡

基本型

・在宅復帰・在宅療養支援等指標※：20以上
・リハビリテーションマネジメント：要件あり
・退所時指導等：要件あり
・地域貢献活動：要件なし
・充実したリハ：要件なし

その他

・上記の要件を満たさないもの

※在宅復帰・在宅療養支援等指標：10の評価項目（在宅復帰率、ベッド回転率、入所前後訪問指導割合、退所前後訪問指導割合、居宅サービスの実施数、リハ専門職の配置割合、支援相談員の配置割合、要介護４又は５の割合、喀痰吸引の実施割合、経管栄養の実施割合）について、各項目に応じた値を足し合わせた値（最高値：90）

例）在宅復帰率の評価に応じた値：在宅復帰率が50％超で20、30％超で10、30％以下で０
　　ベッド回転率の評価に応じた値：ベッド回転率が10％以上で20、５％以上で10、５％未満で０

	超強化型 在宅復帰・在宅療養支援機能加算（Ⅱ）	在宅強化型	加算型 在宅復帰・在宅療養支援機能加算（Ⅰ）	基本型	その他型 （左記以外）
在宅復帰・在宅療養支援等指標（最高値：90）	70以上	60以上	40以上	20以上	
退所時指導等	要件あり	要件あり	要件あり	要件あり	左記の要件を満たさない
リハビリテーションマネジメント	要件あり	要件あり	要件あり	要件あり	
地域貢献活動	要件あり	要件あり	要件あり	要件なし	
充実したリハ	要件あり	要件あり	要件なし	要件なし	

在宅復帰・在宅療養支援等指標：
下記評価項目（①～⑩）について、項目に応じた値を足し合わせた値（最高値：90）

<table>
<tr><td>①在宅復帰率</td><td colspan="3">50％超　20</td><td colspan="3">30％超　10</td><td colspan="3">30％以下　0</td></tr>
<tr><td>②ベッド回転率</td><td colspan="3">10％以上　20</td><td colspan="3">5％以上　10</td><td colspan="3">5％未満　0</td></tr>
<tr><td>③入所前後訪問指導割合</td><td colspan="3">30％以上　10</td><td colspan="3">10％以上　5</td><td colspan="3">10％未満　0</td></tr>
<tr><td>④退所前後訪問指導割合</td><td colspan="3">30％以上　10</td><td colspan="3">10％以上　5</td><td colspan="3">10％未満　0</td></tr>
<tr><td>⑤居宅サービスの実施数</td><td colspan="2">3サービス　5</td><td colspan="3">2サービス　3</td><td colspan="2">1サービス　2</td><td colspan="2">0サービス　0</td></tr>
<tr><td>⑥リハ専門職の配置割合</td><td colspan="3">5以上　5</td><td colspan="3">3以上　3</td><td colspan="3">3未満　0</td></tr>
<tr><td>⑦支援相談員の配置割合</td><td colspan="3">3以上　5</td><td colspan="3">2以上　3</td><td colspan="3">2未満　0</td></tr>
<tr><td>⑧要介護４又は５の割合</td><td colspan="3">50％以上　5</td><td colspan="3">35％以上　3</td><td colspan="3">35％未満　0</td></tr>
<tr><td>⑨喀痰吸引の実施割合</td><td colspan="3">10％以上　5</td><td colspan="3">5％以上　3</td><td colspan="3">5％未満　0</td></tr>
<tr><td>⑩経管栄養の実施割合</td><td colspan="3">10％以上　5</td><td colspan="3">5％以上　3</td><td colspan="3">5％未満　0</td></tr>
</table>

評価項目	算定要件
退所時指導等	a：退所時指導 入所者の退所時に、当該入所者及びその家族等に対して、退所後の療養上の指導を行っていること。 b：退所後の状況確認 入所者の退所後３０日※以内に、その居宅を訪問し、又は指定居宅介護支援事業者から情報提供を受けることにより、在宅における生活が１月※以上継続する見込みであることを確認し、記録していること。
リハビリテーションマネジメント	入所者の心身の諸機能の維持回復を図り、日常生活の自立を助けるため、理学療法、作業療法その他必要なリハビリテーションを計画的に行い、適宜その評価を行っていること。
地域貢献活動	地域に貢献する活動を行っていること。
充実したリハ	少なくとも週３回程度以上のリハビリテーションを実施していること。

※要介護４・５については、２週間。

②介護療養型老人保健施設の基本報酬等

介護医療院と介護療養型老人保健施設では重なった機能があることや、報酬体系の簡素化の観点から、「療養型」及び「療養強化型」の報酬を「療養型」に一元化する。ただし、「療養強化型」で評価されていた一定の医療処置及び重度者要件については、質の高いケアを評価する観点から、療養体制維持特別加算において別に評価するとともに、当該加算の期限をなくすこととする。

○介護療養型老人保健施設の基本報酬について（多床室の場合）（単位/日）

	〈現行〉		➡	〈改定後〉	
	療養強化型	療養型		（削除）	療養型
要介護１	800	800		―	800
要介護2	882	882		―	882
要介護3	1,063	996		―	996
要介護4	1,138	1,071		―	1,071
要介護5	1,213	1,145		―	1,145

○療養体制維持特別加算について

〈現行〉		〈改定後〉
療養体制維持特別加算27単位／日	➡	療養体制維持特別加算（Ⅰ）27単位／日
		療養体制維持特別加算（Ⅱ） 57単位／日（新設）

●算定要件等
○療養体制維持特別加算（Ⅱ）
　入所者等のうち、喀痰吸引若しくは経管栄養が実施された者が20％以上及び著しい精神症状、周辺症状若しくは重篤な身体疾患又は日常生活に支障を来すような症状・行動や意志疎通の困難さが頻繁に見られ、専門医療を必要とする認知症高齢者の割合が50％以上
※ 療養体制維持特別加算（Ⅰ）との併算定可

③かかりつけ医との連携

多剤投薬されている入所者の処方方針を介護老人保健施設の医師とかかりつけ医が事前に合意し、その処方方針に従って減薬する取組みについて、診療報酬改定における対応を鑑みながら、必要に応じて評価することとする。

〈現行〉		〈改定後〉
なし	➡	かかりつけ医連携薬剤調整加算 125単位／日（新設）

●算定要件等
○かかりつけ医連携薬剤調整加算
　次に掲げるいずれの基準にも適合する入所者に対し、当該入所者に処方する内服薬の減少について退所時又は退所後１月以内に当該入所者の主治の医師に報告し、その内容を診療録に記載した場合は、当該入所者１人につき１回を限度として、当該入所者の退所時に加算する。
　イ　６種類以上の内服薬が処方されており、当該処方の内容を介護老人保健施設の医師と当該入所者の主治の医師が共同し、総合的に評価及び調整し、当該入所者に処方する内服薬を減少させる

ことについて当該介護老人保健施設の医師と当該主治の医師が合意している者
ロ　当該合意された内容に基づき、介護老人保健施設の医師が、当該入所者に処方する内服薬について、入所時に処方されていた内服薬の種類に比べ1種類以上減少させた者
ハ　退所時において処方されている内服薬の種類が、入所時に比べ1種類以上減少している者

④入所者への医療の提供

所定疾患施設療養費について、介護老人保健施設で行うことができない専門的な検査が必要な場合には医療機関と連携する等、診断プロセスに係る手間に応じた評価とする。併せて、専門的な診断等のために医療機関に1週間以内の短期間入院を行う入所者であっても、制度上は退所として扱われるが、介護老人保健施設で行われる医療として必要なものであることから、在宅復帰率等の算定に際し配慮することとする。

〈現行〉		〈改定後〉
所定疾患施設療養費305単位／日	➡	所定疾患施設療養費（Ⅰ）235単位／日
		所定疾患施設療養費（Ⅱ） 475単位／日（新設）

●算定要件等

〈現行〉		改定後
①診断、診断を行った日、実施した投薬、検査、注射、処置の内容等を診療録に記載していること。 ②所定疾患施設療養費の算定開始年度の翌年度以降において、当該施設の前年度における当該入所者に対する投薬、検査、注射、処置等の実施状況を公表していること。	➡	所定疾患施設療養費（Ⅰ） 同左 所定疾患施設療養費（Ⅱ） ①診断及び診断に至った根拠、診断を行った日、実施した投薬、検査、注射、処置の内容等を診療録に記載していること。（協力医療機関等と連携して行った検査等を含む。） ②所定疾患施設療養費の算定開始年度の翌年度以降において、当該施設の前年度における当該入所者に対する投薬、検査、注射、処置等の実施状況を公表していること。 ③医師が感染症対策に関する研修を受講していること。 ※介護給付費明細書の摘要欄に診療内容を記載することも必要となる。

⑤排泄に介護を要する利用者への支援に対する評価の創設

介護老人福祉施設・地域密着型介護老人福祉施設入所者生活介護④と同様。

⑥褥瘡の発生予防のための管理に対する評価

介護老人福祉施設・地域密着型介護老人福祉施設入所者生活介護⑤と同様。

⑦外泊時に在宅サービスを利用したときの費用の取扱い

入所者に対して居宅における外泊を認め、当該入所者が、介護老人保健施設により提供される在宅サービスを利用した場合は、1月に6日を限度として所定単位数に代えて1日につき一定の単位数を算定する。

〈現行〉		〈改定後〉
なし	➡	在宅サービスを利用したときの費用 800単位／日（新設）

●算定要件等
○外泊の初日及び最終日は算定できない。
○外泊時費用を算定している際には、併算定できない。

⑧口腔衛生管理の充実

介護老人福祉施設・地域密着型介護老人福祉施設入所者生活介護⑧と同様。

⑨栄養マネジメント加算の要件緩和

介護老人福祉施設・地域密着型介護老人福祉施設入所者生活介護⑨と同様。

⑩栄養改善の取組の推進

介護老人福祉施設・地域密着型介護老人福祉施設入所者生活介護⑩と同様。

⑪入院先医療機関との間の栄養管理に関する連携

介護老人福祉施設・地域密着型介護老人福祉施設入所者生活介護⑪と同様。

⑫身体的拘束等の適正化

介護老人福祉施設・地域密着型介護老人福祉施設入所者生活介護⑬と同様（※を除く）。

⑬介護療養型老人保健施設から介護医療院への転換の取扱い

ア　基準の緩和等

介護療養型老人保健施設から介護医療院に転換する場合について、療養室の床面積や廊下幅等の基準緩和等、現行の介護療養型老人保健施設が転換するにあたり配慮が必要な事項については、基準の緩和等を行うこととする。その際、転換前の介護療養型医療施設又は医療療養病床では有していたが、転換の際に一部撤去している可能性がある設備等については、サービスに支障の無い範囲で配慮を行うこととする。【省令改正】

イ　転換後の加算

介護療養型老人保健施設から介護医療院への転換後、転換前後におけるサービスの変更内容を利用者及びその家族や地域住民等に丁寧に説明する等の取組みについて、最初に転換した時期を起算日として、１年間に限り算定可能な加算を創設する。ただし、当該加算については介護医療院の認知度が高まると考えられる平成33年３月末までの期限を設ける。

(基準)

(例) 療養室の床面積：大規模改修するまでの間、床面積を６．４㎡／人以上で可とする。（基準は8.0㎡／人以上）

廊下幅（中廊下）：大規模改修するまでの間、廊下幅（中廊下）を、1.2（1.6）m以上（内法）で可とする。

直通階段・エレベーター設置基準：大規模改修するまでの間、屋内の直通階段を２以上で転換可能とする。

〈現行〉		〈改定後〉
なし	➡	移行定着支援加算93単位／日（新設）

●算定要件等
○介護療養型医療施設、医療療養病床又は介護療養型老人保健施設から転換した介護医療院である場合。
○転換を行って介護医療院を開設した等の旨を地域の住民に周知するとともに、当該介護医療院の入所者やその家族等への説明に取り組んでいること。
○入所者及びその家族等と地域住民等との交流が可能となるよう、地域の行事や活動等に積極的に関与していること。

⑭療養食加算の見直し

介護老人福祉施設・地域密着型介護老人福祉施設入所者生活介護⑯と同様。

⑮介護職員処遇改善加算の見直し

訪問介護⑨と同様。

⑯居室とケア

ユニット型準個室について、実態を踏まえ、その名称を「ユニット型個室的多床室」に変更する。

介護医療院

①介護医療院の基準

介護医療院については、社会保障審議会「療養病床の在り方等に関する特別部会」の議論の整理において、介護療養病床（療養機能強化型）相当のサービス（Ⅰ型）と、老人保健施設相当以上のサービス（Ⅱ型）の２つのサービスが提供されることとされているが、この人員・設備・運営基準等については以下のとおりとする。

ア　サービス提供単位

介護医療院のⅠ型とⅡ型のサービスについては、介護療養病床において病棟単位でサービスが提供されていることに鑑み、療養棟単位で提供できることとする。ただし、規模が小さい場合については、これまでの介護療養病床での取扱いと同様に、療養室単位でのサービス提供を可能とする。

イ　人員配置

開設に伴う人員基準については、日中・夜間を通じ長期療養を主目的としたサービスを提供する観点から、介護療養病床と介護療養型老人保健施設の基準を参考に、

ⅰ　医師、薬剤師、看護職員、介護職員は、Ⅰ型とⅡ型に求められる医療・介護ニーズを勘案して設定し、

ⅱ　リハビリテーション専門職、栄養士、放射線技師、その他の従業者は施設全体として配置をすることを念頭に設定することとする。

ウ　設備

療養室については、定員４名以下、１人あたり床面積を8.0㎡／人以上とし、療養環境

をより充実する観点から、４名以下の多床室であってもプライバシーに配慮した環境になるよう努めることとする。また、療養室以外の設備基準については、介護療養型医療施設で提供される医療水準を提供する観点から、診察室、処置室、機能訓練室、臨床検査設備、エックス線装置等を求めることとする。その際、医療設備については、医療法等において求められている衛生面での基準との整合性を図ることとする。

エ　運営

運営基準については、介護療養型医療施設の基準と同様としつつ、他の介護保険施設との整合性や長期療養を支えるサービスという観点も鑑みて設定することとする。なお、これまで病院として求めていた医師の宿直については引き続き求めることとするが、一定の条件を満たす場合等に一定の配慮を行うこととする。

オ　医療機関との併設の場合の取扱い

医療機関と併設する場合については、医療資源の有効活用の観点から、宿直の医師を兼任できるようにする等の人員基準の緩和や設備の共用を可能とする。

カ　ユニットケア

他の介護保険施設でユニット型を設定していることから、介護医療院でもユニット型を設定することとする。

②介護医療院の基本報酬等

介護医療院の基本報酬及び加算等については、介護療養病床と同水準の医療提供が求められることや介護療養病床よりも充実した療養環境が求められること等を踏まえ、以下のとおりとする。

ア　基本報酬の基準

介護医療院の基本報酬に求められる基準については、

・Ｉ型では現行の介護療養病床（療養機能強化型）を参考とし、

・Ⅱ型では介護老人保健施設の基準を参考としつつ、24時間の看護職員の配置が可能となることに考慮し設定することとする。その上で、介護医療院の基本報酬については、Ｉ型、Ⅱ型に求められる機能を踏まえ、それぞれに設定される基準に応じた評価を行い、一定の医療処置や重度者要件等を設けメリハリをつけた評価とするとともに、介護療養病床よりも療養室の環境を充実させていることも合わせて評価することとする。

○基本報酬（多床室の場合）（単位／日）

	（新設）					
	Ｉ型療養床			Ⅱ型療養床		
	Ｉ型介護医療院サービス費（Ｉ）（療養機能強化型Ａ相当）（看護6：1 介護4：1）	Ｉ型介護医療院サービス費（Ⅱ）（療養機能強化型Ｂ相当）（看護6：1 介護4：1）	Ｉ型介護医療院サービス費（Ⅲ）（療養機能強化型Ｂ相当）（看護6：1 介護5：1）	Ⅱ型介護医療院サービス費（Ｉ）（転換老健相当）（看護6：1 介護4：1）	Ⅱ型介護医療院サービス費（Ⅱ）（転換老健相当）（看護6：1 介護5：1）	Ⅱ型介護医療院サービス費（Ⅲ）（転換老健相当）（看護6：1 介護6：1）
要介護1	803	791	775	758	742	731
要介護2	911	898	882	852	836	825
要介護3	1,144	1,127	1,111	1,056	1,040	1,029
要介護4	1,243	1,224	1,208	1,143	1,127	1,116
要介護5	1,332	1,312	1,296	1,221	1,205	1,194

※療養室等の療養環境の基準を満たさない場合には25単位を減算する。

●算定要件等

○基本報酬にかかる医療処置又は重度者要件（Ⅰ型基本サービス費（Ⅰ）の場合）

・入所者等のうち、重篤な身体疾患を有する者及び身体合併症を有する認知症高齢者の占める割合が50%（注1）以上。

・入所者等のうち、喀痰吸引、経管栄養又はインスリン注射が実施された者の占める割合が50%（注2）以上。

・入所者等のうち、次のいずれにも適合する者の占める割合が10%（注3）以上。

①医師が一般に認められている医学的知見に基づき回復の見込みがないと診断した者であること。

②入所者等又はその家族等の同意を得て、入所者等のターミナルケアに係る計画が作成されていること。

③医師、看護職員、介護職員等が共同して、入所者等の状態又は家族の求め等に応じ随時、本人又はその家族への説明を行い、同意を得てターミナルケアが行われていること。

・生活機能を維持改善するリハビリテーションを行っていること。

・地域に貢献する活動を行っていること。

（注1）Ⅰ型介護医療院（Ⅱ）（Ⅲ）では、50%

（注2）Ⅰ型介護医療院（Ⅱ）（Ⅲ）では、30%

（注3）Ⅰ型介護医療院（Ⅱ）（Ⅲ）では、5%

○基本報酬にかかる医療処置又は重度者要件（Ⅱ型基本サービス費の場合）

・下記のいずれかを満たすこと

①喀痰吸引若しくは経管栄養が実施された者の占める割合が15%以上

②著しい精神症状、周辺症状若しくは重篤な身体疾患が見られ専門医療を必要とする認知症高齢者の占める割合が20%以上

③著しい精神症状、周辺症状若しくは重篤な身体疾患又は日常生活に支障を来すような症状・行動や意志疎通の困難さが頻繁に見られ専門医療を必要とする認知症高齢者の占める割合が25%以上

・ターミナルケアを行う体制があること

イ　加算その他の取扱い

介護療養型医療施設で評価されている加算等その他の取扱いについては、引き続き介護医療院においても同様とする。なお、必要に応じて加算等の名称を変更する。

（例）退院時指導等加算→ 退所時指導等加算

特定診療費→ 特別診療費

ウ　緊急時の医療

介護医療院は、病院・診療所ではないものの、医療提供施設として緊急時の医療に対応する必要があることから、介護老人保健施設と同様に、緊急時施設療養費と同様の評価を行うこととする。

エ　重度の認知症疾患への対応

重度の認知症疾患への対応については、入所者の全てが認知症である老人性認知症疾患療養病棟で評価されているような、精神保健福祉士や看護職員の手厚い配置に加え、精神科病院との連携等を加算として評価することとする。

〈主な加算〉

初期加算　30単位／日
栄養マネジメント加算　14単位／日
緊急時施設療養費（緊急時治療管理）511単位／日
経口移行加算28単位／日
重度認知症疾患療養体制加算（Ⅱ）100単位／日（加算（Ⅱ）で要介護５の場合）

●算定要件等
〈主な加算の概要〉
○初期加算：入所した日から起算して30日以内の期間。
○栄養マネジメント加算：基準に適合する介護医療院の管理栄養士が継続的に入所者ごとの影響管理をすること。
○経口移行加算：医師、歯科医師、管理栄養士等が共同して、入所者ごとに経口移行計画を作成し、計画に従って支援が行われること。
○緊急時施設療養費（緊急時治療管理）：入所者の病状が重篤となり救命救急医療が必要となる場合に緊急的な治療管理を行った場合。
○重度認知症疾患療養体制加算：入所者の全てが認知症であり、精神保健福祉士や看護職員が一定数以上配置されていることに加え、精神科病院との連携等の要件を満たすこと

③介護医療院への転換

ア　基準の緩和等

○介護療養型医療施設又は医療療養病床から介護医療院に転換する場合について、療養室の床面積や廊下幅等の基準緩和等、現行の介護療養型医療施設又は医療療養病床が転換するにあたり配慮が必要な事項については、基準の緩和等を行うこととする。

イ　転換後の加算

○介護療養型医療施設又は医療療養病床から介護医療院への転換後、転換前後におけるサービスの変更内容を利用者及びその家族や地域住民等に丁寧に説明する等の取組みについて、最初に転換した時期を起算日として、1年間に限り算定可能な加算を創設する。ただし、当該加算については介護医療院の認知度が高まると考えられる平成33年3月末までの期限を設ける。

ウ　介護療養型老人保健施設の取扱い

○介護療養型老人保健施設についても、上記と同様の転換支援策を用意するとともに、転換前の介護療養型医療施設又は医療療養病床では有していたが転換の際に一部撤去している可能性がある設備等については、サービスに支障の無い範囲で配慮を行うこととする。

(基準)

(例) 療養室の床面積：大規模改修するまでの間、床面積を6.4㎡／人以上で可とする。

廊下幅（中廊下）:大規模改修するまでの間、廊下幅（中廊下）を、1.2（1.6）m以上（内法）で可とする。

直通階段・エレベーター設置基準：大規模改修するまでの間、屋内の直通階段を２以上で転換可能とする。

〈現行〉		〈改定後〉
なし	➡	移行定着支援加算93単位／日（新設）

●算定要件等
○介護療養型医療施設、医療療養病床又は介護療養型老人保健施設から転換した介護医療院である場合
○転換を行って介護医療院を開設した等の旨を地域の住民に周知するとともに、当該介護医療院の入所者やその家族等への説明に取り組んでいること。

○入所者及びその家族等と地域住民等との交流が可能となるよう、地域の行事や活動等に積極的に関与していること。

④認知症専門ケア加算の創設

どのサービスでも認知症の方に適切なサービスが提供されるように、現在、介護保険施設に設けられている「認知症専門ケア加算」、「若年性認知症患者受入加算」及び「認知症行動・心理症状緊急対応加算」を介護医療院にも創設する。

○認知症専門ケア加算

〈現行〉		〈改定後〉
なし	➡	認知症専門ケア加算（Ⅰ）３単位／日（新設） 認知症専門ケア加算(Ⅱ) ４単位／日（新設）

○若年性認知症患者受入加算

〈現行〉		〈改定後〉
なし	➡	若年性認知症患者受入加算 120単位／日（新設）

○認知症行動・心理症状緊急対応加算

〈現行〉		〈改定後〉
なし	➡	認知症行動・心理症状緊急対応加算 200単位／日（新設）

●算定要件等
○認知症専門ケア加算（Ⅰ）
・施設における利用者の利用者の総数のうち、日常生活に支障を来すおそれのある症状若しくは行動が認められることから介護を必要とする認知症の者の占める割合が２分の１以上。
・認知症介護に係る専門的な研修を修了している者を、対象者の数が二十人未満である場合にあっては、１以上、当該対象者の数が20人以上である場合にあっては、１に、当該対象者の数が19を超えて10又はその端数を増すごとに１を加えて得た数以上配置し、チームとして専門的な認知症ケアを実施していること。
○認知症専門ケア加算（Ⅱ）
・加算（Ⅰ）の基準のいずれにも適合すること。
・認知症介護の指導に係る専門的な研修を修了している者を１名以上配置し、事業所又は施設全体の認知症ケアの指導等を実施していること。
・当該施設における介護職員、看護職員ごとの認知症ケアに関する研修計画を作成し、当該計画に従い、研修を実施又は実施を予定していること。
○若年性認知症患者受入加算
受け入れた若年性認知症患者ごとに個別の担当者を定めていること。
○認知症行動・心理症状緊急対応加算
医師が認知症の行動・心理症状が認められるため、在宅での生活が困難であり、緊急に入院することが適当であると判断し、サービスを行った場合に、入院した日から起算して７日を限度として算定。

⑤排泄に介護を要する利用者への支援に対する評価の新設

介護老人福祉施設・地域密着型介護老人福祉施設入所者生活介護④と同様。

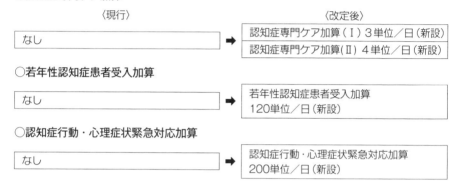

⑥口腔衛生管理の充実

介護老人福祉施設・地域密着型介護老人福祉施設入所者生活介護⑧とほぼ同様。

⑦栄養マネジメント加算の要件緩和

介護老人福祉施設・地域密着型介護老人福祉施設入所者生活介護⑨とほぼ同様。

⑧栄養改善の取組の推進

介護老人福祉施設・地域密着型介護老人福祉施設入所者生活介護⑩と同様。

⑨入院先医療機関との栄養管理に関する連携

介護老人福祉施設・地域密着型介護老人福祉施設入所者生活介護⑪と同様。

⑩身体的拘束等の適正化

介護老人福祉施設・地域密着型介護老人福祉施設入所者生活介護⑬とほぼ同様。

⑪診断分類（DPC）コードの記載

慢性期における医療ニーズに関する、要介護度や医療処置の頻度以外の医療に関する情報を幅広く収集する観点から、療養機能強化型以外の介護療養型医療施設についても、その入所者の介護給付費明細書に医療資源を最も投入した傷病名を医科診断群分類（DPCコード）により記載することを求めることとする。その際、一定の経過措置期間を設けることとする。【通知改正】

⑫療養食加算の見直し

介護老人福祉施設・地域密着型介護老人福祉施設入所者生活介護⑯とほぼ同様。

⑬介護職員処遇改善加算の見直し

訪問介護⑨と同様。

⑭居室とケア

ユニット型準個室について、実態を踏まえ、その名称を「ユニット型個室的多床室」に変更する。

⑮介護医療院が提供するサービス

介護療養型医療施設が提供可能であった短期入所療養介護、通所リハビリテーション及び訪問リハビリテーションについては、介護医療院においても提供することを可能とする。

平成30年度から平成32年度までの間の地域区分の適用地域

	1級地	2級地	3級地	4級地	5級地	6級地
上乗せ割合	20%	16%	15%	12%	10%	6%
地域	東京都 特別区	東京都 町田市 狛江市 多摩市 神奈川県 横浜市 川崎市 大阪府 大阪市	埼玉県 さいたま市 千葉県 千葉市 東京都 八王子市 武蔵野市 三鷹市 青梅市 府中市 調布市 小金井市 小平市 日野市 国分寺市 国立市 稲城市 西東京市 神奈川県 鎌倉市 愛知県 名古屋市 大阪府 守口市 大東市 門真市 四條畷市 兵庫県 西宮市 芦屋市 宝塚市	茨城県 牛久市 埼玉県 朝霞市 千葉県 船橋市 成田市 習志野市 浦安市 東京都 立川市 昭島市 東村山市 東大和市 清瀬市 神奈川県 相模原市 藤沢市 逗子市 厚木市 大阪府 豊中市 池田市 吹田市 高槻市 寝屋川市 箕面市 兵庫県 神戸市	茨城県 水戸市 日立市 龍ケ崎市 取手市 つくば市 守谷市 埼玉県 志木市 和光市 新座市 ふじみ野市 千葉県 市川市 松戸市 佐倉市 市原市 八千代市 四街道市 印西市 東京都 東久留米市 あきる野市 日の出町 神奈川県 横須賀市 平塚市 小田原市 茅ケ崎市 大和市 伊勢原市 海老名市 座間市 綾瀬市 寒川町 愛川町 愛知県 刈谷市 豊田市 滋賀県 大津市 草津市 京都府 京都市 大阪府 堺市 枚方市 茨木市 八尾市 松原市 摂津市 高石市 東大阪市 交野市 兵庫県 尼崎市 伊丹市 川西市 三田市 広島県 広島市 府中町 福岡県 福岡市	宮城県 仙台市 茨城県 土浦市 古河市 利根町 栃木県 宇都宮市 下野市 野木町 群馬県 高崎市 埼玉県 川越市 川口市 行田市 所沢市 加須市 東松山市 春日部市 狭山市 羽生市 鴻巣市 上尾市 草加市 越谷市 蕨市 戸田市 入間市 桶川市 久喜市 北本市 八潮市 富士見市 三郷市 蓮田市 坂戸市 幸手市 鶴ケ島市 吉川市 白岡市 伊奈町 三芳町 宮代町 杉戸町 松伏町 千葉県 野田市 茂原市 柏市 流山市 我孫子市 鎌ケ谷市 袖ケ浦市 白井市 酒々井町
地域数	23	6	24	22	52	

※なお、隣接地域の状況により一部特例のほか、平成27年度～29年度末までの当該地域の地域区分の設定値から地域区分の設定方法を適用した後の最終的な設定値までの範囲内の区分で設定する経過措置（平成32年度末まで）がある。

自治体：1741（H29.9.5現在）

6級地		7級地				その他
6%		3%				0%
栄町	精華町	北海道	東京都	新城市	安堵町	その他の地域
東京都	大阪府	札幌市	瑞穂町	東海市	川西町	
福生市	岸和田市	茨城県	檜原村	大府市	三宅町	
武蔵村山市	泉大津市	結城市	神奈川県	知多市	田原本町	
羽村市	貝塚市	下妻市	箱根町	尾張旭市	曽爾村	
奥多摩町	泉佐野市	常総市	新潟県	高浜市	明日香村	
神奈川県	富田林市	笠間市	新潟市	岩倉市	上牧町	
三浦市	河内長野市	ひたちなか市	富山県	田原市	王寺町	
秦野市	和泉市	那珂市	富山市	清須市	広陵町	
葉山町	柏原市	筑西市	石川県	豊山町	河合町	
大磯町	羽曳野市	坂東市	金沢市	大口町	岡山県	
二宮町	藤井寺市	稲敷市	内灘町	扶桑町	岡山市	
清川村	泉南市	つくばみらい市	福井県	飛島村	広島県	
岐阜県	大阪狭山市	大洗町	福井市	阿久比町	東広島市	
岐阜市	阪南市	阿見町	山梨県	東浦町	廿日市市	
静岡県	島本町	河内町	甲府市	幸田町	海田町	
静岡市	豊能町	八千代町	長野県	設楽町	坂町	
愛知県	能勢町	五霞町	長野市	東栄町	山口県	
岡崎市	忠岡町	境町	松本市	豊根村	周南市	
春日井市	熊取町	栃木県	塩尻市	三重県	徳島県	
津島市	田尻町	栃木市	岐阜県	名張市	徳島市	
碧南市	岬町	鹿沼市	大垣市	いなべ市	香川県	
安城市	太子町	日光市	多治見市	伊賀市	高松市	
西尾市	河南町	小山市	各務原市	木曽岬町	福岡県	
稲沢市	千早赤阪村	真岡市	可児市	東員町	北九州市	
知立市	兵庫県	大田原市	静岡県	菰野町	飯塚市	
豊明市	明石市	さくら市	浜松市	朝日町	筑紫野市	
日進市	猪名川町	壬生町	沼津市	川越町	古賀市	
愛西市	奈良県	群馬県	三島市	滋賀県	長崎県	
北名古屋市	奈良市	前橋市	富士宮市	長浜市	長崎市	
弥富市	大和高田市	伊勢崎市	島田市	野洲市		
みよし市	大和郡山市	太田市	富士市	湖南市		
あま市	生駒市	渋川市	磐田市	東近江市		
長久手市	和歌山県	玉村町	焼津市	京都府		
東郷町	和歌山市	埼玉県	掛川市	城陽市		
大治町	橋本市	熊谷市	藤枝市	大山崎町		
蟹江町	福岡県	飯能市	御殿場市	久御山町		
三重県	春日市	深谷市	袋井市	兵庫県		
津市	大野城市	日高市	裾野市	姫路市		
四日市市	太宰府市	毛呂山町	函南町	加古川市		
桑名市	福津市	越生町	清水町	三木市		
鈴鹿市	糸島市	滑川町	長泉町	高砂市		
亀山市	那珂川町	川島町	小山町	稲美町		
滋賀県	粕屋町	吉見町	川根本町	播磨町		
彦根市		鳩山町	森町	奈良県		
守山市		寄居町	愛知県	天理市		
栗東市		千葉県	豊橋市	橿原市		
甲賀市		木更津市	一宮市	桜井市		
京都府		東金市	瀬戸市	御所市		
宇治市		君津市	半田市	香芝市		
亀岡市		富津市	豊川市	葛城市		
向日市		八街市	蒲郡市	宇陀市		
長岡京市		山武市	犬山市	山添村		
八幡市		大網白里市	常滑市	平群町		
京田辺市		長柄町	江南市	三郷町		
木津川市		長南町	小牧市	斑鳩町		
137		169				1308

※この表に掲げる名称は、平成30年4月1日においてそれらの名称を有する市、町、村又は特別区の同日における区域によって示された地域とする予定。

出典：「平成30年度介護報酬改定における各サービス毎の改定事項について」（社会保障審議会介護給付費分科会、平成30年1月26日）をもとに作成

■監修
川村　匡由（かわむら　まさよし）

1969年、立命館大学文学部卒、1999年、早稲田大学大学院人間科学研究科博士学位取得、博士（人間科学）。
現　在　武蔵野大学名誉教授、行政書士有資格、シニア社会学会理事、福祉デザイン研究所所長、地域サロン「ぷらっと」主宰、山岳紀行家。
主　著　『介護保険再点検』『介護保険とシルバーサービス』『社会保障論（共編著）』（以上、ミネルヴァ書房）、『地域福祉計画論序説』『地域福祉とソーシャルガバナンス』（以上、中央法規出版）、『社会保障（共編著）』（久美出版）、『地域福祉源流の真実と防災福祉コミュニティ』『地方災害と防災福祉コミュニティ』（以上、大学教育出版）、『防災福祉のまちづくり』（水曜社）ほか。

＊川村匡由のHP　http://www.geocities.jp/kawamura0515/

※本書は2018年3月10日現在の厚生労働省等関連資料・情報に基づいています。制度の詳細部分については、今後も省令・政令・告示・厚生労働省通達・通知などの改正・改定により変更されることもあり得ますので、厚労省ホームページなどで最新情報をご確認願います。

改正介護保険 サービス・しくみ・利用料がわかる本 2018~2020年度版

2018年3月30日　初版第1刷発行
2018年4月10日　初版第2刷発行

監修者　川村匡由
発行者　伊藤 滋
発行所　株式会社 自由国民社
〒171-0033　東京都豊島区高田3-10-11
電話（営業部）03-6233-0781　（編集部）03-6233-0786
ウェブサイト　http://www.jiyu.co.jp/
印　刷　大日本印刷株式会社
製　本　新風製本株式会社
編集協力　株式会社耕事務所
本文デザイン　石川妙子
イラスト　山下幸子
カバーデザイン　吉村朋子